제2판

교 육 과 정

강유정 | 최성열 | 신연희

창지사

머 리 말

4차 산업혁명 시대를 맞이하면서 현대사회는 앞으로의 미래사회 대응을 위해 교육에도 많은 변화를 요구하고 있으며, 그에 따른 교육과정에 대한 인식 또한 새롭게 요구하고 있다. 이러한 교육과정의 변화에 따라 전문성이 요구되는 교사 또한 교육과정에 대하여 새롭게 인식하는 것이 필요하다. 교육과정의 의미를 어떻게 이해하고 사용하는가에 따라 학교교육의 의미가 달라지므로, 교육과정을 운영하는 주체자로서 교사는 학생과의 효과적인 상호작용의 매개 역할을 하는 교육과정에 대해 정확한 이해가 필요하다고 할 수 있다.

학교나 교육활동이 일어나는 곳에서의 교육과정은 본질적으로 교육의 대상에게 무엇을 어떻게 가르칠 것인가의 문제에 관하여 탐구하는 영역이다. 이러한 관점에서 이 책은 교육과정의 기본적인 개념과 여러 이론들을 이해하고, 교육과정의 최근 동향에 대한 안목을 기를 수 있도록 집필하고자 노력하였다.

1장은 교육과정의 개념 이해를 위해서 교육과정의 어원적 의미와 교육과정의 정의에 대해 소개하였고, 2장에서는 교육과정의 학문적 기초로서 교육철학, 교육심리학, 교육사회학의 관점에 대해 다루었다. 3장의 교육과정 유형에서는 교과중심 교육과정, 경험중심 교육과정, 학문중심 교육과정, 인간중심 교육과정, 영 교육과정, 잠재적 교육과정의 개념, 특징, 장·단점 등을 다루었다. 4장은 우리나라 교육과정의 변천에서 학교교육에 대한 긴급조치기부터 제6차 교육과정기까지의 특징을 살펴보았다. 5장에서는 제7차 교육과정에서부터 2007 개정 교육과정, 2009 개정 교육과정, 2015 개정 교육과정, 2022 개정 교육과정, 4차 산업혁명 시대의 교육과정의 특징을 살펴보았다. 6장은 교육활동에 대한 계획을 구체화해 나감으로써 교육과정을 실체화하는 교육과정 개발의 정의와 교육과정 운영의 특징을 살펴보았고, 7장은 교육과정을 보는 다양한 시각에 따른 교육과정 개발 모형을 구분해보고, 여러 교육과정 개발 모형을 소개하였다. 8장은 교육과정의 전개를 위한 교육목표의 기능, 교육목표 설정의 원리, 교육목표 분류, 교육목표의 진술에 대해 다루었고, 9장은 교육을 통해서 학생들에게 학습시키고자 하는 교육목표의 구체적 표현인 교육내용의 의미, 교육내용 선정의 기준, 교육내용의 조직, 단원의 구성에 대해 다루었다. 10장에서는 교수·학습의 의미, 학습이론, 수업이론에 대해 소개하였으며, 11장은 교육평가의 개념, 교육과정평가의 개념, 교육과정평가의 목적, 교육과정평가의 요소, 교육과정평가의 쟁점, 교육과정평가의 과제에 대해 다루었다. 12장은 교육과정평가 모형으로서 목표지향적 평가 모형, 가치판단지향적 평가 모형, 의사결정지향적 평가 모형의 특징을 소개하였고, 13장은 과정평가의 개념 및 목적, 과정평가의 모형, 과정평가 방법, 과정평가의 과제를 다루었다.

이 책은 대학교에서 교직과정을 이수해야 하는 예비교사 및 교육과정에 관심이 있는 학습자들의 효과적인 이해를 돕기 위해 구성되었으며, 13개의 장을 세 명의 저자가 분담하여 각각 집필하였다. 세 명의 저자들은 이 책을 통해서 많은 사람들이 교육과정에 대해 보다 정확한 이해를 갖추길 바란다.

이 책은 2020년에 집필된 초판에서 일부 내용을 수정·보완하였으며, 차후에도 계속적인 발전을 거듭할 것이다.

끝으로 본 책의 출판을 맡아주신 창지사 임직원 여러분께 깊은 감사의 마음을 전한다.

2023년 3월

저자일동

차 례

CHAPTER 1

교육과정의 개념

우리가 학교생활을 하면서 가장 많이 듣는 이야기 중의 하나는 교육과정이라는 용어일 것이다. 많은 사람들이 교육과정이라는 용어를 자연스럽게 사용하며 대화하는 것을 자주 듣게 된다. 이는 교육과정(教育課程)이라는 용어가 이제는 단순히 교육학자들만의 전문용어가 아니라 많은 사람들이 친숙하게 사용하는 보편적인 용어가 되었음을 나타내 주는 것이다(이성호, 2004).

그렇다면 과연 교육과정이란 무엇인가? 교육과정이라는 용어는 우리에게 친숙하지만 그 정확한 의미를 파악하는 데에는 많은 노력이 필요하다. 왜냐하면 교육과정이라는 용어는 여러 가지 의미를 지니고 있고 사용하는 사람에 따라 그 의미가 상이하기 때문이다. 교육과정의 개념이 중요한 이유는 어떠한 의미로 교육과정을 사용하고 이해하느냐에 따라 자신의 교실수업에 대한 생각이나 학교생활의 의미가 달라지기 때문이다(강현석, 주동범, 2004).

따라서 교육과정을 한마디로 정의 내리는 것은 결코 쉬운 일이 아니다. 이 장에서는 우선 교육과정이라는 용어의 어의적 의미부터 살펴보고, 그동안 내려진 교육과정에 대한 다양한 정의를 살펴봄으로써 교육과정이란 무엇인가에 대해 대략적 이해를 시도하고자 한다.

1. 교육과정의 어원적 의미

교육과정은 영어로 'curriculum'이라고 하는데, 이 단어는 라틴어 'currere(달리다)'와 'culum(cule, 과정)'의 합성어이다. 이러한 어원에 비추어 보면, 'curriculum'이라는 단어는 말이나 사람이 달려야 하는 과정이나 코스로 'a race course'를 뜻한다. 즉, 말이 달리며 경주하던 정해진 코스가 커리큘럼이다. 그러고 보면 학교에서의 교육과정의 의미를 쉽게 짐작할 수 있다. 1학년에 입학해서는 이러한 정해진 교과목들을 배우고, 또 2학년에 가서는 이러이러한 정해진 교과목들을 배우고, 또 언제는 이런 시험을 보아야만 하고, 그래서 나중엔 졸업, 즉 목표지점에 이르게 되는 일련의 정해진 코스가 교육과정이 되는 것이다. 이러한 의미를 학교에 적용한다면 'a course of study'라고 할 수 있을 것이다. 따라서 학교에서의 교육과정은 학생이 입학해서 졸업할 때까지 쭉 달려가는 정해진 코스, 곧 커리큘럼인 것이다.

커리큘럼이란 용어가 어원적으로 지니고 있는 이러한 외연적 의미에 덧붙여, 그것이 내포하고 있는 함축적 의미를 살펴보면 세 가지 정도로 나누어 볼 수 있다(이성호, 2004; 김대현, 2012).

첫째는 응집이다. 즉, 교육과정은 여러 가지 내용을 응집시켜 놓은 것이다. 교육과정은 많은 것들을 줄여서 간결하게 만들어 집약시켜 놓은 것이라는 점이다. 둘째는 순차의 의미를 내포하고 있다. 이는 교육과정에는 그 내용들이 어떤 체계적 순서에 따라 기술되어 있다는 것이다. 그냥 아무렇게나 뒤죽박죽으로 무엇인가를 담아 놓은 것이 아니다. 셋째는 연계라는 의미가 커리큘럼이란 용어에 내포되어 있다. 이는 교육과정에서는 그 내용들의 앞뒤가 서로 논리적으로 이어져 있다는 것이다. 즉, 건너뛰는 일이 없이 수직적, 수평적 관계가 분명하게 이어져 나타나고 있다는 것이다.

2. 교육과정의 정의

교육과정은 한마디로 정의 내리기 어렵다. 누군가가 우리에게 이런 질문을 한다고 해 보자. "당신이 다니고 있는 학교 또는 학과의 교육과정은 무엇입니까?" 이에 대해 우리는 어떤 대답을 할 수 있는가? 교육과정을 처음 접하는 학생들이 이런 질문을 받게 되면 대부분 그저 머뭇거리거나 극히 일부의 학생들은 자신들이 배우는 교과목을 열거하기도 한다. 교육과정 분야의 문헌을 살펴봐도 교육과정이 무엇인가 하는 정의는 그 문헌의 수만큼 다양하고 많아서, 교육과정 분야를 처음 공부하는 사람들은 그 실체를 파악하지 못하여 혼란을 겪을 수 있다.

위의 질문에 대해 자신이 배우고 있는 교과를 열거하는 학생들은 그나마 교육과정에 관한 개념을 어느 정도는 가지고 있다고 할 수 있다. 이 경우에 교육과정이란 학교를 다니면서 배워야 하는 교과 또는 그 내용을 뜻한다. 교육과정에 관한 이러한 설명은 가장 간단하고 쉬운 것이라고 할 수 있다. 그러나 교육과정이란 이보다 훨씬 복잡하고 한마디로 정의 내리기가 쉽지 않다. 학교를 다니는 동안에 학습자가 학습하는 내용은 시대나 사회가 변함에 따라서 달라져 왔다. 그것은 각 시대나 사회가 갖는 교육적 이상이나 가치관이 다르고 우리가 바람직하게 여기는 이상적인 인간과 사회의 모습이 다르기 때문이다. 그뿐 아니라 교육의 수혜자인 학습자에 대한 이해나 우리가 전수해야 하는 문화 또는 지식에 대한 이해도 서로 다르기 때문이다. 이러한 사실들은 교육과정을 한마디로 정의 내리기 어렵게 한다. 따라서 여기서는 교육과정의 정의를 교육이나 교육학 분야에 종사해 온 사람들이 교육과정에 대하여 지닌 생각, 즉 교육과정을 바라보는 관점에 따라 알아보고자 한다.

1) 교과에 담긴 내용으로 보는 관점

교육과정에 대한 가장 오래되고 보편적인 관점은 교육과정을 'currere'라는 어원적 의미에 따라서 '교수요목(a course of study)'으로 보는 관점이다. 이것은 전문적인 교육과정 연구가 시작되기 전인 20세기 이전의 교육과정에 대한 관점이기도 하다.

사실 우리는 교육과정이라고 하면 여러 가지 교과목을 연상하게 되고, 국어, 수학, 과학, 예·체능 과목이나 그러한 교과에 담긴 내용을 떠올리게 된다. 누군가가 필자에게 "교수님의 이번 한 학기 교육학개론 수업에 대한 교육과정은 어떻게 됩니까?"라고 묻는다면 나는 나의 한 학기 강의계획서를 가장 먼저 내밀 것이다. 강의계획서 안에는 내가 한 학기 동안 가르쳐야 할 내용이 담겨져 있기 때문이다. 마찬가지로 오늘날 교사나 학교행정가들에게 교육과정이 무엇인지를 묻는다면 대개는 교과편제와 시간배당을 이야기한다. 교육편제에는 교과목의 명칭, 교과목의 구분, 선택과 필수의 구분 등이 제시되며, 시간배당표에는 학년별로 편성해야 할 시간과 단위 수가 제시되어 있다. 즉, 내용이 담겨 있는 것이다. 이처럼 교육과정을 교과목이나 교과에 담긴 내용으로 보는 과점에서는 가르쳐야 할 교과목을 학교에서 지정·편성한다.

또한 교육과정의 개정작업이 있을 때 신문이나 방송에서 보도하는 교육과정은 일반적으로 각급 학교에서 배우는 교과들의 종류, 중요도, 시간배당 등을 의미한다. 즉, 언론기관에서 고등학교 교육과정이 바뀌었다고 보도하면 그것을 고등학생들이 배우게 될 교과목의 종류, 필수·선택 과목의 구분, 각 교과에 배당된 단위 수가 달라진다는 것을 말한다.

이러한 교육과정에 대한 고전적 정의 가운데 지금까지도 널리 인용되고 쓰이고 있는 대표적인 예로는 다음과 같은 것이 있다.

- Hutchins(1936)의 정의: 교육과정은 영구불변의 교과로 구성되어야 한다. 즉, 초·중등학교에는 문법, 읽기, 수사학과 논리학 및 수학의 규칙들로, 그리고 중등학교 이후에는 서양세계의 위대한 고전들로 구성되어야 한다.
- Phenix(1962)의 정의: 교육과정은 전적으로 학문으로부터 도출되는 지식으로 구성되어야 한다.

- Good(1973)의 『교육사전』에서의 정의: 교육과정은 졸업 또는 수료를 하기 위해 전공분야에서 이수해야만 하는 일련의 교과목을 체계적으로 모아 놓은 것이다.

이렇게 교육과정을 교육내용으로 보는 관점에서는 한 학기 혹은 정해진 기간에 가르칠 교육내용의 분량을 선정해야 한다. 교육내용을 선정하는 가장 큰 이유는 학교에 다니는 기간은 한정되어 있는데 배워야 할 내용이 너무 많다는 데 있다. 따라서 교육과정 개발에 참여하는 인사들은 가장 가치 있는 지식, 기능, 가치 등을 선별하고 이들을 교과라는 그릇에 담아야 한다. 그렇다면 가치 있는 지식, 기능, 가치란 어떤 것인가? 우선 교육과정의 관점에 따라 가치 있는 지식, 기능, 가치에 대한 평가가 다를 것이다. 학문적 합리주의는 학문의 구조를 가치 있는 교육내용으로 여기며, 사회 적응·재건주의는 사회문제를 해결하는 데 필요한 지식과 기능을 높이 평가한다. 그리고 인본주의는 자아실현에 도움을 주는 지식, 기능, 가치의 통합적 기능을 주요 교육으로 간주할 것이다. 이와 같이 교육과정의 관점은 교육내용을 선택하는 데 영향을 미친다.

다음은 국가 수준의 교육내용을 선정하는 데 도움을 줄 것으로 생각되는 원리들이다(김석우, 김대현, 2005). 이 중에는 교육과정의 관점과는 관계없이 준수해야 할 것도 있으며, 관점의 차이에 따라 선택하거나 억제해야 할 것도 있다. 예를 들어, 타당성의 원리와 학습 가능성의 원리는 관점에 관계없이 준수해야 할 원리다. 그러나 중요성의 원리는 학문적 합리주의에서는 존중되지만 인본주의에서는 그리 중요하게 여기지 않으며, 사회적 유용성의 원리는 사회 적응·재건주의에서는 존중되지만 학문적 합리주의에서는 크게 고려하지 않는다.

(1) 타당성의 원리

교육내용은 교육의 일반목표 달성에 도움을 주는 것이어야 한다. 교육의 일반목표는 어떤 교과를 가르쳐야 하는가를 시사해 주며 그 속에 어떤 지식, 기능, 가치 등이 포함되어야 하는가를 대략적이나마 알려 준다. 교육내용이 교육의 일반목표와 무관하게 선택된다면 목적 없는 교육이 된다. 예를 들어, 초등학교 3학년 사회과의 목표 중에 '지도, 연표, 도표 등 다양한 자료를 이용하여 정보를 수집·활용하고, 문제를 합리적으로 해결하며…'라는 목표는 이와 관련되는 교육내용의 선정을 필요로 한다.

(2) 확실성의 원리

지식으로 구성되는 교육내용은 가능한 한 참으로 밝혀진 교육내용이어야 한다. 참인가의 여부는 논리적 또는 경험적 지식은 경우에는 간단하지만, 윤리적 또는 미학적 지식인 경우에는 가리기가 쉽지 않다. 한때 영국 대학의 철학과에서 윤리학과 정치학을 가르치지 않았던 것은 이와 같은 이유 때문이었다. 하지만 Hiret은 이들 지식이 논리적 또는 경험적 지식과는 다른 근거에서 참이 될 수 있다는 것을 증명하고자 하였다. 여하튼 교육내용은 원칙적으로 참이어야 한다.

(3) 중요성의 원리

흔히 학문을 토대로 교과를 구성할 때는 학문을 구성하는 가장 본질적인 것들을 교육내용으로 삼아야 한다. 학문을 구성하는 가장 본질적인 부분을 나타내는 것으로 사실, 개념, 원리, 이론 등을 가리키는 학문의 구조와 탐구방법이 있으므로 교육내용은 학문의 구조를 확인하고 그 학문에 특유한 탐구방법을 포함시켜야 한다.

(4) 사회적 유용성의 원리

사회 적응·재건주의 관점에서 볼 때 교육내용은 사회의 유지와 변혁에도 도움을 주는 것이어야 한다. 사회기능 분석법, 항상적 생활사태법 등은 학생들이 장차 살아갈 사회에서 필요로 하는 지식, 기능, 가치가 무엇인지를 제시하고 있다. 또한 교육내용은 사회를 개조하거나 이상적인 미래사회를 만드는 데 필요한 지식, 기능, 가치가 어떤 것인지를 보여 주어야 한다.

(5) 인간다운 발달의 원리

인본주의 관점에서 교육내용은 학생의 성장과 자아실현에 도움을 주는 것이어야 한다. 교육내용은 그 자체로 가치를 가지는 것이 아니며, 인간다운 발달에 기여할 때 빛을 발하는 것이다. 또한 교육내용은 지식, 기능, 가치 등의 요소로 분리되는 것이 아니라 통합되어야 하는 것으로 간주된다.

(6) 흥미의 원리

학생들이 흥미를 갖지 않을 때 학습 가능성은 그만큼 줄어든다. 흥미가 자주 바뀌고 아직 미성숙하다는 이유로 학생들은 교육내용을 선정할 때 고려의 대상이 되지 않는 경우가 많다. 하지만 학생들의 흥미가 다양하다는 점은 어떤 학생들에게 어떤 내용이 적합한지를 가려내는 데 도움을 준다. 오늘날 교육내용 선택의 폭 확대는 흥미가 교육내용 선정에 중요한 원리가 되고 있음을 보여 준다.

(7) 학습 가능성의 원리

학생들이 학습할 수 있는 교육내용을 선정해야 한다. 학생들은 능력, 학습여건 등에서 동질적이지 않기 때문에 우수한 학생들에게 초점을 맞추거나 학습여건이 좋은 학생들을 겨냥하여 교육내용을 선정한다면 보통이거나 능력이 부족한 학생들은 피해를 입게 된다. 반대로 보통이거나 능력이 다소 떨어지는 학생을 표준으로 교육내용을 선정한다면 우수한 학생들은 낮은 수준의 내용에 학습의욕을 잃게 될 것이다. 따라서 하나의 교육과정 속에 심화, 보통, 보충의 교육내용을 제시함으로써 이 문제를 해결하려는 시도가 생기게 된다.

2) 학교에서 학생이 직접 겪은 학습경험으로 보는 관점

전문적인 교육과정 연구는 20세기 초에 시작되었다. 당시의 교육에서 가장 두드러진 변화는 진보주의 교육철학의 영향을 받아 학습자 중심의 교육이 강조되었다는 것이다. 이러한 사실은 무엇을 가르칠 것인가를 결정하는 데도 영향을 미쳐 교육과정의 결정에서 학습자를 가장 중요하게 고려하게 되었다. 이것은 지식과 교사 중심으로 교육과정을 결정하던 것에서 벗어나 학습자 중심으로 결정하도록 만들었으며, 또한 무엇을 가르칠 것인가에 대하여 학습자의 경험을 가르치고자 하였다. 이러한 변화를 주도한 것은 1920년경 최초의 교육과정 이론으로 등장한 경험중심 교육과정이다. 이 교육과정은 교육과정을 '학교의 지도 아래 학생들이 겪게 되는 모든 경험'이라고 정의하였다.

이렇게 교육과정을 경험으로 보는 방식은 학습자가 실제로 어떻게 느끼고, 생각하며 체험하는가를 중요시한다. 학습자에게는 동일한 교과목이나 교육내용이라도 그것과 어떠한 상호작용을 하는가 하는 것이 중요하다. 이러한 점은 Tyler의 학습경험에 대한 강조에서도 나타난다. Kilpatrick(1918)은 다음과 같이 주장함으로써 교육과정의 내용은 학생들이 일상 경험이 되어야 함을 설파하였다.

"우리는 우리가 일상 행하는 활동으로부터 배운다." 즉, 우리는 경험으로부터 배운다. 어떤 지식들은 그냥 무조건 외우거나 해서 배우는 것이 아니다. 어떤 목적을 갖고 어떤 일을 함으로써 배우는 것이다. 다시 말해서 삶을 통한 학습, 목적을 향한 활동이 곧 학교 교육과정의 형태가 되어야 한다. 교육과정은 삶을 준비하는 것이 아니다. 교육과정은 삶의 실체 그 자체다. 교육은 삶이기 때문이다.

3) 문서 속에 담긴 교육계획으로 보는 관점

1950년 중엽, 미국에서 알기 시작하였던 교육과정에 관한 또 다른 사고의 변화는 교육과정을 단순히 내용의 측면에서만 생각할 것이 아니라 실제로 그것을 어떻게 운용하느냐에 관심을 두어야 한다는 새로운 시각이었다.

특히 이들이 믿기 시작한 것은 학교는 학생들의 삶에 막대한 영향을 끼치는데, 이 영향 가운데 어떤 것은 사전에 구조화된 것이기도 하지만 어떤 것은 학교에서 이루어지는 학생들의 단순한 만남 때문에 발생하기도 한다는 것이었다. 즉, 학생들은 학교에 의해서 계획되지 않는 경험도 겪게 된다는 것이다. 따라서 교육과정에 대해 학생들의 일반적인 경험이나 지식으로 단순하게 생각할 것이 아니라, 교수자의 입장에서 교육과정의 사전 계획성을 강조해야 한다는 것이다. 즉, 교육과정을 학습을 위한 교수자의 의도적인 계획 중 하나로 생각하기 시작한 것이다.

여기에는 국가 수준의 교육과정 문서, 시·도 교육청의 교육과정 편성 운영지침, 지역교육청의 장학자료, 단위학교의 교육과정, 교육과정 지침서, 교사용 지도서, 수업지도안 등이 존재한다. 교육과정에서 이러한 계획을 강조하는 이유는 기대하는 활동을 학생들이 하도록 하는 데에 있다. 활동을 통해 달성하고자 하는 목표나 기대되는 성과를 계획하는 일이 중요하다. 그것은 목적을 달성하는 데에 가장 중요한 것이 사전에 치밀한 계획을 수립하는 것이기 때문이다. 일반인들이 교육과정에 대한 이러한 정의를 받아들이기는 쉽지 않을 것이다. 왜냐하면 문서란 그릇과 같고 그 속에 채워지는 내용이 의미를 가지듯이 교육과정을 문서 속에 담긴 계획으로 본다는 말은 계획내용의 종류만큼 다양한 교육과정이 있다는 것을 말하기 때문이다.

이 외에도 교육과정에 대한 정의는 매우 다양해서 교육과정이란 교육적인 활동 그 자체가 아니라 '의도한 학습결과'라고 정의하기도 한다. 이들은 학교가 계획하고 교사가 가르친 것보다는 학습의 결과에 주목한다. 즉, 교육과정은 학교에서 무엇을 가르칠 것인가를 결정하는 것이 아니라 학습자가 활동한 결과로서 학습한 것이 무엇인가에 관심을 가져야 한다는 것이다.

교육과정 연구는 이론적인 탐구로 끝나서는 안 되며, 실제로 학교가 활용할 수 있는 교육과정을 개발하는 일을 해야 한다. 이런 의미에서 Beauchamp는 교육과정이란 '문서 속에 담긴 계획'이라고 정의한다. 즉, 교육과정은 문서 속에 담긴 교육목표, 교육내용, 교수–학습방법, 교육평가, 운영지침 등이 담긴 종합적 계획이다. 이와 비슷하게 교육과정을 학교의 계획된 활동으로 이해하는 관점에서는 교육과정이란 문서화된 서류를 뜻하는 것으로서 '학습에 대한 계획'이라고 한다. 즉, 교육과정 지침서, 교사용 교과서, 교과서 등을 뜻한다. 이들은 교육과정이 학습자의 활동 그 자체라기보다는 활동에 대한 계획이라는 점을 강조한다. 이러한 입장에서는 교육과정을 '학교에서 학생들에게 무엇을 어떻게 교육시킬 것인가를 국가 수준에서 확정 고시한 문서화된 계획으로서 그것을 총론과 각론으로 구분한다'고 규정하기도 한다. 이것은 우리나라의 학교교육에서 구체적으로 실재하고 있는 교육과정을 기술한 정의다. 이는 현재 우리의 교육과정을 있는 그대로 보려는 교육과정 이해의 한 가지 중요한 표현이라고 할 수 있다(김경배, 김재건, 이홍숙, 2005).

Schubert는 지금까지의 교육과정에 대한 다양한 정의를 다음과 같이 아홉 가지로 정리하여 제시하고 있다.

- 교육과정은 교과목 혹은 교과에 담긴 교육내용이다.
- 교육과정은 학교의 지도하에 학생이 겪는 실제 경험이다.
- 교육과정은 계획된 활동으로 구성된 프로그램이다.
- 교육과정은 수행할 일련의 과제다.
- 교육과정은 의도한 학습결과다.
- 교육과정은 문화적 재생산의 도구다.
- 교육과정은 사회 재건을 위한 의제다.
- 교육과정은 학생의 삶에 대한 해석과 전망이다.
- 교육과정은 은유다.

교육과정의 학문적 기초

CHAPTER 2

1. 교육철학

개인이 가진 철학에 따라 무엇이 참이고 중요한가의 대답이 다르듯이, 철학이 다름에 따라 교육목적, 교육내용, 교육방법, 교육평가에 대한 견해도 다르다. 교육과정 활동에 참여하는 사람들이 각기 다른 철학적 관점을 가진다면, 교육과정 관련 활동의 성격도 달라지게 된다.

교육과정 활동에 참여하는 사람들이 지난 철학의 문제를 크게 형이상학, 인식론, 가치론, 논리학 등에 뿌리를 두고 있다.

형이상학은 참으로 존재하는 것은 무엇이며, 어떤 방식으로 존재하는가에 관한 문제를 다룬다. 예를 들면, 영혼의 존재와 불멸성에 대한 주장은 형이상학의 문제다. 교육과정 활동에 참여하는 사람들이 영혼의 존재를 믿느냐 믿지 않느냐에 따라 교육목적에 관한 견해가 달라진다.

인식론은 참으로 안다는 것이 무엇이며, 어떻게 앎이 가능한가라는 문제를 다룬다. 불변의 진리라는 것이 있는가, 아니면 진리는 상황에 따라 다르게 규정되는가? 진리로 밝혀진 사실을 가르칠 것인가, 아니만 진리를 얻는 방법을 가르칠 것인가? 교육과정 활동에 참여하는 사람들이 이러한 문제들을 어떻게 생각하는가에 따라 교육과정 활동의 성격도 달라진다.

가치론은 어떤 것이 좋으며, 어떤 행위가 옳은가 하는 문제를 다룬다. 교육과정 관련 활동에서는 가치문제를 핵심 사항으로 다루게 된다. 교육과정을 개발하고 운영하고 평가할 때는 많은 선택 항목 중에서 교육적으로 가치 있는 것들을 선별하게 된다.

논리학은 이치에 알맞도록 논의를 펴 나가는 방법을 연구하는 학문이다. 올바른 사고와 불합리한 사고를 구분하는 규칙과 바르게 사고하는 방법을 제시해 준다. 교육과정 활동에 참여하는 사람들은 교육목적, 교육내용, 교육방법, 교육평가 등의 활동들이 논리적인 일관성을 유지하도록 노력한다.

형이상학, 인식론, 가치론, 논리학과 관련된 질문은 관념론, 실재론, 실용주의, 실존주의 등 다양한 철학 사조를 만들어 냈다.

관념론은 궁극적 실재란 인간의 감각을 통하여 직접적으로 알 수 없다고 본다. 그것은 오직 정신을 통해서만 알 수 있다는 것이다.

실재론은 불변의 법칙과 진리가 존재한다고 믿는 점은 관념론과 동일하나, 진리가 감각을 통해 검증될 수 있다고 본다.

실용주의는 실재론과 관념론의 절대적 진리를 거부한다. 그들은 우주의 변화를 강조하고 때, 장소, 상황에 따라 진리와 가치가 상대적이라고 주장하며, 명확한 사고와 문제해결 능력에 관심이 있다.

실존주의의 기본 입장은 명확하게 정의되지 않으나, 일반적 주제는 삶과 죽음이라는 근본적 문제에 직면한 인간이다. 선택, 자유, 책임을 강조하며 무(無), 사(死), 불안(不安) 등을 주제로 한 교육 경험을 강조한다.

이상과 같이 철학이 다루는 문제를 존재, 인식, 가치, 논리로 구분하고 철학적 사조들을 관념론, 실재론, 실용주의, 실존주의 등으로 분류하면, 다음과 같은 〈표 2-1〉을 만들어 볼 수 있다.

〈표 2-1〉 철학의 주요 문제와 사조

사조 / 문제	관념론	실재론	실용주의	실존주의
형이상학				
인식론				
가치론				
논리학				

출처: 김대현(2017).

이상과 같은 철학적 관점들은 교육과정 활동과 그 산물의 형성에 큰 영향을 미친다. 관념론적 관점을 가진 사람들이 교육과정 활동에 참여하는 방식과 그 활동의 산물은 실용주의 관점을 가진 사람들과는 다를 것이다. 마찬가지로 실재론을 신봉하는 사람들과 실존주의 입장을 견지하는 사람들 간에도 교육과정 활동의 방향과 성격에 차이가 있을 것이다.

하지만 교육자들이 이들 철학적 관점에 정통하거나 특정한 철학적 관점을 신봉할 필요는 없다. 대개의 경우 사람들은 여러 철학적 관점을 동시에 가지며, 때로는 서로 상반된 철학적 관점을 아무런 어려움 없이 받아들이기도 한다. 또한 자신들이 어떤 철학적 관점들을 지니고 있는지를 항상 의식하고 있는 것도 아니다.

따라서 교육과정 활동에 참여하는 사람들이 어떤 하나의 철학적 관점만을 가지며, 그러한 관점에 따라서만 행동할 것이라고 보기 어렵다. 특히 교육과정이라는 다소 특별한 활동을 대상으로 할 때, 자신이 믿고 있는 특정한 철학적 관점들에 따라 행동할 것이라고 단언할 수도 없다. 예를 들어, 실용주의 철학적 관점을 견지하는 사람도 교육문제에 있어서는 관념론자나 실재론자의 입장을 가지는 경우가 흔히 있다.

그러므로 교육과정 활동의 성격을 설명하기 위하여 일반 철학의 분야와 주류가 되는 몇 가지 사조에 의존하기보다는 교육이라는 문제를 대상으로 하는 철학적 관점에 의거하여 분석·검토하는 것이 타당할 수도 있다. 이 관점들은 '교육철학적 관점'이라고 부른다.

물론 이러한 관점들은 일반 철학의 분야와 관점들을 바탕으로 구성된다. 그러나 교육철학적 관점은 이러한 바탕 외에 교육 문제를 둘러싼 시대 및 사회적 특성을 반영한다. 이런 점에서 교육활동에 참여하는 사람들의 신념을 위하여 그들이 어떤 교육철학적 관점을 가지고 있는가를 밝히는 것이 중요하다. 여기서는 20세기 전반기에 미국을 중심으로 형성된 네 가지 교육철학적 관점들을 소개한다. 이러한 관점들은 오늘날에도 교육이나 교육과정 활동에 관여하거나 참여하는 사람들에게 여전히 큰 영향을 주고 있다.

진보주의 교육철학은 교육이 아동의 현재 생활을 기반으로 하여 계획되어야 하며, 교과목의 학습은 아동의 경험과 관련되어야 하고, 교사는 아동이 이러한 방식으로 학습할 수 있도록 도움을 주는 조언자 또는 협력자의 역할을 하며, 협동적인 집단 학습과 민주적인 생활태도의 학습을 강조한다.

항존주의 교육철학은 '어디서나 늘 존재한다'는 항존(恒存)이라는 말이 뜻하는 것처럼, 세상에는 시간과 공간을 초월하여 변하지 않는 개념과 원리가 있는데, 교육은 학생들로 하여금 이러한 개념과 원리를 파악하도록 하는 데 목적이 있다고 본다. 인류 역사를 통해서 위대한 성인(聖人)들이 작성한 각 분야의 고전(Great Books of the Western World)들 속에는 이러한 개념과 원리가 제시되어 있으므로 학생은 이들 고전의 학습을 통하여 지적인 능력을 개발해야 한다.

본질주의 교육철학은 사람이 살아가는 데 반드시 알아야 하는 것(本質)이 있다고 생각하며, 교육은 바로 이러한 것들을 젊은 세대들에게 가르치는 것을 목적으로 삼아야 한다고 본다. 본질주의 교육철학에서 학생은 현실 생활에 필요한 교과를 배우고, 교사는 학생들에게 이러한 교과를 철저히 학습시키는 책임을 지닌다.

재건주의 교육철학은 현대 세계가 직면하고 있는 문화적 위기에서 인류를 구출하고 모든 인류가 다 같이 행복하고 평화롭게 그리고 자유롭게 살아갈 수 있는 민주 사회를 건설하는 데 목적을 둔다. 이를 위하여 재건주의 교육철학에서는 민주적인 의사소통 기술, 그리고 교사와 학생이 사회 변혁에 직접 참여하는 능력과 기회를 갖는 것을 강조한다.

이상과 같은 교육철학 관점은 20세기 전반기 미국 사회의 학교 교육의 목적과 교육과정의 구성에 큰 영향을 미쳤다. 20세기 후반과 현재에도 이들은 다소 변형된 모습이기는 하지만 미국 교육에 큰 영향력을 행사하고 있다.

진보주의 교육철학은 미국에서 1960년대와 1970년대 인본주의 교육과 열린 교육운동으로 부활하였으며, 1990년대 우리나라를 휩쓸었던 열린교육운동이나 지금도 여전히 강조되고 있는 구성주의 교육관과 관련이 있다고 할 수 있다. 비록 최근에 신자유주의적 세계화의 영향으로 교육계에서 효율성과 생산성이 강조되고는 있지만, 학습주체로서의 아동관과 민주적인 생활태도의 중요성은 진보주의 교육철학이 그 영향력을 지속적으로 행사하는 증거라고 볼 수 있다.

항존주의 교육철학은 시대에 뒤떨어졌다고 생각하기 쉽다. 그러나 항존주의 교육철학은 미국의 경우에 1982년 Adler가 대표였던 "The Paideia Group'이 제안한 「파이데이아 제안: 교육 선언(*The Paedeia Proposal: An Education Manifesto*)」과 Bloom의 교양교육 개혁을 통하여 화려하게 부활하였다.

Adler는 미국의 교육이론가이며 철학자로, 1902년 태어나서 2001년에 작고하였다. 그는 대학 교육에서 서양의 고전을 읽는 프로그램을 주장하였으며, 브리태니카 출판사에서 『서양의 고전(*Great Books of the Western World*)』을 펴내는 작업을 이끌었다. 그는 미국 교육의 위기로 불리던 1980년대 미국의 공립학교 개혁안인 「파이데이아 제안」을 제안하였다. 그는 자신이 제안한 개혁안을 스스로 다음과 같이 요약하였다.

- 만인이 평등한 교육기회를 가질 수 있도록 모든 아동을 위한 똑같은 양만이 아닌 동일한 질을 가진 학교 교육을 실현한다.
- 학교 교육은 일반적, 비직업적, 인본적이어야 한다. 파이데이아와 후마니타스(humanitas: 인간과 고전에 대한 연구)의 의미를 실현한다.
- 기본적 학교 교육의 목표는 만인에게 동일해야 한다. Dewey가 지적한 바와 같이 노동의 요구, 시민성의 의무, 자기실현의 의무가 그 목표들이다. 이것이 실현되려면 모든 교육과정이 반드시 같아야 한다.

- 교육과정은 세 종류의 학습을 포함해야 한다. 조직화된 지식의 획득, 학습의 지적 기능의 발달, 사상과 가치에 대한 이해·확장이 그것들이다.
- 유전적·환경적 요인에서 오는 개인차는 보충 수업 또는 보상 수업으로 처리되어야 한다.
- 모든 학교는 행정적·사무적 수장이 아닌, 진실로 교사들 중의 교사이며 교육적 지도자인 교장을 가져야 한다.

Bloom은 우리에게 『미국 정신의 종말(*The Closing of the American Mind*)』로 잘 알려진 시카고 대학의 철학자이며, plato의 『국가론』과 Rousseau의 『에밀』 등을 영어로 번역한 뛰어난 고전 전공 교수였다. 그는 1930년에 태어났으며, 1992년에 작고하였다. 1998년 출판된 『미국 정신의 종말』은 당시에 약 80만 부 이상이 팔렸으며, '고등교육이 어떻게 민주주의를 후퇴시키고, 학생들의 정신을 허약하게 만들었나?' 라는 부제가 붙어 있다. 이 책의 부제에서 보는 것처럼 Bloom은 당시 대두된 상대주의 철학과 흑인민권 운동을 포함한 사회 운동이 미국의 젊은이들을 도덕적으로 타락시키고 자성의 개발을 가로막고 있다고 비판하면서 서양의 고전 교육을 강조하였다.

우리나라에서도 서울대학교에서 '고전읽기'(고전읽기 강화 교과목) 강좌를 개설하였으며, 최근 대학과 사회에서 인문학 교육을 강조하고, 초·중등학교에서 독서 교육 강화 프로그램을 운영하는 것은 항존주의 교육철학과 연관성이 있는 것으로 볼 수 있다.

본질주의 철학은 1960년대에는 학문중심 교육과정 개혁의 기반이 되었으며, 1970년대에는 기초교육강화 운동(back to basics)으로 나타났고, 1980년대에는 Hirsch가 주도하는 문해능력 교육(cultural literacy)으로 부활하였다. 기초교육강화 운동은 읽기, 쓰기 셈하기를 포함하여 내용 면에서는 전통적으로 강조되어 온 기본 교과를 가르치며 교사주도 교수법을 강조하고, 표준화 검사를 통한 주기적인 평가를 강조한다.

Hirsch는 문해능력 교육을 강조하였다. 그는 미국의 교육자이며 문학평론가로

1928년에 출생하였으며 버지니아 대학의 명예 교수로 근무하다가 지금은 은퇴하였다. 그는 학생들의 이해력이 그들이 가진 배경 지식에 달려 있다는 것을 발견하고, 학교에서는 반드시 필수적으로 알아야 할 지식을 가르쳐야 한다고 생각하였다. 그는 1986년에 핵심 지식 재단(Core Knowledge Foudation)을 설립하고, 1988년에 『문해능력 교육: 미국인이라면 반드시 알아야 할 내용(*Cultural literacy: What every American needs to know*)』을 출판하였으며, 1997년부터 『초등학교 학생이 학년별로 알아야 할 내용』을 정리하여 시리즈로 책을 출간하였다. 최근에 집필한 『지식의 결핍(*The knowledge deficit*)』에서도 어떤 것을 제대로 이해라기 위해서는 배경 지식에 대한 학습이 필요하다는 것을 강조하였다.

우리나라의 경우에 기초교육강화나 Hirsch와 같은 문해능력 교육에 대해 이론적 근거를 갖고 체계적으로 주장한 사람은 없다. 하지만 본질주의 교육철학자들이 말하는 핵심적인 지식이 교과별 교육과정에 포함되는 지식과 다르지 않으며, 학교 안팎에서 실시하는 성취도 평가의 내용이 된다는 점에서 연관성을 엿볼 수 있다.

재건주의 교육철학은 인간의 해방과 사회의 변혁을 주장하는 교육개혁 운동과 Shane 등이 주장하는 미래주의 교육으로 나타난다. 교육개혁 운동으로는 현상학과 정신분석학을 토대로 인간의 실존적 해방을 주장하는 Pinar 등의 연구, 사회의 구조적 변혁을 주장하는 Apple 등의 네오마르크시즘 계열의 연구, 다문화를 포함하여 억압의 대상이 되어 왔던 사람들의 해방을 주장하는 Banks와 Freire의 연구들을 포함할 수 있다.

Shane(1973)은 1915년에 태어나서 78세를 일기로 1993년에 타계하였다. 그는 당시 미국 인디애나 대학교의 명예교수였다. 그는 미래주의 관점에서 학교 제도와 교육과정에 대한 글을 발표하였다. 그는 현재와 같은 학제와 학년제 시스템의 경직성을 비판하고 평생교육의 관점에서 교육의 연속성을 강조하였으며, 학교 바깥에서 학생들이 하는 경험(그는 이것을 paracurriculum이라고 함)을 학교의 교육과정 못지않게 지성, 교양, 문제해결력을 기르는 데 도움을 준다는 점에서 강조하였다. 즉, 그는 학생들이 학교와 사회 그리고 직장을 자유롭게 드나들면서 필요할 때 언제나 교육을 받을 수 있는 유연한 교육체제를 제안하였으며, 자국(自國)과 국제사회에 도움이 되는 식견과 기술의 습득을 학생들이 배워야 할 중요한 내용으로 보았다. 오늘날 세계화 시대 속에서 우리나라 교육의 바른 방향을 모색하고 있는 교육 연구자와 교육실천가들도 이러한 재건주의 교육철학적 관점에 많은 관심을 보이고 있다.

2. 교육심리학

교육심리학은 교육의 전 과정 속에서 드러나거나 숨어 있는 심리적 현상을 체계적으로 연구하는 학문이다. 문은식, 박선환, 정미경(2007)은 교육심리학을 구성하는 요소를 [그림 2-1]과 같이 표현하였다.

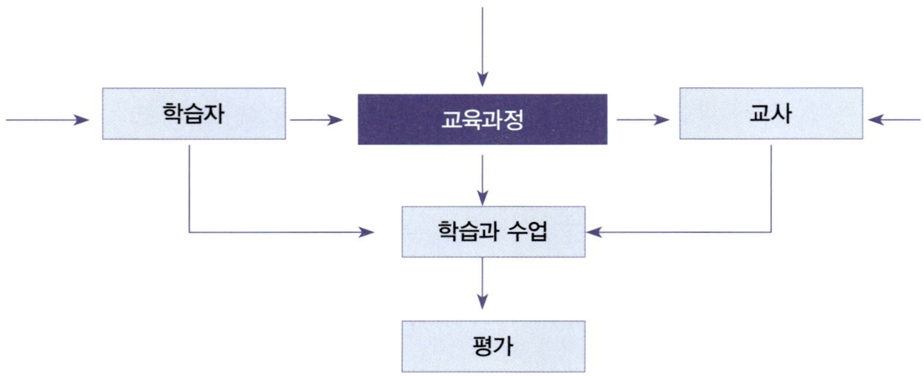

[그림 2-1] 교육심리학의 학문적 구조 모형

출처: 문은식, 박선환, 정미경(2007).

[그림 2-1]에서 보면, 교육은 교사와 학습자가 교육과정을 중심으로 상호작용하면서 교수와 학습을 하고 그 결과를 평가하는 과정으로 이루어진다. 문은식, 박선환, 정미경(2007)은 교육심리학을 '교육과정을 제외'한 학습자, 교사, 학습과 수업 그리고 교육성과의 평가에 대한 영역을 체계적으로 연구하는 학문이라고 보았다. 그들이 교육심리학에서 교육과정을 제외한 것은 '왜(why)'에 해당하는 교육목표 설

정과 '무엇(what)'에 해당하는 교육내용의 선정과 조직을 교육심리학의 영역으로 보기는 어렵다는 것 때문이다.

하지만 교육목표를 올바르게 정하고 교육내용을 합리적으로 선정하며 효과적으로 조직하기 위해서는 학습자와 교사에 대한 이해는 물론 학습과 수업의 과정을 알아야 한다. 예를 들어, 초등학교 2학년 학생에게 '높은 수준의 비판적 사고'를 가르치려는 학습목표를 세울 수가 없으며, 덧셈을 배운 적이 없는 학생에게 곱셈을 교육내용으로 설정해서는 안 되기 때문이다.

여기서는 교육과정 활동에 큰 영향을 주는 발달이론과 학습이론을 제시하고자 한다. 물론 교육과정 활동에 참여하는 사람들이 발달이나 학습의 과정을 모두 같은 방식으로 생각하고 있는 것은 아닐 것이다. 이들이 발달이나 학습의 과정을 어떻게 생각하는가에 따라 교육과정의 목표 설정, 내용 선정, 방법 선택, 평가 방식 등이 달라진다.

먼저, 발달이론이 교육과정 활동과 어떤 연관이 있는지를 살펴보고자 한다.

1) 발달이론

인간은 인지, 정서, 도덕, 신체 등의 다양한 부면(部面)에서 발달한다. 발달이론은 이러한 발달의 과정을 과학적이고 체계적으로 연구하여 얻게 된 결과이다. 교육과정 활동에 참여하는 사람들이 이러한 발달이론을 제대로 이해하고 올바로 적용할 때 교육적으로 가치 있는 교육과정을 개발할 수 있다.

인지발달에 대한 많은 이론들 중에서 교육과정 분야에 가장 큰 영향을 준 것은 Piaget의 인지발달이론과 Vygotsky의 인지발달이론이다.

먼저, Piaget의 인지발달이론은 현대 교육과정의 구성에 다음과 같은 시사점을 제공한다(문은식, 박선환, 정미경, 2007). 첫째, 학습자의 인지발달 수준에 기초한 적정 수준의 내용을 선정하여 적절한 시기에 교육하는 데 도움을 준다. 둘째, 교육은 학습자의 잠재가능성을 기초로 학습자의 자발성에 따라 탐구와 발견을 통해 이루어져야 하며 직접적인 경험과 활동을 통한 학습을 강조한다. 또한 지식을 주입시키려 하지 말고 아동에게 흥미와 문제를 제기하는 재료들을 찾아 주어 아동 스스로 문제를 해결하도록 하며, 학습자의 인지발달을 유도하기 위해서는 적당한 인지 불균형을 유지시킬 필요가 있다.

Vygotsky의 인지발달이론은 사회·문화적 환경을 중시했는데 이러한 관점은 교육환경에 있어서 특히 인적 환경이 중요한 요인임을 시사한다. 즉, 아동의 주위 사람들, 특히 부모나 교사, 뛰어난 동료들이 지식 형성의 촉진자로서 학습자에게 어떠한 영향력을 행사할 수 있는지, 어떠한 역할을 해야 하는지를 알려 준다. 그는 이러한 맥락에서 근접발달영역에 대한 강조와 함께 교사 및 뛰어난 동료들의 역할을 강조했다.

학습자를 보다 정확히 이해하기 위해서는 학습자의 인지발달뿐만 아니라 정의적 측면에서의 발달에 대한 이해도 필요하다. Erickson의 심리사회적 발달이론은 인간의 성격이 단계적으로 발달해 가는 것이기 때문에, 각 발달단계에 알맞게 적절한 환경을 제공해야 한다고 본다. 발달단계마다 성취해야 할 과업과 극복해야 할 위기 사항이 있으며, 이때 영향을 미칠 수 있는 사회적 요인들을 잘 조절해야 한다. 예를 들어, 중·고등학교 시기는 자아정체감을 확립하는 시기이므로 토론과 상담의 장을 마련하여 스스로 문제를 해결할 수 있도록 격려하고 긍정적인 자아정체감을 형성하도록 지도한다.

Kolhberg는 교육의 목적이 성숙한 도덕성을 갖고 정의로운 사회 구축에 공헌하는 인성을 형성하는 데 있다고 보고, 교육이 해야 할 일은 개인의 인지구조와 사회적 환경의 상호작용에 의해 촉진되는 도덕성 발달의 자연적 과정을 자극하는 것으로 보았다. 아동에게 인지발달 수준 이상의 도덕적 행동을 요구하는 것은 무리이며, 적절한 지도를 위해서는 먼저 아동의 도덕적 판단 수준을 이해하고 대략적인 도덕적 추론 단계를 파악할 필요가 있다. 예를 들면, 어린 유아의 경우 나쁜 행동을 했을 때 즉각적인 벌로 유아의 행동이 잘못되었음을 알려 주어야 하는 반면에, 성숙한 청소년에게는 처벌이나 제재보다는 보편적 가치 기준이나 양심에 호소하는 것이 보다 적절한 방법이 될 수 있다.

2) 학습이론

교육과정 활동에 참여하는 사람들이 관심을 가지는 다양한 학습이론 중에서 특히 행동주의와 인지이론은 교육과정의 계획과 운영에 큰 영향을 미쳤다.

행동주의적 관점은 인간 학습의 원리와 과정을 설명함에 있어서 객관적이고도 실험적인 관찰을 통해 주로 인간의 외현적인 행동을 연구대상으로 한다. 따라서 행동주의의 기본 원리는 자극과 반응의 연합이다. 여기서 자극이란 환경으로부터 학습자에게 제시되는 모든 것을 의미하고, 반응이란 자극으로 인한 행동을 의미한다. 대부분의 행동주의자들은 실험실에서 동물 행동을 관찰하였고, 이것을 인간의 행동 변화를 설명하는 데 적용하였다.

이와 같은 행동주의적 관점은 Pavlov, Watson, Thorndike, Skinner 등과 같은 연구자나 이론가들에 의하여 지지를 받았다. 사회학습이론의 대표적인 이론가로 알려져 있는 Bandura는 조작적 조건형성의 원리를 이용하여 모방을 통한 인간의 사회학습을 설명하면서도 상징화나 기대와 같은 인지 과정의 중요성을 인정하고 있다는 점에서 행동주의에서 인지주의로 넘어가는 과도기 이론으로 평가받고 있다(문은식, 박선환, 정미경, 2007).

행동주의 학습이론은 감각을 통한 세계만이 참으로 존재한다고 가정한다. 이 입장의 학자들은 학습을 행동 변화로 규정하며, 전체는 부분들의 합이라고 생각하여 부분들의 단계적인 완성을 중요하게 생각한다. 그들은 교육과정을 조직할 때, 학습자의 행동 변화를 최종목표로 삼고 그와 같은 목표가 달성될 수 있도록 하위 행동들을 찾아내고 계열화하는 방식을 취한다. Wolfson(1985)은 이 입장을 다음과 같이 요약하였다.

- 보상을 포함하는 즉각적인 피드백은 학습을 일으키는 데 필수적이다.
- 학습은 단순한 행동에서 복잡한 행동으로 진전된다.
- 학습과제는 단계적인 계열로 제시되어야 한다.
- 도달하고자 하는 목표행동을 미리 구체화되어야 한다.

- 반복과 연습은 중요하다.

행동주의적 관점이 수동적인 인간관을 바탕으로 자극과 반응 간의 연합이나 강화를 강조한 반면, 인지주의적 관점에서는 인간이 환경을 능동적으로 선택하고 지식을 스스로 구성하는 능동적인 학습자라고 본다. 이 접근은 '전체란 단순히 부분의 합이 아니라 그 이상을 의미한다'는 독일의 형태주의 심리학(Gestalt Psychology)에 토대를 두고 있다. 즉, 학습자는 학습 상황에서 부분을 보는 것이 아니라 각 부분의 상호관계 맥락 속에서 전체를 지각한다는 것이다.

학습의 인지주의적 관점은 인간의 사고과정을 컴퓨터의 정보처리과정에 비유한 정보처리이론에 의해 발견되었다. 정보처리이론에서는 인간을 정보처리자로 간주하고, 학습과정에서 정보와 지각, 조직, 저장, 인출 활동 등을 강조하였다.

학습을 인지의 변화로 보는 입장에서는 참으로 존재하는 것은 지각된 것이며, 정보는 감각을 통해 포착된 것이 사고를 통해 조작과 변형의 과정을 거쳐 만들어진 것으로 본다. 따라서 학습이란 저장된 정보나 통찰이 변화하는 것이다. 이 입장은 교육과정의 계획이나 운영에서 학습자의 통찰 변화에 초점을 맞춘다. Wolfson(1985)은 이 관점이 교육과정 활동에 다음과 같은 시사점을 준다고 보았다.

- 모든 학생의 독특한 관점이 학습에 중요한 의미를 갖는다.
- 지식은 개인적으로 구성되며, 사회적으로 공유된다.
- 모든 지식 체계는 세계를 해석하는 독특한 방식들이다.
- 개인은 자신의 지각을 바탕으로 결정을 내린다.
- 교육과정이 어떻게 설계되든 학습자는 자신의 의미를 만들어 낸다.
- 각 개인은 문화적 맥락 속에서 타인과 상호작용함으로써 자아개념을 발전시킨다.
- 학생과 교사는 사회적 맥락 안에서 자아실현을 추구한다.

이상과 같이 학습과 발달에 관한 교육과정 활동 참여자들의 생각은 교육과정 개발, 운영, 평가에 큰 영향을 미친다. 그러나 학습이나 발달과정에 관한 그들의 생각이 고정되어 있다고 볼 수는 없다. 교육과정 활동에 참여하는 대다수의 사람들은 학습의 과정에 대한 엄격한 이론을 고수하거나 발달의 과정을 고정불변의 진리로 생각하지 않는다. 그들은 학습이나 발달의 과정이 상기한 학습이론이나 발달이론보다 훨씬 다양하고 융통성이 있을 것으로 생각한다.

예를 들어, 인본주의 심리학 이론은 1960년대 이후 지속적으로 교육과정 활동에 영향을 미치고 있다. 인본주의 심리학자들은 자유, 무, 죽음, 선택 등의 다양한 주제를 통하여 종래의 교육에서 경시되었던 인지와 정서의 통합을 꾀하고 궁극적으로는 자아의 성장이나 실현에 이르도록 하는 교육과정 개발을 촉구해 왔다.

또한 구성주의 이론은 1980년대 이후 교육과정 분야의 연구와 활동에 큰 영향을 마치고 있다. 구성주의(조부경 외 편역, 2001)는 인지과학 분야, 특히 Piaget의 후기 업적과 Vygotsky의 사회문화적 연구, 그리고 학습에 있어서 표상의 역할을 연구한 Bruner, Gardner, Goodman의 연구를 기초로 발전하였다. 구성주의 이론에서는 학습을 학습자가 물리적·사회적 세계와 상호작용하는 가운데 대상이나 세계를 해석적·귀납적으로 구축하는 과정이라고 본다. 구성주의 관점에 따르면, 교육과정 개발에서 교사의 역할이 중시되고, 실행에서 학습자와 그들 상호 간의 협동학습이 강조된다.

이와 같이 학습이론, 발달이론, 인본주의 이론, 구성주의 이론 등의 교육심리학 이론은 교육과정의 개발, 운영, 평가 활동에 도움을 주는 처방들을 제시해 왔다.

3. 교육사회학

교육사회학은 인간, 사회, 그리고 교육의 세 요소의 관계에 대한 탐구를 하는 학문이다. 교사는 교육이 갖는 사회적 기능 및 사회를 바라보는 관점 등에 대한 학문적인 이해가 필요한데, 즉 교사들이 교육사회학을 더욱 잘 이해할수록 다양한 문화적 배경을 가진 학생지도 방법에 도움을 얻게 될 뿐만 아니라, 다양한 문화의 이해를 통해 균형감각을 가질 수 있기 때문이다(가영희, 성낙돈, 안병환, 2014). 교육사회학 탐구의 내용을 구체적으로 살펴보면 다음과 같다(김병희 외, 2011).

첫째, 사회는 인간으로 이루어지고, 교육은 인간을 목적으로 인간에 의해 형성된다. 교육사회학은 공통적으로 인간에 대한 탐구이다.

둘째, 사회는 그 사회적 존재, 즉 사회화된 구성원으로 유지된다. 사회화된 구성원은 제도화된 교육을 통해 정체성을 형성한다. 교육사회학은 사회구성원의 정체성 형성과 관련하여 사회화와 교육에 대한 탐구이다.

셋째, 사회는 교육을 통하여 사회에 필요한 구성원을 양성하고 선발하고 배치한다. 교육은 인간을 사회에 적응하게 하고, 사회를 변화하게 한다. 교육사회학은 교육의 사회적 기능과 관련하여 교육과 사회의 관계를 탐구한다.

넷째, 사회는 인간이 자아를 실현할 수 있는 곳이며, 인간은 교육을 통하여 자아실현이 가능하다. 교육사회학은 사회와 교육은 인간의 자아실현에 어떻게 관련되어 있는가를 탐구한다.

다섯째, 인간을 교육하는 주된 기관인 학교와 이에 영향을 미치는 교육정책, 교육관련자, 교육내용, 상호작용 등은 교육적 사회인가? 아닌가? 교육사회학은 학교와 관련된 여러 가지 사회적 현상을 교육적으로 탐구한다.

이와 같은 교육사회학의 탐구내용에서 알 수 있듯이 교육사회학은 사회적 맥락 속에서의 교육현상을 규명하고자 하는 데 중점을 두며, 여기에서 말하는 사회적 맥락에는 정치, 경제, 사회, 문화 등이 포함된다. 따라서 교육사회학은 '교육' 그리고 '인간'과 '정치, 경제, 사회, 문화 등'과의 관련성에 대하여 탐구하는 연구분야라고 규정할 수 있다.

여기서는 교육사회학의 여러 이론들 중 거시적 접근에서 교육현상을 분석하는 기능론과 갈등론, 그리고 미시적 접근에서 교육현상을 분석하는 신교육사회학으로 나누어 각각의 이론들을 고찰해보고 학교교육과정에 대한 시사점을 얻고자 한다.

1) 기능론

(1) 기능론의 개념

19세기 서구사회는 혁명과 전쟁, 농촌의 붕괴와 도시화, 분업, 전문화, 이질화 등으로 표현되는 사회의 변동으로 사회는 혼란스럽고 많은 새로운 사회문제를 안고 있었다(김병희 외, 2011). 이러한 사회변동 속에서 사회유지나 사회질서 등에 관심을 가지고 1940년대에 등장하여 1950년대 절정을 이룬 대표적인 관점이 기능론(functionalism)이라고 할 수 있다.

기능론이란 한 사회의 본질을 부분들의 총체 또는 유기체로 간주하는 관점이다. 모든 생명체는 유기체로서 생존하기 위해서는 유기체를 이루는 각 부분들이 각각의 기능을 잘 수행해야 한다. 그리고 이런 각 부분들의 기능은 전체와 뗄 수 없는 필연적 관계에 있다.

사회는 신체와 같은 '구조'이고, 이 구조는 각각 맡은 '기능'을 수행하는 개인이나 집단 등의 구성 요소로 이루어져 있다고 본다. 따라서 한 사회를 구조와 기능이라는 측면에서 분석하고 이해하려고 하며, 그 지속과 번영을 위해서 질서, 균형, 안정을 추구하며, 더 나아가 사회구성원 또는 그들 간의 합의와 통합을 이룬다는 것이다(가영희, 성낙돈, 안병환, 2014).

기능론에서 보는 사회에 대한 관점은 모든 개인들에게 균등한 기회를 제공하는 사회로서 개인의 노력과 능력에 따라 사회적 지위, 경제적 수준이 결정되는 자유경쟁사회로 본다. 따라서 사회구성원들은 이러한 사회구조에 대하여 합의하고 긍정적으로 수용하고 있다고 본다.

기능론의 특징을 핵심 용어를 중심으로 살펴보면 다음과 같다(Parelius &,

Parelius 1978; 성낙돈 외, 2010).

① 구조(structure)와 기능(function)

사회란 많은 부분들로 구성되어 있으며, 이러한 부분들은 그 사회의 구조를 이루며, 어느 정도 불일치한 면이 있으나 전체의 생존에 공헌한다는 입장을 취한다. 사회의 생존욕구가 그 사회의 제도, 규범 및 사회적 역할에 의해 어떻게 충족되는가를 보여주는 데 관심이 있다.

② 통합(integration)

사회의 다양한 부분들은 서로 통합된다는 것을 강조한다. 사회의 한 부분에서 일어나는 변화는 모든 다른 부분에 영향을 미치게 될 것이다. 그러나 이러한 부분들이 바로 상호의존적으로 되지는 않지만 그들은 조정되고 보완된다. 그들은 다른 것들과 거의 반대되거나 갈등적인 위치에 있는 것이 아니라 각 부분은 대체로 사회뿐만 아니라 다른 것들의 활동을 지원한다.

③ 안정(stability)

완전히 정적인 사회는 없기 때문에 적어도 어떠한 사회변화는 불가피하다는 점을 인정한다. 그럼에도 불구하고, 기능주의자들은 급진적이고 갑작스러운 변화를 강요하는 것이라기보다는 상대적으로 사회가 안정을 유지하도록 한다는 점을 강조한다.

④ 합의(consensus)

중요한 지각, 감정, 가치 및 신념에 대한 일치를 강조한다. 물론 사회는 합의의 성격과 정도에 따라 다양하다. 거대한 현대 산업사회보다는 소규모 민속사회에서의 합의가 더 쉬울 것이다. 이러한 합의는 사회화를 통해서 이루어지며 현대사회에 있어서 사회화의 기능은 주로 가정과 학교에 의해서 수행된다.

(2) 기능론의 학교교육에 대한 관점

기능론적 관점에서 볼 때, 교육제도는 안정된 사회를 유지하는 데 필요한 태도, 가치, 기술, 규범 등을 다음 세대에게 전승한다. 이러한 기능론의 관점에서 학교교육에 대한 견해를 구체적으로 서술하면 다음과 같다(김경식 외, 2007).

① 지적 목적의 추구

학교교육은 언어나 수학 등과 같은 인지적 지식은 물론, 종합하거나 평가하는 탐구능력도 습득시킨다. 이러한 것들이 사회를 유지·존속·발전시키는 데 필요하기 때문이다.

② 정치적 목적의 추구

학교교육은 그 나라의 정치, 역사, 위인의 생애를 가르쳐 후세들이 기존의 정치적 질서에 적절히 참여하고 사회통합에 이바지하도록 한다. 구성원들이 질서, 공중도덕, 법에 순종하도록 하며, 이민자나 산업 근로자를 동화시켜 사회 내 이질적 요소의 동질화를 통한 통합을 추구한다.

③ 경제적 목적의 추구

학교교육은 개인의 직업 준비를 위해서뿐만 아니라 국가나 경제에 필요한 노동인력을 양성하기 위해서도 구성원을 훈련시킨다. 즉, 교육은 사회구조나 산업구조의 변화에 맞는 인간을 길러내기 위해 노력한다.

④ 사회적 목적의 추구

학교교육은 구성원의 사회적·도덕적 책임감을 고취시키고 사회 문제를 해결·개선하며, 사회개혁을 위한 정신을 전수함으로써 가정이나 교회가 지니는 기능을 보완한다. 교육은 개인을 특정 사회에 적합한 사회적 존재로 만들거나 특정한 사회적 역할을 습득시키는 과정이다.

⑤ 인재를 선발·훈련·배치하는 기능의 수행

학교는 재능 있는 사람을 선발하여 교육한 후 적재적소에 배치·충원시키는 합리적 기구이다. 학교가 선별장치라는 말은 교육의 선발기능을 뜻하는 말이다.

⑥ 사회이동을 촉진하는 기능의 수행

학교교육은 타고난 신분이 아닌 개인이 쌓은 실력, 능력, 업적 등에 따른 사회이동임을 전제함으로써 교육은 사회적 지위를 획득하는 공정한 게임이 된다고 본다.

2) 갈등론

(1) 갈등론의 개념

자본주의 사회체제를 정당화하여 지배집단과 피지배집단의 양극화 현상을 초래한 기능론의 허구성과 학교교육의 모순을 비판하며 1960년대를 전후하여 갈등론의 관점이 등장하기 시작하였으며, 1970년대에 들어서며 그 세력이 팽창하였다. 갈등론은 Marx와 Weber의 이론과 사상에 뿌리를 두고 있다.

갈등론자들은 기능론자들이 가정하는 사회의 균형보다 사회는 서로 다른 이해관계를 추구하는 여러 개인과 집단으로 구성되어 있으며, 거기에는 항상 갈등이 있다고 가정한다. 갈등의 궁극적 원인은 사회적 불평등인데, 부·권력·지위·명예 등 모든 사회적인 가치들은 희소성이 있기 때문에 이들 사회적 가치를 둘러싼 경쟁과 갈등은 지속될 수밖에 없다고 본다. 이러한 관점에서 갈등이론은 사회적 가치의 평등분배를 가능하게 하는 사회적 재구조화를 강조하는 입장이다. 갈등이론의 목표는 인간성 회복을 지향하고 인간주의 정신을 기치로 비인간적인 것과 인간적인 것의 이원적 대립구조에서 비인간적인 것을 비판하고 인간적인 것을 존중하는 입장에 서 있다.

갈등론의 특징을 핵심용어를 중심으로 제시하면 다음과 같다(성낙돈 외, 2010).

① 갈등(conflict)

사회제도와 집단은 보통 다른 사람들과 상충된 목적으로 활동한다. 권력집단의 이해관계는 지배를 받는 사람들의 이해관계와 첨예하게 대립된다. 따라서 갈등은 각 집단이 지배를 위해 투쟁함으로써 보편적이 된다. 이러한 갈등은 가끔 조용히 일어나기도 하지만 종종 공개적으로 일어나기도 한다.

② 변화(change)

집단들 간의 끊임없는 권력투쟁은 끊임없는 변화를 가져온다.

③ 강압(coercion)

투쟁과 변화가 일어나는 동안에 어떠한 특정집단이 권력을 충분히 강화하려 할 때는 항상 일시적인 안정과 사회질서 기간을 유지하려 한다. 이러한 강압은 단지 힘만 사용하여 강압하려는 것이 아니다. 지배집단은 선전이나 교화와 같은 방법을 사용하기도 한다(Parelius & Parelius, 1978).

(2) 갈등론의 학교교육에 대한 관점

갈등론은 학교교육이 지배집단의 권익을 정당화하고 주입하여 기존 사회의 계층구조를 재생산하는 데 주력하고 있다고 본다(김병성, 2008). 따라서 학교의 주요활동은 교실 안과 바깥에서 모두 특정한 지위문화(status culture)를 가르치고 있으며, 교육을 통한 평등사회의 실현보다도 불평등을 영속화시킬 수 있다는 것이다. 학교교육에 대한 갈등론의 관점을 제시하면 다음과 같다(송병순 외, 2000).

① 교육의 목표

기능주의적 관점에서 학교를 지나치게 개인의 성공을 위한 수단으로 이용하려는 경향으로 말미암아 교육이 지향하고자 하던 인간성 계발에 문제점이 파생되었다. 따라서 갈등론에서는 교육의 목표를 인간성 회복에 두고 있다.

② 학생선발

기능주의가 주장하는 능력주의적 원칙은 이론적 허구이며, 인간능력을 객관적으로 측정할 수 있는 과학적 도구의 미비와 현행 학생 선발도구의 내용에는 문화적, 계층 간의 편협성이 존재한다.

③ 학교체제

학교체제의 관료화는 민주적 가치실현에 부적합하며 학교조직의 관료화는 인종, 계급 그리고 성별에 근거한 불평등을 영속화하고 있다. 또 중앙집권적이며 획일적 학교체제의 운영은 인간을 수동적 존재로 만들고 있다. 따라서 학교에서의 지시·명령구조는 구성원들의 창의성을 저해할 우려가 있다.

④ 교육과정

학교에서 제공되는 교육내용에는 특정계층의 문화내용으로 구성되었으며 학교지식이 때로는 학습자, 교사, 학부모, 정책 당국자 사이의 갈등을 유발시키기도 하고, 사회적으로 제도화된 지식을 주입시키는 현행 주지주의의 교육은 평등화 실현에 위배된다.

⑤ 잠재적 교육과정

관료주의적 위계로 인하여 인간을 수동적인 존재로 취급하고 있으며 상벌체계에 의한 통제는 복종심을 형성하며 권위주의적 억압은 유순한 성격을 형성시킨다.

⑥ 학교 교육결과

사회계층에 따라 교육적 성취가 다르게 나타남으로써 불평등의 재생산과 자본주의 생산양식에 필요한 기술적, 지적기능의 재생산 그리고 경제적 불평등이 정당화된다.

3) 신교육사회학

교육사회학의 새로운 주류로 등장한 신교육사회학(new sociology of education)은 1970년대 갈등이론과 비슷한 시기에 영국을 중심으로 기능론적 접근에 대한 반발로 등장한 이론이며 미국에서는 교육과정사회학이라는 용어로 사용되고 있다. 종래의 교육사회학이 사회구조 내의 질서와 갈등을 중심과제로 삼아온 데 반해, 신교육사회학은 교육과정에 대한 관심을 중요시함으로써 학교교육의 내적 과정에 대한 현상학적 접근과 해석학적인 관점을 수용하고 있다.

신교육사회학은 학교지식의 사회적 조직에 관심을 갖는데, 지식, 교육과정, 교사와 학생의 관계를 사회적 산물로 간주하며, 공부를 잘하고 못하는 것은 절대적인 것이 아니라 교육내용(지식)이 어떤 것이며, 그것을 누가 선정·조직했으며, 어떤 기준에 의해서 평가가 이루어지느냐에 따라 달라진다고 본다. 따라서 학교 내부에서 일어나고 있는 교육과정, 교육방법, 교육평가, 교사와 학생들 간의 상호작용 등의 미시적인 문제들에 관심을 가진다.

신교육사회학의 형성에 실질적으로 큰 공헌을 한 Young은 교육내용이 역사적·사회적 상황 속에서 선별되고 조직된 것으로 본다. 그는 신교육사회학은 언어나 교육과정의 사회학적 연구에 관심을 모아야 하며, 지식의 사회적 조직의 문제 즉 교육에서 특정 지식의 선정 목적이나 방법을 밝혀야 한다고 주장한다.

신교육사회학은 학교에서 가르치는 지식이 가치중립적인 것이 아니라 특권지배층의 여러 생활양식이 반영되어 세대전수, 재생산된다고 주장한다. 따라서 교육내용의 균등화, 사회불평등의 제거, 교육의 자율성 확보라는 측면에서 많은 관심을 불러일으켰다(박영진, 장성화, 2016).

신교육사회학의 영역에 속하는 이론들은 학교교육의 내적 과정을 사회체계의 재생산으로 보는 것이 지배적이고 그것은 다시 경제적 재생산과 문화적 재생산으로 구분되고, 이러한 재생산이론들을 비판하는 견해들로 되어 있다. 신교육사회학의 중심 이론들로는 경제적 재생산이론, 문화적 헤게모니이론, 문화적 재생산이론, 교육자율이론 등이 있다.

어떤 인간이 과연 이상적인 인간인가? 이러한 문제는 시대와 장소에 따라 다르며, 이러한 문제가 교육과정에서 교육목적의 문제가 된다. 교육목적이 설정되면 이 목적을 달성하기 위해 필요한 경험을 선정하고 조직하며, 어떻게 교수-학습을 전개하며 평가할 것인가의 문제이기 때문에 사회와 교육과정은 서로 밀접한 관계를 갖게 된다.

교육이 시대와 장소에 따라 변천되어 온 것처럼 교육과정도 시대와 장소에 따라 변화되어 왔다. 즉 사회와 교육과정은 서로 밀접한 관계를 갖고 있으며, 사회의 변화에 따라 교육과정도 달라져야 하기 때문에 올바른 교육과정을 수립하기 위해서는 사회에 대한 올바른 이해가 뒷받침되어야 한다(권낙원 외, 2016).

교육과정의 유형

CHAPTER 3

교육과정을 이해하기 위해서는 다양한 이론들을 살펴보는 것이 도움이 될 것이다. 1920년 무렵 교육학의 한 전문 분야로서 교육과정 분야가 체계적이고도 전문적인 연구를 시작하면서 생겨난 이론은 경험중심 교육과정이다. 이 교육과정은 자신이 등장하기 이전의 모든 교육과정을 자신과 구분하기 위하여 교과중심 교육과정이라 불렀다(김경배, 김재건, 이홍숙, 2005). 이렇게 볼 때 이론적으로는 경험중심 교육과정이 교과중심 교육과정보다 먼저 생겨난 것이다. 그 후 학문중심 교육과정, 사회·재건중심 교육과정, 인간중심 교육과정, 잠재적 교육과정 등이 등장하기 시작했다. 이 장에서는 이러한 교육과정 유형의 역사, 개념, 특징, 장단점 그리고 교육내용에 대해서 중점적으로 다루고자 하며, 사회·재건중심 교육과정은 경험중심 교육과정과 유사하여 여기에서는 다루지 않는다.

1. 교과중심 교육과정

교과중심 교육과정은 가장 오랜 전통을 가진, 최초의 전문적인 교육과정 연구가 시작되던 20세기 초 이전의 모든 교육과정을 지칭한다. 다시 말해, 교과중심 교육과정이란 용어는 그것이 존재하던 당시에 있었던 것이 아니라 1920년경 탄생한 경험중심 교육과정이 그 이전의 교육과정을 구분하기 위해서 붙인 이름이다. 이 교육과정의 교육목적은 선세대의 문화유산이나 정보를 후세대에게 전달하는 것이다.

또한, 교과중심 교육과정은 형식도야이론에 기초한다. 형식도야이론은 19세기의 능력심리학에 근거하는 것이다. 이 이론에 따르면, 우리의 정신은 지각, 기억, 추리, 상상, 감정, 의지의 뚜렷이 구분되는 여섯 가지 능력으로 이루어져 있다. 이 능력들은 우리 몸의 근육에 비유할 수 있는 것으로서 마음의 근육, 즉 심근이라고 한다. 형식도야이론에서의 형식이란 바로 이 심근을 뜻하는 것이며, 형식의 도야란 곧 여섯 가지 심근의 연마를 뜻한다. 형식도야설은 능력연마설이라고도 불린다. 교과중심 교육과정은 바로 이 심근의 연마를 교육목적으로 한다. 형식도야는 전통적인 인문교과 중심의 교육을 강조하는 학자들의 교육목적이다.

형식도야를 목적으로 하는 교과중심 교육과정은 무엇을 가르칠 것인가에 대하여 형식을 도야하는 데 특별히 도야의 가치가 큰 교과를 가르칠 것을 제안하였다. 이러한 교과로 7자유학과를 들고 있다. 7자유학과는 중세의 대표적인 교과이며 기원은 고대 그리스까지 거슬러 올라간다. 지금까지도 가장 대표적인 교과로 여겨져 이들을 교과의 전형이라고 할 수 있다. 7자유학과란 바로 문법, 수사학, 논리학, 대수, 기하, 천문학, 음악이다. 이들 과목은 우리의 심근을 도야하는 데 도야의 가치가 매우 높다. 교과중심 교육과정을 요약하여 정리하면 다음과 같다.

1) 개념

① 본질주의에 기초하는 교과중심이다.

② 교육과정은 지식의 체계를 존중하는 것으로, 학교의 지도하에 학생이 배우는 모든 교과와 교재를 의미한다.

③ 로마시대의 7자유학과 중 3과인 문법, 수사학, 변증법과 4과인 산수, 기하, 천문, 음악 및 동양의 사서(논어, 맹자, 중용, 대학)와 삼경(시경, 서경, 주역)

에서 유래된 것이다.

④ 교과중심 교육과정에서는 교과가 학습내용을 조직하고 전개하는 데에 핵심을 이룬다.

⑤ 교과는 그 자체에 논리적 체계가 있고 학습은 체계적으로 하는 것이 유리한 방법이라는 점에 기초한다.

⑥ 교과란 인류의 문화유산을 논리적이고 체계적으로 조직한 것을 말하며, 이것을 학습함으로써 앞으로의 제 문제를 해결할 수 있는 능력을 기르는 데에 중점을 둔다.

2) 기본 입장

① 교육이란 선세대의 문화유산이나 정보를 후세대에게 전달하는 것: 개인적 입장의 유용성보다 사회적 가치를 더욱 존중하고, 실용성보다 고전성이나 전통성을 더 존중하며, 실질적 내용보다 고전적 가치가 있는 지식이나 기능을 더 중요시한다.

② 인간은 선천적으로 기본 능력을 가지고 태어났으며, 그 능력을 훈련시키게 되면 적절히 도야된다는 형식도야설: 인간의 선천적 제 능력을 도야하기 위해서는 무엇보다도 먼저 교과의 조직이 인간의 능력을 잘 도야시킬 수 있도록 구성되어야 한다.

③ 각 교과가 각기 다른 그 자체의 논리를 가지는 것: 각 교과들이 그 자체의 논리를 따르지 않고 다른 논리를 따르면 바람직한 교육이 되지 않는다. 분과형을 지향한다.

④ 인간의 감성보다 이성을 중시: 논리적이고 체계적인 인간이 되기 위해서는 보다 잘 개발되고 체계화된 교과가 이상적인 인간을 만드는 주된 도구가 될 수 있다.

3) 특징

① 문화유산의 전달이 주된 교육의 내용이다.

② 한정된 교과영역 안에서만 학습활동이 이루어진다.

③ 교사중심의 설명위주 교수법이 주로 사용되며, 교사는 절대적 권위를 가진다.

④ 각 교과는 자체의 논리와 체계가 있으며, 학습을 체계적으로 전개시킨다.

〈표 3-1〉 교과중심 교육과정의 장·단점

장점	단점
• 교과중심 교육과정 내용의 체계적인 조직은 경험을 효과적으로 해석하는 데 꼭 필요한 것이다. 즉, 미래경험의 길잡이 역할을 한다. • 교과중심 교육과정 내용의 조직은 단순 명료하다. • 객관적인 평가기준에 의해 쉽게 학습결과를 평가할 수 있다. • 교과중심 교육과정은 교사와 학생 및 학부형들에게 최대의 안정감을 준다. • 교과중심 교육과정은 개인의 지성계발에 적당하며 시간과 노력을 절약해 준다. • 문화유산의 전달에 가장 알맞다. • 장구한 전통에 뿌리를 두고 있으며, 널리 받아들여지고 있다. • 중앙집권적 통제가 용이하다.	• 학습자의 흥미와 활동을 경시한다. • 너무 구획화되고 단편화되어 지식을 통합하는 전체적 구조가 없다. • 현대학교가 성취하려는 민주적 가치로부터 동떨어져 있다. • 원리, 법칙, 개괄, 논증 등을 위주로 수업을 전개하므로 학습자들에게는 어렵다. • 교육과정의 내용을 효과적으로 배열하기 어렵고 사회문제를 무시하기 쉬우며, 효과적인 사고 습관 및 개발에 실패하기 쉽다. • 보다 넓은 새로운 목표를 무시하기 쉬우며 새로운 내용에 대한 첨가가 곤란하고 융통성 있는 수업진행이 어렵다. • 교육목적 달성을 충분히 수행하도록 하는 데 이바지하지 못하고 있다. • 수동적인 학습태도를 형성할 우려가 있고, 인지발달, 창조적 표현력, 사고력 등 고등정신 능력 함량이 어렵다. • 실제 생활문제에서 유리되기 쉽고, 경쟁적이며 비실용적인 지식을 전달할 수 있다.

출처: 이인학 외(2013).

2. 경험중심 교육과정

경험중심 교육과정은 무엇을 가르칠 것인가에 관한 전문적인 연구를 시작하면서 생겨난 최초의 교육과정 이론이다. 이것은 1910년대 말에 시작해서 1920년대에 하나의 이론으로 확립되었으며, 1950년대 말 학문중심 교육과정이 등장할 때까지 미국은 물론 우리나라를 비롯한 전 세계 여러 나라의 교육과정에 많은 영향을 끼쳤다. 우리나라의 교육은 해방 후 1954년 처음으로 제정한 제1차 교육과정부터 1973년 학문중심 교육과정을 받아들여 교육과정을 개정한 제3차 교육과정 이전까지 경험중심 교육과정에 기초하였다.

이렇게 경험중심 교육과정이 사회적 인정을 받게 된 원인은 크게 세 가지로 볼 수 있다. 첫 번째로, Thorndike 등이 수행한 '전이실험'과 그 후 수행한 파지현상에 대한 연구에 따른 심리학적 연구결과에 의해 경험중심 교육과정의 필요성이 인식되었기 때문이다. 전이실험의 결과는 전통적 교과교육과정을 뒷받침하고 있던 '능력심리학'의 전이이론을 무너뜨리는 계기가 되었다. 또 파지현상에 대한 연구는 학습자가 이전에 기억했던 것을 반복적으로 재생해 내지 않으면 쉽게 망각한다는 결과를 낳았다. 이런 심리학적 연구의 결과들은 학교에서 가르쳐야 할 교육내용들은 서로 비슷한 것끼리 묶어야 하며, 어떤 한 가지 내용은 전체 교육과정을 통해서 여러 차례 반복적으로 다루어질 때 효과적이라는 것을 의미 있게 제시한 것이다. 이런 결과에 따라 생활과 교육의 통합의 필요성과 중요성이 등장하게 되었고, 이는 생활중심 혹은 경험중심이라는 교육과정 등단의 밑거름이 된 것이다.

두 번째로, 제1차 세계대전 중 전쟁 연관 산업에 필요한 인력 충원을 위해 도입되었던 기술자 훈련 프로그램의 놀라운 성과라고 할 수 있다. 이 프로그램은 당시 유행했던 과학적 연구에 대한 신뢰로 실행되었으며 그 결과에 따라 교육자들에게 많은 시사를 받게 되었다. 이전까지의 학교교육내용은 생활사태의 문제해결이나 생활에서의 유용성과 상관없이 그 자체로의 지적 능력과 마음의 도야라는 가치에 따라 결정되고 있었다. 그러나 이 프로그램이 괄목한 만한 성과를 거두면서 '눈에 보이는 성과'에 대한 움직임이 일어나게 되었고, 이는 학생들이 앞으로 성인이 되었을 때 생활해 나가는 데 필요한 여러 가지 지식, 기능, 태도들을 교육내용으로 삼아야 한다는 목소리가 커지게 되었다. 이것이 경험주의 교육과정의 등장에 또 다른 배경이 된 것이다.

마지막으로, 가장 큰 영향을 끼쳤다고 할 수 있는 Dewey의 사상이 있다. 이 사상을 진보주의 사상이라고 하며 이 사상을 통해 경험주의 교육과정을 하나의 교육과정의 형태로 체계화하였다. Dewey에 의하면, 인간의 마음이라는 것은 본능적인 '반응의 경향'을 의미한다. 그리고 그것은 몇 가지 능력으로 구분될 수 있는 것이 아니라 수없이 다양한 종류가 있어 우리가 사고할 때 복잡하게 얽혀 사용된다. 그래서 교육이란 기성의 능력을 훈련하는 일이 아니라 '문제 상황'에서 적절한 지력을 선택적으로 활용할 수 있는 능력을 개발하는 것이며, 이를 위해 교육과정은 학생들이 보다 효과적으로 경험할 수 있도록 학습경험을 조직하는 것이라고 주장했다. 또 문제에서도 학생들이 단순히 생활 속에서 부딪히는 문제가 아니라 사회적으로 결정이 되어야 함을 역설하였다. 이런 Dewey의 주장은 경험중심 교육과정을 전면적으로 지지하는 입장이라고 할 수 있다.

경험주의 교육사상은 역사적으로 아동·학생의 경험을 중시해야 한다는 생각의 맥락을 따라 체계화되어 왔으며, Erasmus, Rousseau, Pestalozzi와 Fröbel로부터 이어져 내려온 사상이 Dewey의 진보주의 사상을 통해서 체계화되어 왔다고 할 수 있다.

즉, 경험중심 교육과정은 무엇을 가르칠 것인가에 대하여 생활적응을 목적으로 학습자의 경험을 가르칠 것을 제안하였다. 이것은 문화유산으로서의 지식을 중심으로 교육과정을 결정하였던 과거의 전통적인 교육과정에서 탈피하여 학습자의 경험과 생활에 기초하여 교육과정을 결정하고자 한 것이었다. 이 교육과정을 행함으로써 학습한다는 원리에 입각하여 학습자가 생활의 문제를 능동적으로 해결해 감으로써 바람직한 학습자의 성장을 기할 수 있다고 여긴다. 경험중심 교육과정을 요약하여 정리하면 다음과 같다.

1) 개념

① 경험: 어떤 문제에 당면하고 그것을 해결하기 위한 행위를 할 때 겪게 되는 지적인 과정이다.

② 교육과정이란 '학교의 지도하에 학생들이 가지게 되는 모든 경험'으로 정의된다.

③ Rousseau의 아동중심 교육에서 출발하여 19세기 말 신교육운동으로 이어져 20세기 초 Dewey의 시카고 대학교 실험학교를 통해서 형성되었다.

④ 실용주의, 도구주의 철학이 진보주의 교육사상에 영향을 끼쳤고, 이는 경험중심 교육을 지향하게 되었다.

2) 특징

① 교육목적: 아동의 발달과 성장

② 교재는 미리 선택하지 않고 학습의 장에서 결정한다. 생활경험을 교육내용으로 보며, 교육과정의 중심을 학생에게 둔다. 교재는 전적으로 아동의 욕구, 필요, 흥미에 따라 결정됨으로써 사전에 계획될 수 없다.

③ 과외활동을 중시하며, 문제해결력 함양을 강조한다.

- 문제해결학습(problem solving learning) 중요시: 학생들에게 어떤 문제를 주고 그 해결과정을 통하여 지적, 태도적, 기술적 학습을 시킨다. 새로운 문제에 늘 부딪히며 그것을 해결해 가면서 살아야 하는 현실세계에 적응하기 위해 학교는 문제해결 능력을 키워 주어야 한다.

④ 개인차를 고려한 학습으로 계속되는 성장과정의 전인교육을 중시한다.

⑤ 급격한 사회변화에 적응하는 인간을 육성한다.

〈표 3-2〉 경험중심 교육과정의 장단점

장점	단점
• 학습자의 흥미와 필요가 자발적 활동을 유발하기 쉽다. • 현실적이고 실제적인 생활문제를 해결할 수 있다. • 민주시민으로서의 자질함양이 용이하다. • 학교와 지역사회와의 유대를 강화할 수 있다. • 학교생활의 여러 가지 장면의 통합을 증진시킨다. • 개인차에 따르는 학습이 용이하다. • 자연적 및 사회적 환경을 학습활동에 이용한다.	• 경험중심 교육과정은 기초학력의 저하를 초래할 수 있다. • 교육에의 시간경제를 무시하기 쉽다. • 직접 경험에서 얻어진 원리나 사실이 새로운 장면에 잘 적용되지 않을 수 있다. • 경험중심 교육과정은 조직상의 논리적인 체계가 부족하다. • 교육과정 분류의 준거가 분명치 못하다. • 교직적 소양과 지도방법이 미숙한 교사는 교육과정 운영에 실패할 수 있다. • 사전에 계획하지 않기 때문에 행정적인 통제가 어렵다.

출처: 이인학 외(2013).

3. 학문중심 교육과정

학문중심 교육과정은 1960년을 전후로 발생한 교육과정 이론으로서 생활적응을 목적으로 하는 경험중심 교육과정이 체계적인 지식교육을 소홀히 한 결과로 생겨난 교육과정이다. 생활적응 교육이 팽배하던 당시 원자폭탄의 개발과 이에 따른 제2차 세계대전에서의 승리는 국가 생존에 있어 과학과 수학의 중요성을 부각시켰고, 그 결과 대학의 수학자와 과학자가 교육과정 개발에 적극 참여하게 되었다. 더구나 중등학교 교육내용을 분석한 결과, 1700년 이후 새롭게 생겨난 개념들-예를 들면, 수학에서의 집합론-이 교육과정에 포함되어 있지 않음을 지적하면서 현대의 최신 이론들이 교육과정에 포함되어야 함을 강조하였다.

특히, 1957년 구소련의 스푸트니크(sputnik) 인공위성 발사는 미국에게 매우 충격적인 일이었고 이로 인해 미국 교육에 대한 위기기 고조되었다. 이러한 결과를 초래한 원인에 대한 규명과 함께 이에 대한 반성이 각계에서 일어났다. 이것은 교육 분야에서도 예외는 아니었다. 실제로 그 당시의 학교교육을 지배하던 교육과정은 생활적응을 목적으로 학습자의 흥미나 필요, 사회적응, 생활의 유용성 등을 강조하는 교육과정이었다. 학습자의 흥미와 필요, 사회적 기능과 같은 생활적응에 초점을 둔 교육과정은 당연히 체계적인 지식교육에는 소홀할 수밖에 없었다. 우주선에 관련한 이 사건은 특히 수학과 과학에서의 지식교육의 소홀을 더욱 문제시하였다. 생활적응 교육은 당연히 이 분야에서의 지식교육을 소홀히 하였고, 그 결과 우수한 과학자를 양성하는 데 실패하였다는 것이다. 그들은 이러한 위기감을 극복하기 위한 방안으로써 보다 철저하고 체계적인 지식교육이 필요하다는 사실을 인식하게 되었다. 그리하여 수학과 과학을 중심으로 하는 대대적인 교육과정 개혁운동이 일어났고, 이 결과로 생겨난 교육과정이 바로 학문중심 교육과정이다. 그리고 1959년 9월의 우주홀(woods Hole) 회의에서 초등학교와 중등학교 과학교육의 문제점과 개선방안을 논의하면서 학문중심 교육과정이 본격화되었다. 이 모임을 주관한 Bruner는 우주홀 회의의 종합 보고서를 『교육의 과정(*The Process of Education*)』이라는 책자로 출판하면서, 미국뿐만 아니라 전 세계 초·중등 과학교육에 지대한 영향을 미쳤다. 물론 1950년 이전부터 교과교육이나 교육과정 개혁운동이 서서히 전개되고 있었으며, 경험중심 교육과정에 대한 문제와 비판이 다양하게 제기되고 있었다.

이 입장에서 교과가 새롭게 부활하였으며 주로 '지식의 구조'라는 의미에 비추어서 그 의미가 새롭게 제시되었다. 이러한 입장에서 교과는 학문과 동일한 것이며 학문을 탐구하는 활동의 측면에서 교과를 새롭게 조명할 필요가 있다. 여기에는 Bruner 이 외에도 학문의 구조를 제시한 Schwab, 의미의 영역을 제안한 Phenix, 교과를 인지적 및 평가적 지도로 보는 Broudy, 지식의 형식을 제안한 Peters와 Hirst 등이 있다. 이들은 교과의 가치를 종래와는 다른 방식으로 정당화하였다. 1960~1970년대에 걸쳐 가장 번성하였던 이 이론은 전 세계에 영향을 주었고, 우리나라에도 소개되어 1971년의 제3차 교육과정 개정에 크게 반영되었으며, 최근까지도 주된 흐름을 이루고 있다.

1) 개념

① 학문의 기본 구조 중시: 적은 양의 지식으로 활용범위를 극대화하기 위해 노력한다.

② 교육과정이란 구조화된 일련의 학습결과로서, 학문에 내재된 지식의 탐구과정을 조직한다.

③ 직관적 사고 중시: 감각기관을 통한 경험, 학생들이 실제의 사상을 관찰하거나 표본이나 그림을 이용하여 직접관찰을 통해 직접적·실증적 경험을 하는 것이다.

④ 학습자의 내적 보상(만족감, 자신감, 기쁨, 성취감)을 통해 학습동기를 유발한다.

2) 기본 원리

① 교과 또는 학문의 기본구조를 중요시한다.

② 학문중심 교육과정은 어떤 교과라도 지적 성격을 그대로 두고 어떠한 발달단계에 있는 어떠한 학습자에게도 효과적으로 가르칠 수 있다.

③ 분석적 사고만큼 직관적 사고도 교육에서 중시한다.

④ 학문중심 교육과정은 학습자의 내적 보상에 의한 학습동기 유발이 필요하다.

⑤ 학교교육이 민주시민의 자질 향상에 별로 관심을 가지지 않는다.

3) 특징

① 교과의 내용: 지식의 구조, 학문에 내재된 기본적인 아이디어, 기본 개념, 기본 원리

- 학문중심 교육과정의 궁극적 목적은 학생들로 하여금 지적인 기본 구조와 단계적인 교재나 교과를 탐구하는 것으로 이성을 계발하고 탐구력을 배양

하도록 하는 데 있다. 이러한 능력을 갖추게 함으로써 학교교육을 마친 뒤에 보다 넓은 사회에서 계속적으로 성장할 수 있도록 기본 개념과 학습하는 방법의 습득을 강조한다.

② 교육의 목적: 장래생활의 준비

③ 교육과정: 나선형 교육과정

- 학습의 계열성을 이용한 것으로 선행학습 내용에 기초하여 다음의 교육내용이 점차적으로 깊이와 넓이를 더해 가도록 조직한 교육과정이다.
- 가르치는 내용은 동일하며 발달단계가 높아짐에 따라 그 동일한 내용을 점점 폭넓고 깊이 있게 되풀이하여 가르치는 것을 의미한다.

④ 학습방법: 탐구과정을 중시하고 발견에 따른 내적 동기유발을 강조한다.

〈표 3-3〉 학문중심 교육과정의 장단점

장점	단점
• 학문중심 교육과정은 교육내용의 단순화를 지니며 내용상의 중복을 피할 수 있다. • 저학년부터 교과의 기본 구조에 따른 교육을 행할 수 있다. (↔학습준비도 이론) • 학습 면에서 비약을 가져올 수 있다. • 학습동기를 유발하는 방법을 넓혀 준다. – 교과중심 교육과정: 상벌 – 경험중심 교육과정: 칭찬 – 학문중심 교육과정: 지적 훈련의 유발과 문제해결 시 오는 희열을 통한 학문의 내적 동기유발 • 두 개념 간의 신텍스(syntax)가 분명하다. • 내용 선정상의 중복 · 누락 방지가 가능하다. • 높은 준비도 형성이 가능하다.	• 능력이 중상 이상인 학생들에게만 적당하다. • 학문중심 교육과정에서는 계속적인 연구가 행해지지 않고 있다. • 좁은 학문이나 과목의 내용에 강조점을 두는 여러 과정을 낳게 했다. – 생물학, 화학, 물리학의 새로운 교육과정을 독자적인 것으로 채택 → 단편화, 구획화의 문제 • 학년제를 기초로 만들어져 있다. • 평가방법이 개발되어 있지 않다. – 한정된 평가도구 및 방법들을 제시하고 있는 형편 • 과정별 단편화로 통합학습, 다양한 평가방법의 개발이 어렵다.

출처: 이인학 외(2013).

4. 인간중심 교육과정

인간중심 교육과정은 1920년대 출현한 교과중심 교육과정과 1930년대에 등장한 경험중심 교육과정, 1960년대에 등장한 학문중심 교육과정과 관련하여 검토되었으며, 교과형, 경험형, 학문형의 지나친 합리주의나 이성주의, 진보주의나 실용주의, 학문주의 및 과학주의 등에 따른 인간 소외 현상, 비인간화를 비판하며 태동되었다.

특히, 현대사회의 기계문명과 거대한 사회조직은 점차 인간의 자유 및 자율적 행위의 가능성을 제약하였고, 그로 인한 생활의 특성은 인간성의 상실 혹은 비인간화 현상으로 나타났다. 이에 1970년대에 들어서 새롭게 강조된 교육의 인간화 운동에 따라 지적 성취를 위하여 질적으로 우수한 교육을 추구하던 학문중심 교육과정이 도전을 받게 되자 교육의 적절성 문제가 야기됨으로써 교육의 인간화, 즉 인간중심 교육에 관심을 기울이게 되었다. 학생을 개별성을 띤 인간으로 귀하게 여기지도 존중하지도 않으며, 동일한 교과를 동일한 방식으로 교수하고 평가를 통해 서열화하는 방식, 즉 외삽적(外揷的)으로 인간을 주물한다는 데 반대한 것이다. 이에 결국 학생의 필요나 심리적인 요구를 충족하지 못하여 학생에게 무의미한 학습이 이루어지게 하는 학교 교육과정에 대한 대응이 필요함을 인식한 것이다.

이렇게 일어난 인간중심 교육의 궁극적 목적은 인간의 잠재적인 능력을 최대한으로 개발하여 보다 인간다운 인간을 간직하면서 개인적으로 자아를 실현하며, 사회발전에 기여할 수 있는 삶을 살도록 돕는 데 있다. 이는 학교에서 학생이 만족스럽고 의미 있는 경험을 함으로써 자아실현에 이를 수 있도록 보다 구체적으로 전인교육을 전개하려는 일련의 교육과정 동향이다. 이에 개인적 의미의 중요성을 강조하고, 정서적·신체적 측면의 건전한 성장과 함께 인지적 측면의 발달을 동시에 추구함으로써 자아를 실현하도록 한다.

따라서, 이 교육과정은 감정과 느낌 그리고 자아개념 등과 같은 정의적 측면의 교육에 많은 관심을 두고 있다. 이들은 학습자와의 의미 있는 만남을 위한 교육과정은 그 내용과 방법이 정의적인 것에 근거를 두어야 한다고 한다(김대현, 2012 재인용). 뿐만 아니라 인간중심 교육과정은 인간 소외에도 관심을 둔다.

1) 개념

① 기계적 인간, 지식인 지향이 아닌 깊이 생각하고 행동하는 인간

② 사랑하여 스스로 내면적 자아를 확장하는 인간

③ 부단히 배우고 창조하는 전인적 인간 지향

2) 기본 원리

① 교육의 궁극적 목적을 자아실현을 위한 인간육성에 둔다.

② 자아실현을 위해서 학교환경을 인간화하는 데 노력한다.

③ 학습자들의 잠재적 교육과정에 영향을 미치는 학교환경의 비인간화를 막기 위해서 표면적 교육과정보다 잠재적 교육과정을 중요시한다.

④ 교육과정 조직에서 통합을 강조한다.

3) 특징

① 잠재적 교육과정을 표면적 교육과정 이상으로 중요시한다.

- 표면적 교육과정은 지식이나 기능에 영향을 주고, 잠재적 교육과정은 사회성 발달, 정의적 발달에 영향을 준다.
- 오늘날 학교교육의 문제는 지식, 기술의 발달이 뒤떨어지는 것보다 가치관·도덕성 발달에 소홀한 것이다.

② 학교환경 전체를 인간중심적으로 조성한다.

- 대규모의 학교, 과밀학급, 신체에 맞지 않는 책·걸상은 인간 소외, 반항심, 정서적 불안과 같은 문제를 제기한다.

- 금지, 체벌, 강요 같은 학교풍토는 자아실현에 악영향을 준다.

③ 교육목표를 자아실현에 둔다.

- 잠재적 능력이나 가능성을 실현하는 것이 자아실현이며 질병, 신경증, 정신병, 기본적 인간능력의 상실, 감퇴 등이 가장 적게 존재하는 상태를 가리킨다.
- Maslow의 욕구위계론에서는 자아실현의 단계를 최상위에 둔다.

④ 인간주의적인 교사상을 필요로 한다.

- 진실된 교사(솔직하고 진실한 교사, 가면을 쓰지 않고 신비스럽게 보이려고 하지 않으므로 긴장과 불안에서 벗어나는 교사)가 필요하며, 한 개인으로서 아동에 대한 존중, 공감적 이해, 애정을 보여 준다.
- 교육은 인간관계이므로 교사의 인간적인 영향이 중요하다(교사유형).

〈표 3-4〉 인간중심 교육과정의 장·단점

장점	단점
• 전인교육을 통하여 인간의 성장 가능성을 조화롭게 발전시킬 수 있다. • 학습자의 개별적인 자기성장을 조장할 수 있다. • 학습자의 자아개념을 긍정적으로 형성하는 데 도움이 된다. • 학습과정을 통해 터득된 의미가 내면화될 수 있다.	• 자유로운 환경조성과 역동적인 인간관계가 유지되지 않으면 교육성과의 보장이 어렵다. • 교사들의 투철한 교육관이 확립되지 않으면 그 실현이 어렵다. • 과대규모의 학교와 과밀학급의 규모, 밀도를 줄이는 개선책과 학교교육에서 지나친 경쟁과 비교를 지양하는 학교 행정적 조건 정비가 선행되지 않으면 그 실현이 어렵다. • 교육의 인간화가 보장되지 않으면 그 실현이 어렵다.

출처: 이인학 외(2013).

〈표 3-5〉 교육과정의 종합·비교

	교과중심	경험중심	학문중심	인간중심
기원	7자유학과	자연주의 (Rousseau)	Bruner	자연주의 (Rousseau)
심리학	형식도야설	반성적 사고, 성장	인지주의 학습이론	인본주의 심리학
인식론	관념론	실용주의	인지론	실존주의
목적	지적 능력의 계발	전인적 인간 형성 (사회적 유능인)	과학자 (이성의 계발)	자아실현인
방법	반복적 학습을 통한 지식의 주입	문제해결법	발견법	성장
교육내용	문화유산의 전달	생활경험 (광의의 경험)	구조화된 지식	실존적 경험 (자아실현 경험)
교육철학	본질주의	진보주의	항존주의	실존주의

출처: 이인학 외(2013).

5. 영 교육과정(null curriculum)

영어로 영(null)에는 여러 가지 뜻이 있지만, 영 교육과정에서 영의 의미는 '법적인 구속력이 거의 없는' 또는 '학습할 기회가 거의 없는'이라는 뜻을 지닌다. 따라서 영 교육과정(null curriculum)이란 법적인 구속력이 있는 공적인 문서에 들어 있지 않거나 학교에서 가르치지 않아서 학습할 기회가 없는 교육내용을 말한다. 그러나 학교에서 가르치지 않는 모든 내용이 영 교육과정이 되는 것은 아니며, 배울 만한 가치가 있는데도 불구하고 가르치지 않는 내용에 한정된다고 할 수 있다. 예를 들어, '남이 귀를 기울이도록 말을 하는 방법과 남이 말을 하도록 귀를 기울이는 방법'과 같은 기술은 가정, 학교, 사회생활을 하는 데 필수적인 기술이지만 공식적 교육과정에 빠져 있거나 학교에서 가르치지 않는다면 영 교육과정에 속한다.

영 교육과정을 최초로 제안한 아이스너(Eisner, 1994)는 학교에는 공식적인 교육과정에 포함하지 않는 많은 교육내용들이 있는데, 만일 학교가 이것들을 공식적인 교육과정에 포함하지 않는다면 학교의 교육적인 영향력은 그만큼 위축되어간 왜곡될 수 있다고 경고하였다. 예를 들어 공식적인 교육과정이 문자나 숫자 위주의 표현 양식만을 강조하고 시각, 청각, 운동 등 다양한 표상형식의 개발을 경시한다면, 공식적인 교육과정은 인간의 다양한 능력 중에서 일부만을 개발하게 되어 결국 교육적으로 막대한 손실을 끼치게 된다는 것이다.

이와 같이 영 교육과정은 공식적인 교육과정 문서에 담겨 있거나 학교에서 가르치는 교육내용의 가치를 되묻고, 더욱 중요한 것이 빠지지는 않았는가를 살펴보도록 한다는 점에서 가치가 있다.

6. 잠재적 교육과정(latent/hidden curriculum)

학생들이 학교생활을 하는 동안에 가지게 되는 경험을 둘로 나눌 수 있다. 하나는 학교의 의도적인 지도에 의하여 갖게 되는 경험(표면적 교육과정, 表面的 教育課程)이며, 다른 하나는 학교의 의도적인 지도가 없었음에도 가지게 되는 경험(잠재적 교육과정, 潛在的 教育課程)이다.

종래의 교육과정의 표시 용어	잠재된 교육과정의 표시 용어
표면적, 계획된, 구조화된, 공식적, 외현적, 가시적, 외적, 조직화된, 기대된, 형식적	잠재적, 숨은, 비구조적, 비공식적, 내현적, 비가시적, 내적, 비조직적, 기대되지 않은, 비형식적

잠재적 교육과정은 학교의 물리적 조건, 제도 및 행정적 조직, 사회 및 심리적 상황을 통하여 학교에서는 의도하지 않았으나 학교생활을 하는 동안에 학생들이 은연중에 가지게 되는 경험을 의미한다.

표면적 교육과정이 주로 지적인 것이라면, 잠재적 교육과정은 주로 비지적(非知的)인 것이다. 표면적 교육과정은 주로 이론 지식에 관련되는 반면, 잠재적 교육과정은 주로 생활기능에 관련된다. 표면적 교육과정은 일시적·단기적으로 배우는 데 반하여, 잠재적 교육과정은 장기적·반복적으로 배우게 된다. 표면적 교육과정은 주로 바람직한 내용인 데 반하여, 잠재적 교육과정은 바람직한 것뿐만 아니라 그렇지 않은 것도 포함한다.

잠재적 교육과정은 학교교육의 모든 사태와 관련된다. 이는 교육과정을 학생 경험의 총체로 규정한 인간중심 교육과정의 한 측면이며, 학교교육을 통하여 학생이 가지는 경험 중에서 종래 표면적 교육과정의 개념으로부터 통상적으로 간과되어 온 경험을 가리키는 것이다.

학교가 공식적인 교육과정의 목표 이상의 것을 은밀하게 그리고 효과적으로 가르치는 장소라는 관점은 교과목 또는 수업 수준에서가 아니라 학교생활과 학교문화라는 보다 큰 관점에서 학생의 발달을 분석할 필요가 있다고 본다.

잠재적 교육과정의 장(場)은 다음과 같다.

- 물리적 조건: 학교의 규모, 교실의 공간, 책상과 의자의 치수, 기타의 시설, 설비
- 제도 및 행정조직: 학년제도, 담임제도, 직원조직, 교내 장학을 위한 여러 가지 행정절차
- 사회 및 심리적 상황: 교사와 학생이 모여 상호작용하는 상황으로서의 학교

실제로 잠재적 교육과정이 나타나는 장은 위에서와 같이 세 가지가 서로 관련되어 7개의 장이 있을 수 있다. 즉, 물리적 조건과 사회 및 심리적 상황과 제도 및 행정조직, 사회 및 심리적 상황, 물리적 조건과 제도 및 행정조직, 혹은 세 가지 상태가 서로 중첩되는 경우도 빈번히 일어난다.

학교생활에는 개인의 성장·발달에 도움이 되는 좋은 경험도 있겠지만, 개인 발달이나 사회 발전에 저해되는 내용의 경험도 있을 수 있기 때문에 잠재적 교육과정은 이러한 학교의 순기능을 확대하고 역기능을 최소화하려는 교육적 노력이라고 볼 수 있다.

Bloom은 표면적 교육과정과 잠재적 교육과정의 관계를 〈표 3-6〉과 같이 정리하고 있다.

잠재적 교육과정의 원천은 크게 세 가지로 설명할 수 있다. 첫째는 학교의 생태 자체에서 나타나는 원천이며, 둘째는 학교를 구성하고 있는 인적 요소에서 나타나는 원천이고, 셋째는 사회환경을 들 수 있다.

〈표 3-6〉 표면적 교육과정과 잠재적 교육과정의 관계(Bloom)

표면적 교육과정	잠재적 교육과정
학교에서 의도적으로 조직하고 가르친다.	학교에서 의도하지 않았지만 학교생활을 하는 동안 은연중에 배우게 된다.
지적인 것(교과를 통하여 배우는 것)과 관련된다.	비지적 · 정의적인 영역(흥미, 태도, 가치관, 신념 등)과 관련된다.
교과와 관련된다.	학교의 문화풍토와 관련된다.
단기적으로 배우며 어느 정도 일시적인 경향이 있다.	장기적 · 반복적으로 배우며 보다 항구성을 지니고 있다.
교사의 지적 · 기능적인 영향을 받는다.	주로 교사의 인격적인 감화를 받는다.
바람직한 내용이 주가 된다.	바람직하지 못한 것도 포함한다.
표면적 교육과정과 잠재적 교육과정이 서로 조화되고 상보적(相補的)인 관계에 있을 때 학생 행동에 강력한 영향을 미칠 수 있다.	
잠재적 교육과정을 찾아내어 이를 계획한다 하여도 표면적 교육과정과 잠재적 교육과정의 구조는 변하지 않는다.	
표면적 교육과정 자체의 잠재적 기능이 있다.	

출처: 이인학 외(2013).

우리나라 교육과정의 변천

CHAPTER 4

1. 교육에 대한 긴급조치기(1945~1946)

1945년 일본의 패망과 함께 서울로 진주한 미군은 한국교육위원회를 조직하고, 이 위원회의 건의를 받아들여 미군정청 학무국에서 '신조선의 조선인을 위한 교육'을 일반 명령으로 시달하였다. 그중 교과목에 관련해서는 상당히 포괄적으로 진술하였는데, 이는 '교수 용어를 한국어로 할 것과 조선의 이익에 반하는 것을 교수함을 일체 금하는' 정도였다. 또한, 평화와 질서를 당면으로 교육목표로 하고, 교육제도와 법규에서 일본적 색채를 없애도록 하였으며, 초등학교·중학교 교과 편제 및 시간 배당을 발표하였다.

〈표 4-1〉 긴급조치 시기의 과목 및 교육 시수(1945)

학년＼교과	공민	국어	지리 · 역사	산술	이과	음악 · 체육	계
1~3	2	8	1	5	1	3	20
4	2	7	1	4	3	3	20
5~6	2	6	2	3	2	3	18
고등과	2	6	2	2	2	3	17

출처: 김대현(2017).

이러한 시간 배당과 교과 편제는 임시방편이기는 하였으나 제국주의적 색채가 강한 수신과를 없애고 공민과를 신설한 점, 우리말로 수업이 이루어진 점, 국사를 교과목에 포함시킨 점 등이 특기할 만하다. 이러한 교과 편제와 시간 배당은 얼마 지나지 않아 〈표 4-2〉와 같이 수정·시달되었다. 당시의 중학교는 고등학교와 사범학교 심상과와 실업학교를 포함하고 있었으며, 수업 시수는 일주일에 32~34시간 정도였고 국어, 수학, 영어 등 도구 교과에 치중하였다.

〈표 4-2〉 긴급조치 시기의 중학교 교과목 및 교육 시수(1945)

학년＼교과	공민	국어	지리 역사	수학	물리 화학 생물	가사	재봉	영어	체육	음악	습자	도화	수예	실업	계
1 중학	2	7	3	4	4	–	–	5	3	1	1	1	–	1	32
고녀	2	7	3	3	3	2	2	4	2	2	1	1	1	–	33
2 중학	2	7	3	4	4	–	–	5	3	1	1	1	–	1	32
고녀	2	7	3	3	3	2	3	4	2	2	–	–	1	–	33
3 중학	2	6	4	4	5	–	–	5	3	2	–	1	–	2	34
고녀	2	6	3	2	4	4	3	4	2	2	–	1	1	1	35
4 중학	2	5	4	4	5	–	–	5	3	2	–	–	–	3	33
고녀	2	5	3	3	4	4	4	4	2	2	–	1	1	1	36

* 이 표에 제시된 수업 시간 수는 주당 평균 수업 시간 수를 나타낸다.

2. 교수요목기(1946~1954)

1946년 '교수요목 제정위원회'는 교수요목을 제정하고 교과서를 편찬하는 일에 착수하였다. 교수요목은 교과의 지도 내용을 상세히 기술한 문서를 말한다. 교수요목기 교육과정의 전반적인 특색은 ① 교과의 지도 내용을 상세하게 표시하고 기초 능력을 기르는 데 주력하였으며, ② 교과는 분과주의를 선택하여 체계적인 지도와 지력을 기르는 데 중점을 두었고, ③ 우리나라의 교육 이념인 홍익인간의 정신에 입각한 애국애족 교육을 강조하였으며 일제의 잔재를 없애고자 각별한 노력을 기울였다.

그러나, 당시의 교수요목은 충분한 시간을 가지고 제정하지 못하였기 때문에 교과별로 가르칠 주제를 열거하는 정도에 불과하였고, 교수의 목표나 지도 시의 유의사항 등에 관한 언급이 없었다. 특히 내용이 학생들의 지적 능력에 비해 너무 높다는 평이 있었다.

각 교과별 교수요목에 나타난 특징은 ① 교육과정의 진술체계가 통일되지 않아 대부분의 교과가 단원 또는 제재명과 내용 요소만을 제시하고 있고, ② 모든 교과가 단원 또는 제재별로 이수할 시간 수를 밝히고 있으며, ③ 교과에 따라 내용 요소의 진술 형식이 다르고, ④ 교과의 편제는 지금과 비슷하지만 사회생활과가 생겼다는 점이다. 사회생활과는 공민, 역사, 지리, 작업, 자연 관찰(1~3학년)을 종합하여 편성한 교과로 민주시민을 기르는 데 주안점을 두었다.

〈표 4-3〉 교수요목기의 초급 중학교 교과목 및 교육 시수(1946)

과목 \ 학년		1학년	2학년	3학년
필수 과목	국어	5	5	5
	사회생활	5	5	5
	수학	5	5	0
	일반 과학	5	5	5
	체육 · 보건	5	5	5
	실과	2	2	2
	음악	2	2	2
선택과목	과학	0	0	0
	외국어	5	5	5
	음악	1~2	1~2	1~2
	미술	1~2	1~2	1~2
	수공	1~2	1~2	1~2
	실업	0~10	0~10	0~10
특수과목	국어	1	1	1
	과학	1	1	1
합계		39	39	39

* 이 표에 제시된 수업 시간 수는 주당 평균 수업 시간 수를 나타낸다.

3. 제1차 교육과정기(1954~1963)

1) 이념 및 기본 방향

제1차 교육과정은 1954년 문교부령 제35호로 제정 공포된 초등학교, 중학교, 고등학교, 사범학교 교육시간 배당 기준령과 그 이듬해 1955년 문교부령 제44호, 제45호, 제46호로 각각 공포된 초등학교, 중학교, 고등학교 교과과정을 말한다.

이 시기의 교육과정은 '각 학교의 교과목 및 기타 교육활동의 편제'로 정의되었으며, 법령상의 명칭이 교과과정이었기 때문에 이 시기의 교육과정을 '교과과정 시기' 또는 '교과중심 교육과정 시기'라고 부른다. 이러한 제1차 교육과정은 우리 손으로 만든 최초의 체계적인 교육과정이라는 점에서 의의가 크다.

이러한 제1차 교육과정은 교육과정 자체는 교과중심이었으나, 교육과정을 기준으로 편찬한 교과서는 생활중심을 지향하고 있었다. 이는 다음과 같은 교과서의 내용에서 확인할 수 있다.

① 계통적 학습을 중심으로 하던 종래의 교과 학습의 배열을 버리고 생활중심의 단원 학습으로 배열한 점, ② 예전의 소단원제를 버리고 대단원제를 택하여 학습의 생활화와 학습의 효과를 가져오게 한 점, ③ 지식과 암기를 강요하는 주입식 학습을 피하고 학생의 생활과 경험을 토대로 이해와 기능 및 태도를 기르는 방향으로 전환하고자 노력한 점, ④ 아동의 흥미를 중심으로 하는 작업 단원을 되도록 많이 설정하고, 작업을 통하여 학습자가 능동적으로 자신의 생활 경험을 심화·확충하는 방향으로 개선한 점이다.

제1차 교육과정에는 구성 방침이나 목표를 구체적으로 제시하지 않고 있다. 하지만 각급 학교의 교육과정에 공통적으로 들어 있는 '본 과정의 기본 태도'에 나타난 것을 중심으로 살펴보면 다음과 같다. 우선, 현실 생활을 개선하고 향상시킬 사회 개선 의지를 강조하고 있고, 정부 수립 후 제정·공포한 「교육법」에 제시된 교육목적을 달성하는 방도로서의 교육과정임을 분명히 하고 있다. 또한 교육과정에는 최소한의 필수적인 교육내용만 표시하여 국가기준으로서의 교육과정임을 명확히 하고, 반공 교육, 도의 교육, 실업 교육을 강조하며, 특별활동 시간을 배당하여 전인교육을 지향하고 있다.

2) 편제 및 운영

(1) 초등학교

교육목적 및 교육목표를 달성하기 위한 교과 이외의 활동으로 특별활동을 편성하여 교과활동과 함께 2대 편제를 이루었다. 그리고 교과는 모두 8개 교과로 대교과제를 이루고 있다. 지금의 도덕과는 하나의 교과로 독립하지 않고, 각 학년의 총 이수 시간 수에서 연간 35시간 이상의 시수를 확보하여, 전 교과와 학교 전체의 교육활동을 통해 도덕 교육을 행하도록 하였다. 또한 시간 배당의 기준을 총 이수 시간에 대한 백분율(%)로 표시하였다.

(2) 중학교

초등학교와 마찬가지로 특별활동을 편성하여 교과활동과 함께 2대 편제를 이루었다. 그리고 대교과제를 취하여 필수 교과(8개 교과)와 선택 교과(실업·가정, 외국어, 기타 교과)로 하였으나, 지금의 도덕과는 사회생활과에 배당된 시간 수 중 최저 35시간 이상의 시수를 확보하여 수업하도록 하였다. 또한 시간 배당의 기준은 각 학년별로 연간 이수해야 할 시간 수와 주당 시간 수로 표시하였다(〈표 4-4〉 참고).

(3) 고등학교

초등학교 및 중학교와 마찬가지로, 고등학교 편제도 교과활동과 특별활동으로 구성되었다. 교과 구성과 시간 배당 기준을 설정하고, 수업량을 연 단위로 표시하여 지역 사회의 실정에 따라 융통성 있게 운영할 수 있도록 하였다. 도덕 과목을 신설하여 주 1시간씩 필수로 수업하게 되었고, 교과활동에는 필수 교과와 선택 교과를 두었으며, 인문계 고등학교와 실업계 고등학교의 교과 구성에 있어서 필수 교과는 동일하게 하고, 선택 과목에서 실업계 학교는 실업 교육의 목적을 달성하기 위한 전문 교과를 포함하도록 하였다.

〈표 4-4〉 제1차 교육과정기의 중학교 교육과정 시간 배정 기준(1954)

과목 \ 학년		1	2	3
필수 교과	국어	140(4)시간	140(4)시간	140(4)시간
	수학	140(4)시간	140(4)시간	140(4)시간
	사회생활	175(5)	175(5)	175(5)
	과학	140(4)	140(4)	140(4)
	체육	70(2)	70(2)	70(2)
	음악	70(2)	70(2)	70(2)
	미술	70(2)	70(2)	70(2)
	실업 · 가정	175(5)	175(5)	175(5)
소계		980(28)	980(28)	980(28)
선택 과목	실업 · 가정	35~245(1~7)	35~245(1~7)	35~245(1~7)
	외국어	105~175(3~5)	105~175(3~5)	105~175(3~5)
	기타 교과	0~105(0~3)	0~105(0~3)	0~105(0~3)
특별활동		70~105(2~3)	70~105(2~3)	70~105(2~3)
계		1,190~1,330시간 (34~38)	1,190~1,330시간 (34~38)	1,190~1,330시간 (34~38)

* 이 표에 나타난 총 시간 수는 연간 최소 시간량이고, (　) 안의 수는 34주를 기준으로 한 주당 평균 시간 수다.

4. 제2차 교육과정기(1963~1973)

1) 이념 및 기본 방향

제2차 교육과정은 1963년 문교부령 제119호, 제120호, 제121호, 제122호로 제정 공포한 초등학교, 중학교, 고등학교 및 실업학교 교육과정을 말한다. 이 시기에는 교육과정을 '학교의 지도하에 학생들이 가지는 경험의 총체'로 봄으로써, 교육과정의 개념상 '생활중심 교육과정' 또는 '경험중심 교육과정'이라고 부른다.

이러한 생활중심 교육과정의 특징은 제2차 교육과정 곳곳에 잘 드러나 있는데, 특히 총론에서는 "교육과정은 곧 학생들이 학교의 지도하에 경험하는 모든 학습의 총화를 의미하는 것이다. 따라서 학생들의 경험 여하에 따라 그들이 어떤 인간으로 성장하게 되느냐가 결정되는 것이다."라고 교육과정을 정의하고 있다.

또한, '교육과정 개정의 취지'에서는 교육과정의 내용, 교육과정의 조직, 교육과정의 운영 면에서 각각 다음과 같은 강조점을 두어 생활중심 교육과정의 성격을 더욱 분명히 하고 있다.

첫째, 교육과정의 내용에서는 자주성, 생산성, 유용성을 강조하였다. 학교가 국가기준에 의하여 각 지역사회의 실정에 맞게 교육과정을 구성하도록 하는 자주성과 학생의 주체적 활동을 강조한 학습의 자주성을 강조하고, 우리 생활을 실질적으로 향상시킬 수 있는 실업 및 직업, 과학기술 교육을 강화하는 생산성과 교육을 실생활과 직결시키고 학교를 사회와 접근시키려는 유용성을 강조하였다.

둘째, 합리성을 강조하면서 학생의 성장 발달에 적용될 수 있는 통일성, 계통성, 발전성 있는 교육과정의 조직을 제시하였다. 당시의 '교육과정 개정의 요점'에서는 반드시 필요한 내용 요소로서 기초 학력을 충실히 할 것과 학교급 간의 연계성뿐만 아니라 교과 간의 통합성도 강조하면서 교육과정의 계열화를 통해 계통 학습을 할 수 있도록 하였다.

셋째, 지역성을 강조하여 각 지역사회의 모든 자원을 학습경험에 효과적으로 이용하게 하고, 학습경험의 결과는 지역사회의 개선과 발전에 기여할 수 있도록 하였다. 즉, 교육과정에는 일반적인 기준만을 제시하고 구체적 운영은 지역사회에 맞게 해 나가도록 하였다.

2) 편제 및 운영

(1) 초등학교

반공·도덕 교육을 교과활동, 특별활동과 같은 수준의 영역으로 독립시켜 교과활동, 특별활동, 반공·도덕활동의 3대 편제를 이루게 하였다. 교육과정 시간 배당은 교과별로 주당 이수 시간만을 표시하고, 특별활동 시간을 전체 시간에 대한 백분율(%)로 표시하여 그 폭에 따라 자율성, 융통성, 신축성을 기하도록 하였다. 또한 학년별로 주당 총 이수 시간을 1시간 정도 줄이고, 사회생활과의 명칭을 사회과로 바꾸었다.

그 후 문교부는 국민교육헌장 이념의 구현과 한글 전용 계획 등의 정부 시책과 시대적 요구에 부응하여, 1969년 문교부령 제251호로 교육과정을 부분적으로 개정하였다.

완전한 한글 전용을 위해 국어과에서 한자 교육을 하지 않도록 하였고, 미술과에서 표준색을 12색(혹은 24색)에서 10색(혹은 20색)으로 바꾸었다. 반공·도덕활동은 주당 1시간에서 2시간으로 시간을 늘렸고, 특별활동을 강조하면서 국민교육헌장 이념과 관련시켜 목표를 명확하게 제시하였다. 또한 특별활동의 시간 배당 기준을 주당 시간 수로 표시하였다.

(2) 중학교

중학교도 초등학교와 마찬가지로 교과활동, 특별활동, 반공·도덕활동의 3대 편제를 이루게 하였다. 그리고 중학교 교육의 성격을 보통 교육으로 규정하여 선택 교과를 두지 않고 공통 필수 교과만을 두었다. 또한 주당 1시간 정도를 줄여 한 주에 30~33시간을 수업하고, 특별활동 시간이 전체 시간의 8% 이상이 되도록 하였다. 교육과정 시간 배당에서는 교과별로 주당 이수 시간을 표시하고, 단위 수업 시간을 50분에서 45분으로 줄였으며, 사회생활과의 명칭을 사회과로 바꾸었다(〈표 4-5〉 참고).

〈표 4-5〉 제2차 교육과정기의 중학교 교육과정 시간 배경기준(1963)

과목 \ 학년		1	2	3
교과	국어	5~6	5~6	5~6
	수학	3~4	3~4	3~4
	사회	3~4	3~4	3~4
	과학	3~4	3~4	3~4
	체육	3~4	3~4	3~4
	음악	2	2	2
	미술	2	2	2
	실업 · 가정	4~5	4~5	4~5
	외국어	3~5	3~5	3~5
반공 · 도덕		1	1	1
총계		30~33	30~33	30~33
특별활동		8%~	8%~	8%~

* 이 표에 제시된 수업 시간 수는 주당 평균 수업 시간 수를 나타낸다.

그 후, 문교부는 국민교육헌장 이념의 구현과 한글 전용 계획 등의 정부 시책과 시대적 요구에 부응하여, 1969년 문교부령 제251호로 교육과정을 부분적으로 개정하였다(〈표 4-6〉 참고).

교과활동과 관련해서는 완전한 한글 전용을 위해 국어과에서 한자 교육을 하지 않도록 하였고, 미술과에서 표준색을 12색(혹은 24색)에서 10색(혹은 20색)으로 바꾸었다. 사회과의 2학년(역사 분야)에서는 국사를 세계사와 분리시켰고, 실업·가정과에서는 남녀 공통 필수의 '기술' 과목을 신설하였으며, 2·3학년에서 농업, 공업, 상업, 수산업, 가정 중에서 한 과목을 택하도록 하였다. 반공·도덕활동을 주당 1시간에서 2시간으로 확대하고, 특별활동을 강조하면서 국민교육헌장 이념과 관련시켜 목표를 명확하게 제시하였다. 또한, 특별활동의 시간 배당 기준을 주 2.5시간 이상이라는 최저 시간으로 표시하면서 집단활동이라는 영역을 신설하였다. 따라서 각 학년의 총 이수 시간도 늘어나게 되었다. 그 후 1972년 문교부령 제300호에 의해 한문 교과가 다시 생겼다.

〈표 4-6〉 1963년과 1969년의 중학교 교육과정 시간 배정 기준 비교

1963년의 시간 배정 기준표					1969년의 시간 배정 기준표				
과목 \ 학년		1	2	3	구분 \ 학년		1	2	3
교과	실업 · 가정	4~5	4~6	3~12	교과	실업 · 가정	4~5	5~6	5~12
반공 · 도덕		1	1	1	반공 · 도덕		2	2	2
계		30~33	30~33	30~33	계		31~34	31~34	31~34
특별활동		8%	8%	8%	특별활동		2.5~	2.5~	2.5~

* 이 표에 제시된 수업 시간 수는 주당 평균 수업 시간 수를 나타낸다.

(3) 고등학교

인문계 고등학교의 교육과정은 공통과목 이 외에 인문 과정, 자연 과정, 직업 과정으로 나누어 과정별 선택 과정을 마련하였으며, 이러한 과정별 선택은 1학년 과정을 수료한 후 정하는 것을 원칙으로 하였다. 또한 3년간 이수해야 하는 교과별 단위 수를 국가 수준 교육과정에서 정해 주면, 학교에서는 이를 참고로 교육과정을 계획하도록 하였다. 그리고, 각 교과별 시간 배정을 단위제로 표시하였다. 여기서 1단위란 1학기(18주, 현재는 17주) 동안 매주 1시간씩 이수하여 그 이수를 인정받는 것을 말한다.

그 후 문교부는 국민교육헌장 이념의 구현과 한글 전용 계획 등의 정부 시책과 시대적 요구에 부응하여, 1969년 문교부령 제251호로 교육과정을 부분적으로 개정하였다. 교련 교과를 12단위로 신설하였고, 인문계 고등학교 국어 Ⅰ에서 한자 교육 부분을 없애고 국어 Ⅱ에 있는 한문을 6단위로 늘렸으며, 제2외국어 과목에 에스파냐어를 추가하였다. 또한 국민윤리 4단위를 반공 및 국민윤리 6단위로 늘렸고, 특별활동 시간을 따로 배정하면서 집단활동 영역을 신설하였다.

2차 부분 개정은 1973년 문교부령 제30호로 공포되었는데, 인문계 고등학교의 제2외국어에 일본어를 신설하였다. 3치 부분 개정은 1973년 문교부령 제325호로 국적 있는 교육을 강조하면서 국사 교육을 강화하였다.

5. 제3차 교육과정기(1973~1981)

1) 이념 및 기본 방향

제3차 교육과정은 1973, 1974년 문교부령 제325호, 제326호, 제350호로 제정 공포한 초등학교, 중학교, 고등학교 교육과정을 말한다. 제3차 교육과정은 우리나라 교육과정 제정상 처음으로 교육과정심의회에서 시안을 확정하고 2년간의 실험평가를 거쳐 최종 확정한 것이다. 이는 1968년 선포된 국민교육헌장의 이념과 1960년대 미국 교육계를 주도한 학문중심 교육과정 이론에 바탕을 두고 이루어졌다. 즉, 사회의 급격한 변화 속에서 팽창하는 학문적 지식을 보다 효과적으로 습득하기 위해서는 지식의 근간을 이루는 지식의 구조를 학생들에게 가르치되, 학생 스스로가 발견하고 탐구할 수 있도록 해야 한다는 이론에 바탕을 둔 것이다.

이러한 제3차 교육과정은 국민적 자질의 함양 및 인간교육의 강화, 지식·기술의 쇄신 등을 기본 방침으로 하고, 이러한 방침에 따라 자아실현(개인)과 국가 발전 및 민주적 가치 함향(사회)을 교육목표로 하였다.

또한, 1979년 교육과정 체제를 정비하여 문교부 고시 제424호로 공포하였는데, 이는 교육과정의 성격이 변한 것이 아니라 문교부령이 문교부 고시로 바뀐 것이다. 문교부령을 문교부 고시로 바꾼 것은 교육과정을 개정할 때마다 법제처의 심의를 거쳐야 하는 번거로움을 줄이기 위해서였다.

2) 편제 및 운영

(1) 초등학교

교육과정의 편제에서는 반공·도덕 영역이 없어지고, 도덕과가 신설되면서 교과활동과 특별활동의 2대 편제가 되었다. 또한 5, 6학년의 사회과 중 일정 시간을 국사에 할애하고 교과서도 따로 편찬하였다. 시간 배당 기준표에는 이수 시간을 교과별, 학년별로 연간 최소 시간량(괄호 안에는 주당 시간 표시)으로 표시하였고,

단위 수업 시간도 40분 혹은 45분으로 변화를 주었다. 이는 1~6학년 학생의 발달 단계를 고려한 것이었다. 또한 교육내용에서 초등학교 1학년부터 '집합'의 개념을 다루어 예전의 생활 수학과는 많은 차이가 있었다.

(2) 중학교

중학교 역시 반공·도덕 영역이 없어지고, 도덕과가 신설되면서 교과활동과 특별활동의 2대 편제가 되었다. 또한 국사를 하나의 교과로 독립시켰고, 실업·가정과에서 여자 기술을 가정으로 바꾸고 선택 교과였던 가정을 가사로 이름을 바꾸었다. 교과는 12개 교과를 필수로 하고, 실업·가정 과목을 선택으로 두었다. 도덕, 국어, 국사와 1년의 전 교과를 제외하고는 시간 배당을 연간 총 시간 수로 표시하여, 학교장에게 교육과정 운영의 재량권을 폭넓게 부여하였다(〈표 4-7〉 참고). 이 교육과정은 1977년 문교부령 제404호로 부분 개정되면서 산업체에서 중학교를 부설로 설치·운영할 수 있게 하였다.

〈표 4-7〉 제3차 교육과정기의 중학교 교육과정 시간 배정 기준(1973)

교과 \ 학년	1	2	3
도덕	70(2)	70(2)	70(2)
국어	140(4)	175(5)	175(5)
국사		70(2)	70(2)
사회	105(3)	20(2)	20(2)
수학	140(4)	105~140(3~4)	105~140(3~4)
과학	140(4)	105~140(3~4)	105~140(3~4)
체육	105(3)	105(3)	105(3)
음악	70(2)	35~70(1~2)	35~70(1~2)
미술	70(2)	35~70(1~2)	35~70(1~2)
한문	35(1)	35~70(1~2)	35~70(1~2)

<table>
<tr><th colspan="3">학년 / 교과</th><th>1</th><th>2</th><th>3</th></tr>
<tr><td colspan="3">외국어</td><td>140(4)</td><td>70~175(2~5)</td><td>70~175(2~5)</td></tr>
<tr><td rowspan="2">실업 · 가정</td><td>필수</td><td>기술(남) · 가정(여)</td><td>105(3)</td><td>105(3)</td><td>105(3)</td></tr>
<tr><td>선택</td><td>농 · 공 · 상 · 수산 · 가사 중 택 1</td><td></td><td>105~140(3~4)</td><td>105~245(3~7)</td></tr>
<tr><td colspan="3">총 이수 시간</td><td>1,120(32)</td><td>1,120~</td><td>1,120~</td></tr>
<tr><td colspan="3">특별활동</td><td>70~(2~)</td><td>70~(2~)</td><td>70~(2~)</td></tr>
</table>

* 이 표에 나타난 총 시간 수는 연간 최소 시간량이고, ( ) 안의 수는 35주를 기준으로 한 주당 평균 시간 수다.

(3) 고등학교

교과활동과 특별활동의 구조를 갖추고 교과활동은 필수, 필수 선택, 과정별 선택 과목으로 구분하였다. 과정별 편성은 인문 과정, 자연 과정, 직업 과정으로 구분하고, 직업 과정에는 예능, 체육, 외국어 및 기타 과정을 둘 수 있도록 하였다. 총 이수 단위는 과정에 상관없이 204~222 단위로 하여 이수 단위에 폭을 두었고, 교과목별 단위 또한 이수 단위에 폭을 두어 융통성과 신축성을 부여하였다. 또한, 과목의 이름을 혼동하지 않도록 필수 과목에는 Ⅰ을, 과정별 선택 과목에는 Ⅱ를 붙이고 총 과목 수는 35개로 축소시켰으며, 특별활동에 12단위를 배정하였다.

이 교육과정은 1977년 문교부령 제404호로 부분 개정되었다. ① 사회 교과의 5개 과목(정치·경제, 사회·문화, 세계사, 국토 지리, 인문 지리) 중 정치·경제는 필수 교과로 하고, 인문 과정은 나머지 네 과목을, 자연 과정은 네 과목 중 한 과목을 선택하여 이수하도록 하였다. ② 특별활동 내용 중 학생회 활동을 학도호국단으로 바꾸어 운영하도록 하였고, ③ 산업체의 근로청소년교육을 위한 '특별 학급'과 '산업체부설고등학교'의 교육과정에 관한 예외 조치를 규정하였다.

6. 제4차 교육과정기(1981~1987)

1) 이념 및 기본 방향

제4차 교육과정은 1981년 문교부 고시 제442호로 공포된 교육과정을 말한다. 제4차 교육과정은 문교부에서 직접 개발하지 않고 한국교육개발원에 위탁하여 기초 연구와 총론, 각론, 시안을 개발하도록 한 연구 개발형의 성격을 띠고 있다.

제4차 교육과정은 민주 사회, 고도 산업 사회, 건전한 사회, 문화 사회, 통일조국 건설에 필요한 건강한 사람, 심미적인 사람, 능력 있는 사람, 도덕적인 사람, 자주적인 사람을 길러 내는 데 목적을 두었다.

제4차 교육과정은 개정의 방침을 ① 이전의 교육과정이 지난 문제점들(학습내용의 과다, 학습하기 어려운 교육내용, 교과목 위주의 분과 교육, 일반 교육의 소홀, 전인 교육과 인간 교육의 미흡)을 보완, ② 교육 정상화를 위한 교육 개혁의 추진(교육내용의 양과 수준의 적정화, 과열 과외 잠재 요인 제거), ③ 국민정신교육의 강화(초등학교 교육목표 내용의 체계화 등 각급 학교 교육과정에의 체계적 반영) 등에 두었다.

제4차 교육과정의 이념의 특징은 어느 한 사조나 이념만을 고수하는 교육과정이 아니라, 종합적이고 복합적인 성격을 지니고 있다. 따라서 교과중심, 경험중심, 학문중심 등과 같은 접근 위에서 변화와 미래에 대한 인식을 강조하는 미래 지향적 교육과정의 인식이 반영되었다. 특히 지금까지 소홀히 해 온 인간중심 교육과정의 성격도 반영되어 개인적, 사회적, 학문적 적합성을 고루 갖춘 교육과정이 되게 하였다.

2) 편제 및 운영

(1) 초등학교

특별활동의 영역이 4개 영역에서 3개 영역으로 줄어들었지만, 교과활동과 특별활동으로 나누어진 2대 편제는 그대로 유지되었다. 특히 1, 2학년에서 교과 간의 통합을 시도하여 대영역별 시간 배당을 한 점과 특별활동 시간을 별도로 배정하지 않은 점이 두드러진다. 한편 4, 5, 6학년에서는 특별활동 시간이 2시간 이상으로 늘었고 1, 2, 3학년의 국어 시간이 1시간씩 늘어났다.

(2) 중학교

교과활동과 특별활동으로 이루어진 편제에는 변함이 없으나, 필수 교과인 생활·기술(남)과 가정(여) 과목을 3학년에서 빼고 2, 3학년에서 선택하던 농·공·상·수산업과 가사를 3학년에서만 선택하게 하여 2, 3학년에서 각각 1과목을 줄였다. 이는 보통 교육의 성격을 강조하기 위해서다. 또한 교과활동에서 자유 선택 과목을 신설하여 학교장의 재량에 따라 학생에게 도움되는 내용을 선정·운영하도록 하였다.

특별활동은 학생회 활동, 클럽 활동, 학교 행사와 더불어 3개 영역으로 하였고, 학생회 활동과 클럽 활동은 각각 주당 1시간을 배정하였으며, 학교 행사는 별도의 시간을 이용하도록 하였다(〈표 4-8〉 참고).

운영 지침은 교육과정 운영에 도움을 주기 위하여 처음으로 계획, 지도, 평가, 기타의 네 부분으로 나누어 편성하였고, 특히 평가 지침에 관한 내용이 처음으로 등장하였다. 그리고 고등공민학교 교육과정과 근로 청소년을 위한 산업체부설중학교 교육과정을 단일화시켰다.

〈표 4-8〉 제4차 교육과정기의 중학교 교육과정 시간 배정 기준(1981)

<table>
<tr><th colspan="4">학년
교과</th><th>1</th><th>2</th><th>3</th></tr>
<tr><td rowspan="22">교과활동</td><td colspan="3">도덕</td><td>68(2)</td><td>68(2)</td><td>68(2)</td></tr>
<tr><td colspan="3">국어</td><td>136(4)</td><td>170(5)</td><td>170(5)</td></tr>
<tr><td colspan="3">국사</td><td></td><td>68(2)</td><td>68(2)</td></tr>
<tr><td colspan="3">사회</td><td>102(3)</td><td>68~102(2~3)</td><td>68~102(2~3)</td></tr>
<tr><td colspan="3">수학</td><td>136(4)</td><td>102~136(3~4)</td><td>102~136(3~4)</td></tr>
<tr><td colspan="3">과학</td><td>136(4)</td><td>102~136(3~4)</td><td>102~136(3~4)</td></tr>
<tr><td colspan="3">체육</td><td>102(3)</td><td>102(3)</td><td>102(3)</td></tr>
<tr><td colspan="3">음악</td><td>68(2)</td><td>68(2)</td><td>34(1)</td></tr>
<tr><td colspan="3">미술</td><td>68(2)</td><td>68(2)</td><td>34(1)</td></tr>
<tr><td colspan="3">한문</td><td>68(2)</td><td>34~68(1~2)</td><td>34~68(1~2)</td></tr>
<tr><td colspan="2">외국어</td><td>영어</td><td>136(4)</td><td>102~170(3~5)</td><td>102~170(3~5)</td></tr>
<tr><td rowspan="7">실업·가정</td><td rowspan="2">필수</td><td>생활기술(남)</td><td rowspan="2">102(3)</td><td rowspan="2">136~204
(4~6)
136~2</td><td rowspan="2"></td></tr>
<tr><td>가정(여)</td></tr>
<tr><td rowspan="5">선택</td><td>농업</td><td rowspan="5"></td><td rowspan="5"></td><td rowspan="5">택 1~2
170~238
(5~7)
택 1~2
170~238
(5~7)</td></tr>
<tr><td>공업</td></tr>
<tr><td>상업</td></tr>
<tr><td>수산업</td></tr>
<tr><td>가사</td></tr>
<tr><td colspan="3">자유선택</td><td>0~34~(0~1)</td><td>0~34~(0~1)</td><td>0~34~(0~1)</td></tr>
<tr><td colspan="3">계</td><td>1,088~1,122
(32~33)</td><td>1,088~1,156
(32~34)</td><td>1,088~1,156
(32~34)</td></tr>
<tr><td colspan="4">특별활동</td><td>68~(2~)</td><td>68~(2~)</td><td>68~(2~)</td></tr>
<tr><td colspan="4">총계</td><td>1,156~1,190
(34~35)</td><td>1,156~1,224
(34~36)</td><td>1,156~1,224
(34~36)</td></tr>
</table>

* 이 표에 나타난 총 시간 수는 연간 최소 시간량이고, (　　) 안의 수는 34주를 기준으로 한 주당 평균 시간 수다.

(3) 고등학교

제4차 교육과정의 가장 큰 특징은 인문계, 실업계, 기타계 고등학교의 교육과정을 통합하여 단일화한 것이다. 제4차 교육과정의 편제와 시간 배당은 다음과 같은 특성을 가지고 있다.

첫째, 교과활동을 보통 교과와 전문 교과로 나누고, 보통 교과에 전 과정의 40~60%를 공통 필수 과목으로 지정함으로써 전인 교육을 충실히 하도록 하였다.

둘째, 교육내용의 양을 조정하여 전체 이수 단위를 축소하였다(201~216단위).

셋째, 유사 과목 또는 관련 교과를 통합하여 학생의 부담을 덜어 주고, 과목에 따라 Ⅰ, Ⅱ로 구분하여 Ⅰ을 필수로 정하였다.

넷째, 자유 선택 과목의 이수 단위가 0~8단위로 늘어남과 동시에 선택의 범위도 철학, 논리학, 심리학, 종교 등으로 확대되었고, 반드시 2개 이상의 교과를 개설하여 학생에게 선택의 기회를 주도록 하였다.

특별활동은 학급활동과 학도호국단 활동을 통합하여 학도호국단 활동, 클럽 활동, 학교 행사의 3개 영역으로 편성하였고, 학도호국단 활동과 클럽 활동에 각각 주당 1시간을 배정하였다.

7. 제5차 교육과정기(1987~1992)

1) 이념 및 기본 방향

제5차 교육과정은 1987~1988 문교부 고시 제87-9호, 87-7호, 88-7호로 공포된 초등학교, 중학교, 고등학교의 교육과정을 말한다. 제5차 교육과정은 교육과정 및 교과용 도서 중에서 개선이 필요한 부분만을 개정한다는 것을 기본 원칙으로 삼고, 건강한 사람, 자주적인 사람, 창조적인 사람, 도덕적인 사람을 기르는 데 목적을 두었다.

제5차 교육과정은 개정의 방침을 교육과정의 적정화, 내실화, 지역화에 두고, 개정의 전략으로 지속성(제4차 교육과정의 기본 골격 유지), 점진성(혁명적이고 총체적인 개혁보다 현실 여건을 감안한 점진적인 개선), 효율성(교육과정이 의도한 대로 기대하는 교육적 성취를 가져오도록 하는 제반 조치의 시행)을 제시하였다. 특히 중앙집권적 교육과정 체제를 지방화하기 위하여 교육과정의 지역화를 강조하고 교육과정이 실제 교육현장에서 제대로 실현될 수 있도록 교육과정의 효율화를 중시하였다.

제5차 교육과정은 교육내용과 운영 면에서 개정의 중점을 ① 기초 교육의 강화, ② 정보화 사회에 대응하는 교육의 강화, ③ 교육과정의 효율성 제고 등에 두었다. 특히 교육과정의 효율성을 높이는 것은 교육과정에서 의도한 바가 실제 교육현장에서 그대로 실현되는 쓸모 있는 교육과정이 되도록 한다는 것이다.

2) 편제 및 운영

(1) 초등학교

제5차 교육과정의 편제와 시간 배당의 특징은 ① 1, 2학년에 통합 교과 신설, ② 통합 교과서에서 1, 2학년 산수와 국어는 분과 독립시키면서 다양한 학습자료(산수–산수익힘책, 바른 생활–생활의 길잡이, 국어–말하기, 듣기, 쓰기, 읽기)를 발간, ③ 연간 수업 시간 수의 증가, ④ 주당 수업 시간 수의 합리적 조정, ⑤ 특별활동 시간 운영의 현실화 등에서 찾을 수 있다. 또한, 제5차 교육과정에서는 1, 2학년의 교과활동의 평가 결과를 학생의 활동 상황과 진보의 정도, 특징 등을 문장으로 기술하도록 하고, 특수아동을 위하여 특수학급을 설치·운영할 경우의 유의 사항을 명시하였다.

(2) 중학교

중학교 교육과정의 편제는 크게 달라지지 않았다. 다만, 과학 교육 강화를 위해 수학과 과학 교과의 시간이 늘어났고, 남녀 역할에 대한 재조명으로 남녀 공통 교과로 '기술·가정' 교과가 새로 생겼다(〈표 4-9〉 참고).

〈표 4-9〉 제5차 교육과정기의 중학교 교육과정 시간 배정 기준(1987)

<table>
<tr><th colspan="3">학년
교과</th><th>1</th><th>2</th><th>3</th></tr>
<tr><td rowspan="20">교과활동</td><td colspan="2">도덕</td><td>68(2)</td><td>68(2)</td><td>68(2)</td></tr>
<tr><td colspan="2">국어</td><td>136(4)</td><td>170(5)</td><td>170(2)</td></tr>
<tr><td colspan="2">국사</td><td></td><td>68(2)</td><td>68(2)</td></tr>
<tr><td colspan="2">사회</td><td>102(3)</td><td>68~102(2~3)</td><td>68~102(2~3)</td></tr>
<tr><td colspan="2">수학</td><td>136(4)</td><td>102~136(3~4)</td><td>102~136(3~4)</td></tr>
<tr><td colspan="2">과학</td><td>136(4)</td><td>102~136(3~4)</td><td>102~136(3~4)</td></tr>
<tr><td colspan="2">체육</td><td>102(3)</td><td>102(3)</td><td>102(3)</td></tr>
<tr><td colspan="2">음악</td><td>68(2)</td><td>68(2)</td><td>34~68(1~2)</td></tr>
<tr><td colspan="2">미술</td><td>68(2)</td><td>68(2)</td><td>34~68(1~2)</td></tr>
<tr><td colspan="2">한문</td><td>34(1)</td><td>34~68(1~2)</td><td>34~68(1~2)</td></tr>
<tr><td colspan="2">외국어(영어)</td><td>136(4)</td><td>102~170(3~5)</td><td>102~170(3~5)</td></tr>
<tr><td rowspan="7">실업·가정</td><td>기술</td><td rowspan="2">택 1
102(3)</td><td rowspan="2">택 1
136~204(4~6)</td><td rowspan="2"></td></tr>
<tr><td>기술·가정</td></tr>
<tr><td>농업</td><td rowspan="5"></td><td rowspan="5"></td><td rowspan="5">택 1
136~204
(4~6)</td></tr>
<tr><td>공업</td></tr>
<tr><td>상업</td></tr>
<tr><td>수산업</td></tr>
<tr><td>가사</td></tr>
<tr><td colspan="2">자유선택</td><td>0~68~(0~2)</td><td>0~68~(0~2)</td><td>0~68~(0~2)</td></tr>
<tr><td colspan="2">계</td><td>1,088~1,156
(32~34)</td><td>1,088~1,156
(32~34)</td><td>1,088~1,156
(32~34)</td></tr>
<tr><td colspan="3">특별활동</td><td>68~(2~)</td><td>68~(2~)</td><td>68~(2~)</td></tr>
<tr><td colspan="3">총계</td><td>1,156~1,224
(34~35)</td><td>1,156~1,224
(34~36)</td><td>1,156~1,224
(34~36)</td></tr>
</table>

* 이 표에 나타난 총 시간 수는 연간 최소 시간량이고, ( ) 안의 수는 34주를 기준으로 한 주당 평균 시간 수다. 이러한 제5차 교육과정은 1990년 부분 개정되었는데, 진학을 하지 않는 일반계 고등학교의 학생들에게 직업 교육과정 선택의 기회를 부여하고, 시·도 교육감에게 지역 및 학교 실정에 알맞은 교육과정을 편성하도록 교육과정 편성 승인권을 일부 위임하였다. 1993년에는 교련 교과의 내용을 군사 교육 중심에서 안전생활 중심으로 바꾸었다.

(3) 고등학교

제5차 교육과정은 과목당 기준 단위를 제시하고 과목의 기준 단위에 맞추어 교과서를 편찬함으로써 학생들의 학습 부담을 줄였다. 그리하여 일반계 고등학교의 인문·자연 과정의 경우 3년간 교과활동으로 192~204단위, 특별활동으로 12단위를 이수하여 총 204~216단위를 이수하게 하였고, 직업 과정은 직업에 관련한 전문 교과 50~100단위를 포함하여 204~216단위를 이수하게 하였다. 또한 실업계와 기타계 고등학교는 계열별로 학교의 특성에 따라 교육과정을 편성할 수 있으나, 어느 경우든 204~216단위가 되도록 하였다. 단, 특수 목적 고등학교 또는 특수 목적 학과는 204~216단위의 10% 이내에서 초과 배정할 수 있도록 하였다.

또한, 사회적·학문적 발전과 요구에 따라 일부 과목의 통폐합, 세분화, 이수 단위의 조정이 있었으며, 과학 계열과 예술 계열의 교육과정을 신설하고, 특별활동의 학급 활동을 전교 학생회 활동과 분리하였다.

8. 제6차 교육과정기(1992~1997)

1) 이념 및 기본 방향

제6차 교육과정은 시대적·학문적·개인적 요구의 변화에 따라 교육부 고시 1992-16, 1992-11, 1992-19호로 1992년 제정·공포된 초등학교, 중학교, 고등학교 교육과정을 말한다. 제6차 교육과정의 시행 시점과 완전 실시 시점은 초등학교, 중학교는 1995~1997년이고 고등학교는 1996~1998년이다.

제6차 교육과정은 ① 건강한 사람(몸과 마임이 모두 건강한 사람), ② 자주적인 사람(개성 있고 자율적인 사람), ③ 창의적인 사람(창의성을 가지고 실천하는 사람), ④ 도덕적인 사람(옳고 그름을 판단하고 선한 일을 실천하는 사람)을 기르는 데 목적을 두고 있다.

제6차 교육과정에서는 이러한 인간상과 함께 제5차 교육과정에 대한 평가를 기반으로 개정 중점을 다음과 같이 설정하였다.

- 교육과정 결정의 분권화: 중앙집권적 교육과정을 지방분권형 교육과정으로 전화시켜 시·도 교육청과 학교의 자율 재량권을 확대한다.
- 교육과정 구조의 다양화: 다양한 이수 과정과 교과목을 개설하고 필수 과목을 축소하는 한편, 선택 과목을 확대하여 교육내용의 획일성을 줄인다.
- 교육과정 내용의 적정화: 학습량과 수준을 조정하고, 교과목 체계의 개선으로 교육내용의 적합성을 높이고 학습 부담을 줄인다.
- 교육과정 운영의 효율화: 학생의 적성, 능력, 진로를 고려하고, 학습과 생활의 기초 능력을 신장하며, 평가방법을 개선하여 교육과정을 효율적으로 운영할 수 있게 한다.

제6차 교육과정에서 가장 특기할 사항은 편성·운영 체계의 개선이다. 제6차 교육과정에서는 국가 수준, 지역 수준, 학교 수준 교육과정을 명백히 구별하고, 교육부 ↔ 시·도 교육청 ↔ 학교로 이어지는 교육과정 편성·운영 체제를 강조하였다. 국가 수준 교육과정은 초·중등학교의 교육내용에 관한 전국 공통적·일반적 기준이며, 지역 수준 교육과정은 일선 학교가 학교 교육과정을 효율적으로 운영할 수 있도록 지원하기 위하여 시·도 교육청이 작성한 교육과정 편성·운영 지침이고, 학교 수준 교육과정은 국가 수준 교육과정과 시·도 교육과정 편성·운영 지침을 분석·검토하여 각 학교의 실정에 맞도록 만든 교육과정 편성·운영 지침이라는 점을 분명히 하였다.

2) 편제 및 운영

(1) 초등학교

초등학교 교육과정의 편제는 교과, 특별활동, 학교 재량 시간으로 이루어지며, 구체적인 특징은 다음과 같다.

첫째, 기본생활습관과 예절 교육을 강화하였다.
둘째, 저학년의 통합 교과를 재조정하였다.
셋째, 고학년의 수업 시간을 감축하였다.
넷째, 생활의 기초 기능과 태도 교육을 강화하였다.
다섯째, 학교 재량 시간을 신설하였다.
여섯째, 산수를 수학으로 이름을 바꾸었다.

(2) 중학교

중학교 교육과정 편성·운영의 특징은 다음과 같다.

첫째, 주당 수업 시간을 34시간으로 조정하였다.
둘째, 국사를 사회에 통합시켜 사회과에서 지리, 국사, 세계사, 공민 등을 가르치게 하였다(단, 국사 교과서는 따로 편찬).
셋째, 실업·가정과를 통합 개편하여 남녀 공동 필수로 정하였다.
넷째, 선택 교과제를 도입하였다.
다섯째, 교육과정 편성·운영의 역할 분담 체계를 확립하였다.
여섯째, 각 교과별 성격과 내용 체계를 명확히 하고, 지도 방법과 평가 기준을 상세하게 제시하여 교육에 관련된 사람들에게 도움이 되도록 하였다(〈표 4-10〉 참고).

〈표 4-10〉 제6차 교육과정기의 중학교 교육과정 시간 배경 기준(1992)

구분		학년 1	2	3
필수 과목	도덕	68	68	68
	국어	136	170	170
	수학	136	136	136
	사회	102	136	136
	과학	136	136	136
	체육	102	102	102
	음악	68	34~68	34~68
	미술	68	34~68	34~68
	가정	68	34	34
	기술 · 산업	34	68	68
	영어	136	136	136
선택 과목	한문	34~68	34~68	34~68
	컴퓨터			
	환경			
	기타			
특별활동		34~68	34~68	34~68
연간 수업 시간 수		1,156	1,156	1,156

(3) 고등학교

고등학교 교육과정의 구체적인 특징은 다음과 같다.

첫째, 개방형 체제를 선택(보통 교과: 일반 교양 교육, 전문 교과: 직업 교육 및 전문 교육)하여 모든 고등학교가 필요한 교과를 적절하게 선택할 수 있도록 하였다.

둘째, 계열이나 과정에 상관없이 모든 학생이 이수하는 공통 필수 과목(10과목)은 교육부가 정하고, 과정의 특성에 따라 이수하는 '과정 필수 과목'은 시·도 교육청에서 결정하며, 과정 선택 과목은 각 고등학교에서 필요에 따라 선택하도록 하였다.

셋째, 직업·전문 교과는 모든 학생이 이수하는 '계열별 필수 전문 교과'만 교육부가 2~4과목으로 정하고, 학과별 필수 전문 교과는 시·도가, 학과별 선택 전문 교과는 각 학교가 선택하도록 하였다.

넷째, 3년간 총 이수 단위를 204단위로 조정하고, 학기당 이수 과목을 12과목으로 줄였다.

다섯째, 학생의 다양성에 비추어 여러 수준과 특성이 나타나는 과목을 많이 신설하였다(보통 교과: 70과목, 전문 교과: 378과목).

여섯째, 교육내용의 시대적·사회적·개인적 적합성을 높여 미래사회에 대비하는 교육과정이 되도록 하였다.

최근의 교육과정

CHAPTER 5

1. 제7차 교육과정(1997~2007)

1) 이념 및 기본 방향

제7차 교육과정은 21세기의 세계화·정보화 시대를 주도할 자율적이고 창의적인 한국인 육성을 목적으로 1995년 8월 교육개혁위원회가 교육과정특별위원회를 만들어 초·중등학교 교육과정 개혁 방안을 작성함으로써 시작되었다. 교육부는 1996년 4월 교육개혁위원회의 이러한 개혁 방안을 수용하여 한국교육개발원에 개발 업무를 위탁하였으며, 1997년 2월 교육과정 총론의 편제와 시간 배당 기준 개선안을 마련하였고, 교과 교육과정(각론)까지 작성하여 현장 검토, 협의회, 세미나, 공청회, 심의회 등을 거쳐 1997년 12월 30일 교육부 고시 제1997-15호로 발표하였다.

제7차 교육과정의 학교급별, 학년별 적용 시점은 초등학교 1, 2학년은 2000년 3월 1일, 초등학교 3, 4학년, 중학교 1학년은 2001년 3월 1일, 초등학교 5, 6학년,

중학교 2학년, 고등학교 1학년은 2002년 3월 1일, 중학교 3학년, 고등학교 2학년은 2003년 3월 1일, 고등학교 3학년은 2004년 3월 1일로 되어 있다.

제7차 교육과정은 「교육기본법」 제2조의 교육 이념을 바탕으로 첫째, 전인적 성장의 기반 위에 개성을 추구하는 사람, 둘째, 기초 능력을 토대로 창의적인 능력을 발휘하는 사람, 셋째, 폭넓은 교양을 바탕으로 진로를 개척하는 사람, 넷째, 우리 문화에 대한 이해의 토대 위에 새로운 가치를 창조하는 사람, 다섯째, 민주시민 의식을 기초로 공동체의 발전에 공헌하는 사람을 기르는 데 목적을 두고 있다.

제7차 교육과정에서는 이러한 인간상을 구현할 목적으로 다음과 같은 구성 방침을 설정하고 있다. 첫째, 시대와 사회적 요구에 부응하기 위하여 자기주도적인 학습력의 신장과 기초적이고 기본적인 학습능력의 배양을 지향하고 있다. 둘째, 학생의 능력과 적성과 진로에 부응하기 위하여 교육내용의 양과 수준을 적정화하며, 국민공통기본 교육과정과 선택중심 교육과정 체제를 도입하고, 수준별 교육과정을 적용하였다. 셋째, 지역 및 학교의 실정과 요구에 부응하기 위하여 교육청과 학교의 교육과정 편성과 운영의 자율성을 확대하였다. 넷째, 교육에 대한 질적 유지와 개선을 위하여 체계적이고 주기적인 교육과정평가 체제를 구축하였다.

제7차 교육과정의 주요 성격과 구조적 특징은 다음과 같다.

첫째, 제7차 교육과정의 기본 구조는 '국민공통기본 교육과정'과 '선택중심 교육과정'으로 이원화되어 있다. 제7차 교육과정에서는 초등학교 1학년부터 고등학교 1학년까지의 10년간을 국민공통기본 교육 기간으로 설정하고, 이 기간 중의 교과별 학습내용을 학년제 또는 단계 개념에 기초하여 기본 교과 중심의 일관성 있는 체제를 갖추기 위하여 국민공통기본 교육과정을 마련하였다.

국민공통기본 교육과정은 교과, 재량활동, 특별활동으로 편성하며 교과는 국어, 도덕, 사회, 수학, 과학, 실과(기술·가정), 체육, 음악, 미술, 외국어(영어)의 10개 교과로 구성하고, 초등학교 1, 2학년 교과는 우리들은 1학년, 국어, 수학, 바른 생활, 슬기로운 생활, 즐거운 생활로 구성하였다. 재량활동은 교과 재량활동과 창의적 재량활동으로 이루어지며, 특별활동은 자치 활동, 적응 활동, 계발 활동, 봉사 활동, 행사 활동으로 세분화하였다.

선택 중심 교육과정은 고등학교 2, 3학년에 적용되며, 학생의 장래 진로나 적성에 따라 전문화된 교육을 받을 수 있는 준비 과정으로서 학생이 과정이나 계열의 구분 없이 희망하는 과목을 선택할 수 있으며, 교과와 특별활동으로 구성하였다. 교과는 보통 교과와 전문 교과로 구분하고, 보통 교과의 선택 과목은 일반 선택 과목과 심화 선택 과목으로 나누며, 인문·사회 과목, 과학·기술 과목, 예·체능 과목, 외국어 과목, 교양 과목 등의 5개 과목으로 구분하였다.

둘째, 수준별 교육과정을 도입하였다. 학생의 필요, 능력, 적성, 흥미에 대한 개인차를 최대한 고려하여 학생 개개인의 성장 잠재력과 교육의 효율성을 극대화하기 위하여 수준별 교육과정 체제를 도입하였다. 수준별 교육과정은 교과의 특징 또는 교과를 가르치는 교육단계의 특징에 따라 단계형, 심화·보충형, 그리고 과목 선택형 수준별 교육과정으로 구분하여 편성하였다. 수학과 중등 영어 교과는 단계형, 국어, 사회, 과학, 초등 영어는 심화·보충형, 고등학교 2학년과 3학년의 선택중심 교육과정 체제에서는 과목 선택형으로 수준별 교육과정을 편성하였다.

셋째, 재량활동을 신설하거나 확대하였다. 재량활동은 학생의 자기주도적 학습 활동을 촉진하고 학교의 자율적이고 창의적인 교육과정 편성·운영을 보장하기 위하여 마련되었다. 제6차 교육과정기에 초등학교에 처음 도입된 학교 재량 시간은 제7차 교육과정에서 시수가 늘어나고 중등학교에서도 적용되는 등 강화되었다. 특히 재량활동을 교과 재량활동과 창의적 재량활동으로 구분하여, 전자는 국민공통기본 교과의 심화·보충 학습과 중등학교의 선택 과목 학습에 사용하고, 후자는 범교과 학습이나 자기주도적 학습에 사용하도록 하는 등 재량활동의 성격을 명확히 하였다.

넷째, 질 관리 중심의 교육과정평가 체제를 도입하였다. 국가와 시·도 교육청에서 의도한 교육과정이 구체적으로 학교 현장에서 어떻게 운영되는지를 계속적으로 평가함으로써 교육과정의 질 관리에 주안점을 두도록 하였다. 이를 위해서 교과별로 교육목표 성취기준을 설정하고, 주기적인 학생학력 평가, 학교 평가, 학교 교육과정평가 체제를 도입하도록 하였다.

다섯째, 교육기관 및 교육행정기관의 교육과정 관련 역할을 구분하고 명확히 함으로써 교육과정의 분권화를 강화하였다. 특히 제6차 교육과정에서 제외되었던 지역 교육청의 역할을 명시하고, 단위 학교의 교육과정 편성과 운영 지침을 상세화하였다.

여섯째, 교육과정 운영의 유연성을 높였다. 교과의 특성과 재량활동, 특별활동의 내용에 따라 시간의 통합 및 분할 운영이 가능하게 하는 등 전반적으로 단위 학교의 교육과정 운영의 자율성을 증대시켰다.

2) 편제 및 운영

(1) 초등학교

초등학교 국민공통기본 교육과정이 적용되며, 편제 및 운영의 구체적인 특성은 다음과 같다.

첫째, 초등학교의 교육과정은 교과, 재량활동, 특별활동으로 편성하며 교과는 국어, 도덕, 사회, 수학, 과학, 실과, 체육, 음악, 미술, 외국어(영어) 등의 10개 교과로 구성하고, 1, 2학년의 교과는 국어, 수학, 바른 생활, 슬기로운 생활, 즐거운 생활, 우리들은 1학년으로 편성하였다.

둘째, 초등학교의 재량활동이 강화되었다. 재량활동은 교과를 심화·보충하는 교과 재량활동이나 학교의 필요 및 학생의 요구에 부응하는 창의적 재량활동으로 운영할 수 있으나 후자에 중점을 두게 하였다. 즉, 통합적인 범교과 학습을 하거나 주제탐구 또는 소집단 공동 연구 등의 자기주도적 학습력의 신장을 더욱 강조하였다.

셋째, 초등학교의 수준별 교육과정은 수학은 단계형으로 국어, 사회, 과학, 초등 영어는 심화·보충형으로 편성하였다. 수학의 경우('1-가' ~ '6-나' 총 12수준)는 해당 수준의 성취기준을 고려하여 차상급 수준으로 진급을 시키며, 국어, 사회, 과학, 초등 영어 등은 교과별 연간 수업 시간 수의 기본 내용을 중심으로 하되 심화 보충·학습도 함께 이루어지도록 하였다. 또한 초등학교의 수준별 교육과정 운영은 학급 내 집단 편성을 원칙으로 하고, 학습 결손을 보충할 수 있도록 '특별보충과정'을 둘 수 있도록 하였다.

넷째, 자연과 영어 교과를 과학과 외국어(영어)로 명칭을 바꾸고, 실습 중심의 실과 교육을 강화하기 위하여 실과 시간을 5, 6학년에 집중 배치하였다.

다섯째, 교육과정 지침을 통하여 직접적인 체험활동을 강조하고, 기본적인 생활 습관의 형성과 정확한 국어 사용 능력의 신장에 중점을 두었다.

(2) 중학교

중학교는 국민공통기본 교육과정이 적용되며, 그 구체적인 특징은 다음과 같다.

첫째, 중학교의 교육과정은 교과, 재량활동, 특별활동으로 편성하며 교과는 국어, 도덕, 사회, 수학, 과학, 실과, 체육, 음악, 미술, 외국어(영어) 등의 10개 교과로 구성하였다.

둘째, 재량활동을 신설하였다. 중학교의 재량활동은 교과 재량활동과 창의적 재량활동으로 구분하였다. 교과 재량활동은 한문, 컴퓨터, 환경, 생활 외국어, 기타의 선택 과목 학습에 시간을 우선 배정하고, 나머지 시간은 국민공통기본 교과의 심화·보충 학습으로 사용하도록 하였으며, 창의적 재량활동에는 연간 34시간 이상을 배정하도록 하였다.

셋째, 중학교의 수준별 교육과정은 수학과 영어는 단계형으로 국어, 사회, 과학은 심화·보충형으로 편성하였다. 수학과 영어의 경우('7-가' 또는 '7-a' ~ '9-나' 또는 '9-b' 총 6수준)는 해당 수준의 성취기준을 고려하여 차상급 수준으로 진급을 시키며 국어, 사회, 과학 등은 교과별 연간 수업 시간 수의 기본 내용을 중심으로 하되 심화·보충 학습이 함께 이루어지도록 하였다.

넷째, 정보화 사회에 필요한 적응과 정보 능력을 길러 주기 위하여 가정·기술·산업 교과를 기술·가정으로 통합하여 남녀 학생들이 공통적으로 이수하도록 하였고, 세계화·개방화에 대응하는 외국어 교육을 강화하기 위하여 제2외국어 과목을 신설하였다.

(3) 고등학교

제7차 교육과정의 개정 핵심이 고등학교 교육과정에 있을 만큼 고등학교 교육과정에 많은 변화가 있었다. 그 구체적인 특징은 다음과 같다.

첫째, 고등학교 1학년은 국민공통기본 교육과정을 도입하여 교과목 수를 축소하고 2, 3학년은 학생들의 능력, 흥미, 적성, 진로를 중시하여 선택중심 교육과정을 편성하였다. 선택중심 교육과정은 교과활동과 특별활동으로 구성되며, 일반계 고등학교의 경우에 보통 교과는 일반 선택과 심화 선택으로 구분하고, 특별활동을 포함하여 총 144단위를 이수하도록 하였다.

둘째, 재량활동을 신설하였다. 고등학교의 재량활동은 1학년에서 운영되는데 교과 재량활동의 연간 이수 단위는 10단위이며, 국민공통기본 교과의 심화·보충 학습에 4~6단위, 선택중심 교육과정의 선택 과목에 4~6단위를 배정하도록 하였고, 창의적 재량활동에는 2단위를 배정하였다.

셋째, 고등학교 1학년의 수준별 교육과정은 수학과 영어는 단계형으로 국어, 사회, 과학은 심화·보충형으로 편성하였다. 또한 고등학교 2, 3학년 과정에서는 학생의 능력뿐만 아니라 흥미나 장래의 진로를 감안하여 필요한 과목들을 과목들 간의 위계(선수, 후수 과목)에 따라 선택할 수 있도록 과목 선택형 수준별 교육과정을 채택하였다. 중·고등학교의 수준별 교육과정 운영은 수준별 반편성이나 학급 내 집단 편성 등 학교의 실정에 따라 자율로 하고 있으며, 학습 결손을 보충할 수 있도록 '특별보충과정'을 운영할 수 있도록 하였다.

넷째, 과정 구분을 폐지하여 학생 개인별 교육과정 운영이 가능하도록 하였다. 일반계 고등학교에서 개별 학생은 자신이 선택하여 이수한 과목들을 모아서 자신의 과정을 만들어 나가는 것을 원칙으로 하였다.

다섯째, 교육과정 편제에 교과군 단위 개념을 도입하여 단위 학교의 자율적인 교육과정 편성·운영 능력을 높였다. 즉, 선택 과목들을 인문·사회 과목군(국어, 도덕, 사회), 과학·기술 과목군(수학, 과학, 기술·가정), 예·체능 과목군(체육, 음악, 미술), 외국어 과목군(외국어), 교양 과목군(한문, 교양, 교련)으로 나누었다.

〈표 5-1〉 제7차 교육과정의 편제와 시간 배당 기준

<table>
<tr><th colspan="2" rowspan="2">학교
학년
구분</th><th colspan="6">초등학교</th><th colspan="3">중학교</th><th colspan="3">고등학교</th></tr>
<tr><th>1</th><th>2</th><th>3</th><th>4</th><th>5</th><th>6</th><th>7</th><th>8</th><th>9</th><th>10</th><th>11</th><th>12</th></tr>
<tr><td rowspan="10">교과</td><td>국어</td><td colspan="2" rowspan="10">국 어
210 238
수 학
120 136
바른생활
60 68
슬기로운 생활
90 102
즐거운 생활
180 204
우리들은
1학년
80</td><td>238</td><td>204</td><td>204</td><td>204</td><td>170</td><td>136</td><td>136</td><td>136</td><td colspan="2" rowspan="11">선택과목</td></tr>
<tr><td>도덕</td><td>34</td><td>34</td><td>34</td><td>34</td><td>68</td><td>68</td><td>34</td><td>34</td></tr>
<tr><td>사회</td><td>102</td><td>102</td><td>102</td><td>102</td><td>102</td><td>102</td><td>136</td><td>170
(국사
68)</td></tr>
<tr><td>수학</td><td>136</td><td>136</td><td>136</td><td>136</td><td>136</td><td>136</td><td>102</td><td>136</td></tr>
<tr><td>과학</td><td>102</td><td>102</td><td>102</td><td>102</td><td>102</td><td>136</td><td>136</td><td>102</td></tr>
<tr><td>실과</td><td>·</td><td>·</td><td>68</td><td>68</td><td>68</td><td>102</td><td>102</td><td>102</td></tr>
<tr><td>체육</td><td>102</td><td>102</td><td>102</td><td>102</td><td>102</td><td>102</td><td>68</td><td>68</td></tr>
<tr><td>음악</td><td>68</td><td>68</td><td>68</td><td>68</td><td>68</td><td>34</td><td>34</td><td>34</td></tr>
<tr><td>미술</td><td>68</td><td>68</td><td>68</td><td>68</td><td>34</td><td>34</td><td>68</td><td>34</td></tr>
<tr><td>외국어
(영어)</td><td>34</td><td>34</td><td>68</td><td>68</td><td>102</td><td>102</td><td>136</td><td>136</td></tr>
<tr><td colspan="2">재량활동</td><td>60</td><td>68</td><td>68</td><td>68</td><td>68</td><td>68</td><td>136</td><td>136</td><td>136</td><td>204</td></tr>
<tr><td colspan="2">특별활동</td><td>30</td><td>34</td><td>34</td><td>68</td><td>68</td><td>68</td><td>68</td><td>68</td><td>68</td><td>68</td><td colspan="2">8단위</td></tr>
<tr><td colspan="2">연간 총
수업
시간 수</td><td>830</td><td>850</td><td>986</td><td>986</td><td>1,088</td><td>1,088</td><td>1,156</td><td>1,156</td><td>1,156</td><td>1,224</td><td colspan="2">144단위</td></tr>
</table>

2. 2007 개정 교육과정(2007~2009)

1) 이념 및 기본 방향

2007 개정 교육과정은 교육과정 수시 개정 체제에 따라 개정이 이루어졌다. 교육과정 수시 개정 체제는 기존 교육과정의 연계를 통한 안정성, 사회의 급격한 변화에 대한 신속한 대응, 사회 각계각층의 개정 요구에 대한 탄력적 수용, 교육현장의 실태와 필요를 즉각적으로 반영하는 현장 적합성 등의 이점을 가진다.

교육인적자원부는 2003년 교육과정 수시 개정 체제 도입을 발표하고 새로운 교육과정의 개발에 착수하였으며, 1997년 12월에 고시된 제7차 교육과정을 3차(1차 부분 개정: 2004. 11. 26. 교육인적자원부 고시 제202004-85호, 2차 부분 개정: 2005. 12. 28. 교육인적자원부 고시 제2005-101호, 3차 부분 개정: 2006. 8. 29. 교육인적자원부 고시 제206-75호)에 걸쳐 부분 개정을 한 다음, 2007년 2월에 교육인적자원부 고시 제2007-79호로 2007 개정 교육과정을 발표하였다.

2007 개정 교육과정은 학교급과 학년을 기점으로 연차적으로 적용되었다. 〈표 5-2〉는 2007 개정 교육과정의 적용 시점을 나타낸다.

〈표 5-2〉 2007 개정 교육과정의 적용 시점

적용 연도 / 학교급	2009	2010	2011	2012	2013
초등학교	1, 2학년	3, 4학년	5, 6학년		
중학교		1학년	2학년	3학년	
고등학교			1학년	2학년	3학년

새 교육과정에서는 제7차 교육과정에서 제시된 교육과정의 이념 및 철학, 방향 등 기본 관점을 계승하면서 교육과정의 적용상에서 드러난 문제점을 보완하고 학교 교육을 둘러싼 사회·문화적 변화 및 국가·사회적 요구를 반영하는 데 중점을 두었다. 특히 수시 개정에 따라 제7차 교육과정 총론의 골간은 승계하고 교과 교육

과정의 교육내용 개선에 초점을 두었다고 할 수 있다(교육과학기술부, 2008: 108).

2007 개정 교육과정은 홍익인간의 교육이념을 바탕으로 추구하는 인간상을 다음과 같이 제시하였다.

> 가. 전인적 성장의 기반 위에 개성을 추구하는 사람
> 나. 기초 능력을 토대로 창의적인 능력을 발휘하는 사람
> 다. 폭넓은 교양을 바탕으로 진로를 개척하는 사람
> 라. 우리 문화에 대한 이해의 토대 위해 새로운 가치를 창조하는 사람
> 마. 민주시민 의식을 기초로 공동체의 발전에 공헌하는 사람

그리고, 이러한 인간상을 구현할 목적으로 다음과 같은 구성 방침을 설정하였다.

> 가. 사회적 변화의 흐름을 주도할 수 있는 기본 능력을 길러 줄 수 있도록 교육과정을 구성한다.
> 나. 국민공통기본 교육과정과 선택중심 교육과정 체제를 도입한다.
> 다. 교육내용의 양과 수준을 적정화하고, 심도 있는 학습이 이루어지도록 한다.
> 라. 학생의 능력, 적성, 진로를 고려하여 교육내용과 방법을 다양화한다.
> 마. 교육과정 편성과 운영에 있어서 현장의 자율성을 확대한다.
> 바. 교육과정평가 체제를 확립하여 교육에 대한 질 관리를 강화한다.

2007 개정 교육과정의 기본 구조는 제7차 교육과정과 크게 다르지 않다. 따라서 여기서는 2007 교육과정의 개정 중점을 간략히 소개하고자 한다(교육과학기술부, 2008: 107-108).

첫째, 단위 학교별 교육과정 편성·운영의 자율권을 실질적으로 확대하였다. 학교의 실정을 고려한 수준별 수업 운영, 교과 집중 이수제 도입, 고등학교 선택중심 교육과정 편성의 자율성 확대, 재량활동 및 특별활동 편성·운영의 자율성 확대, 교과 수업 시수의 증감 운영 등을 도모하였다.

둘째, 국가·사회적 요구 사항을 보다 적극적으로 반영하였다. 정부 부처 및 관계

기관, 각종 단체 및 개인으로부터 제기된 요구와 민원을 종합적으로 검토·분석하여 관련 교과의 교육과정과 교과서에 반영하는 한편, 총론의 교육과정 편성·운영 지침과 재량활동의 범교과 학습내용으로 반영하였다.

셋째, 고등학교 선택중심 교육과정을 개선하였다. 단위 학교 교육과정의 특성화를 촉진하고 교육과정 운영의 자율성을 확대하기 위해 고등학교 선택 과목의 신설과 개설을 허용하였으며, 일반 선택 과목과 심화 선택 과목을 선택 과목으로 일원화하였다. 또한 입시 위주의 편중 선택을 방지하고 지·덕·체의 조화로운 인성 교육 및 성장기에 필요한 신체활동의 기회를 제공하기 위하여 선택 과목군을 6개로 확대·조정하였다.

넷째, 교과별 교육내용을 적정화하였다. 교육내용 선정과 조직에서 교과별 적합성을 도모하고, 교육내용의 양과 수준을 적정화하며, 학교급과 학년 및 각 교과 간의 교육내용의 연계성을 강화하여 중복을 최소화함으로써 효율적인 교육내용의 구성으로 학생의 학습 부담을 덜어 주고자 하였다.

다섯째, 주 5일 수업제의 월 2회 시행에 따라 수업 시수 일부를 조정하였다. 수업 시수를 연간 34시간 이내에서 감축하되, 초등학교와 고 2~3학년은 학교 자율로 교과에서, 중 1~고 1학년은 재량활동 중 교과와 성격이 유사한 교과 재량활동에서 감축하도록 하였다.

여섯째, 2007 개정 교육과정에서는 제7차 교육과정의 수준별 교육과정의 문제점을 개선하기 위해 수준별 교육을 위한 처방의 주안점을 교육과정에서 수업으로 전환하였다. 제7차 교육과정에서 도입한 수준별 교육과정은 국가 수준에서 수준별 교육내용을 전국 공통으로 처방함으로써 각 학교 및 개별 학생 간의 차이에 따른 수준별 내용의 다양성을 수용하는 데 한계가 있었다. 또한 수준별 교육과정의 일률적인 적용으로 인하여 학교의 자율성이 제한되었으며, 국가 수준 교육과정에서

'심화 내용' 제시에 따른 학습량의 증가로 인해 학습 부담이 가중되었다. 더욱이, 월반이나 재이수가 뒷받침되지 않는 우리의 학교 교육 현실에서 국가 수준에서의 수준별 교육과정 처방과 학교에서의 운영 실제 간에 괴리가 드러나기도 하였다. 따라서, 2007 개정 교육과정에서는 수준별 교육과정을 수준별 수업으로 전환하여 학교의 자율성을 고양하고 단위 학교의 특성 및 현실에 기반을 둔 수준별 교육을 도모하였다(교육과학기술부, 2008: 113).

2) 편제 및 운영

(1) 초등학교

초등학교 국민공통기본 교육과정이 적용되며, 편제 및 운영의 구체적인 특성은 다음과 같다.

첫째, 초등학교 교육과정은 교과, 재량활동, 특별활동 영역으로 구성하였다. 교과는 국어, 도덕, 사회, 수학, 과학, 실과, 체육, 음악, 미술, 외국어(영어)로 편성하며 1, 2학년의 교과는 우리들은 1학년, 국어, 수학, 바른 생활, 슬기로운 생활, 즐거운 생활로 구성하였다.

둘째, 재량활동은 창의적 재량활동으로 운영하였다. 창의적 재량활동은 학교의 독특한 교육적 필요, 학생의 요구 등에 따른 범교과 학습과 자기주도적 학습을 위한 것이다.

셋째, 특별활동은 자치 활동, 적응 활동, 계발 활동, 봉사 활동, 행사 활동으로 구성하였다. 특별활동 영역별 시간 수는 학생의 요구와 지역 및 학교의 특성을 고려하여 학교 재량으로 배정하되, 봉사 활동과 같은 행사 활동은 학교의 실정에 따라 별도의 시간을 확보하여 운영할 수 있다.

(2) 중학교

중학교는 국민공통기본 교육과정이 적용되며, 편제 및 운영의 구체적인 특성은 다음과 같다.

첫째, 중학교의 교육과정은 교과, 재량활동, 특별활동 영역으로 구성하였다. 교과는 국어, 도덕, 사회, 수학, 과학, 실과, 체육, 음악, 미술, 외국어(영어) 등 10개의 기본 교과로 편성하였다.

둘째, 2007 개정 교육과정에서는 역사 교육 강화 차원에서 사회과의 교과 및 과목명을 조정하였다. 교육과정 편제에서 사회과는 '사회'와 '역사'로 구분하며 과목명을 제시하고 각기 연간 수업 시수를 제시하였다. 또한 역사 과목에서 '국사'와 '세계사'를 통합하였다.

셋째, 재량활동은 교과 재량활동과 창의적 재량활동으로 편성하였다. 중학교의 교과 재량활동은 한문, 정보, 환경, 생활 외국어(독일어, 프랑스어, 스페인어, 중국어, 일본어, 러시아어, 아랍어), 기타의 선택 과목 학습에 중점을 두며, 창의적 재량활동은 학교의 독특한 교육적 필요, 학생의 요구 등에 따른 범교과 학습과 자기주도적 학습을 위한 것이다.

넷째, 특별활동은 자치 활동, 적응 활동, 계발 활동, 봉사 활동, 행사 활동으로 구성하였다. 특별활동 영역별 시간 수는 학생의 요구와 지역 및 학교의 특성을 고려하여 학교 재량으로 배정하되, 봉사 활동과 같은 행사 활동은 학교의 실정에 따라 별도의 시간을 확보하여 운영할 수 있다.

(3) 고등학교

고등학교 1학년은 국민공통기본 교육과정이 적용되며, 2~3학년은 선택중심 교육과정이 적용된다. 고등학교 교육과정의 편제 및 운영의 구체적인 특성은 다음과 같다.

첫째, 고등학교 1학년의 국민공통기본 교육과정은 교과, 재량활동, 특별활동 영역으로 구성하였다. 교과는 국어, 도덕, 사회, 수학, 과학, 실과, 체육, 음악, 미술, 외국어(영어) 등 10개 기본 교과로 편성하고, 특히 국어, 사회, 수학, 과학, 영어 교과에서는 수준별 수업을 권장하였다.

둘째, 고등학교 1학년의 교과 재량활동은 선택중심 교육과정의 선택 과목 학습 또는 국민공통기본 교과의 심화·보충 학습으로 운영하였다. 다만, 전문교육을 주로 하는 고등학교에서는 전문 교과로 대체하여 운영할 수 있다.

셋째, 선택중심 교육과정은 교과와 특별활동으로 구성하였다. 교과는 학생들의 균형적인 이수를 위하여 ① 인문·사회 과목군(국어, 도덕, 사회), ② 과학·기술 과목군(수학, 과학, 기술·가정), ③ 체육 과목군(체육), ④ 예술 과목군(음악, 미술), ⑤ 외국어 과목군(외국어), ⑥ 교양 과목군(한문, 교양)으로 나누며, 모든 학생은 ①~④ 과목군에서는 각각 1과목 이상, 외국어 과목군에서는 영어를 제외한 외국어 과목 중 1과목 이상, 교양 과목군에서는 2과목 이상을 이수하도록 하였다.

넷째, 특별활동은 자치 활동, 적응 활동, 계발 활동, 봉사 활동, 행사 활동으로 구성하였다. 특별활동 영역별 시간 수는 학생의 요구와 지역 및 학교의 특성을 고려하여 학교 재량으로 배정하되, 봉사 활동과 같은 행사 활동은 학교의 실정에 따라 별도의 시간을 확보하여 운영할 수 있도록 하였다.

〈표 5-3〉 국민공통기본 교육과정

<table>
<tr><th rowspan="2" colspan="2">학교
학년
구분</th><th colspan="6">초등학교</th><th colspan="3">중학교</th><th>고등학교</th></tr>
<tr><th>1</th><th>2</th><th>3</th><th>4</th><th>5</th><th>6</th><th>7</th><th>8</th><th>9</th><th>10</th></tr>
<tr><td rowspan="14">교과</td><td>국어</td><td colspan="2" rowspan="14">국 어
210 238

수 학
120 136

바른생활
60 68

슬기로운 생활
90 102

즐거운 생활
180 204

우리들은
1학년
80</td><td>238</td><td>204</td><td>204</td><td>204</td><td>170</td><td>136</td><td>136</td><td>136(8)</td></tr>
<tr><td>도덕</td><td>34</td><td>34</td><td>34</td><td>34</td><td>68</td><td>68</td><td>34</td><td>34(2)</td></tr>
<tr><td rowspan="4">사회</td><td rowspan="4">102</td><td rowspan="4">102</td><td rowspan="4">102</td><td rowspan="4">102</td><td colspan="4">사회</td></tr>
<tr><td>102</td><td>·</td><td>68</td><td>102(6)</td></tr>
<tr><td colspan="4">역사</td></tr>
<tr><td>·</td><td>102</td><td>68</td><td>102(6)</td></tr>
<tr><td>수학</td><td>136</td><td>136</td><td>136</td><td>136</td><td>136</td><td>136</td><td>102</td><td>136(8)</td></tr>
<tr><td>과학</td><td>102</td><td>102</td><td>102</td><td>102</td><td>102</td><td>136</td><td>136</td><td>136(8)</td></tr>
<tr><td rowspan="2">실과
실과</td><td rowspan="2">·</td><td rowspan="2">·</td><td rowspan="2">68</td><td rowspan="2">68</td><td colspan="3">기술 · 가정</td><td></td></tr>
<tr><td>68</td><td>102</td><td>102</td><td>102(6)</td></tr>
<tr><td>체육</td><td>102</td><td>102</td><td>102</td><td>102</td><td>102</td><td>102</td><td>68</td><td>68(4)</td></tr>
<tr><td>음악</td><td>68</td><td>68</td><td>68</td><td>68</td><td>68</td><td>34</td><td>34</td><td>34(2)</td></tr>
<tr><td>미술</td><td>68</td><td>68</td><td>68</td><td>68</td><td>35</td><td>34</td><td>68</td><td>34(2)</td></tr>
<tr><td>외국어
(영어)</td><td>34</td><td>34</td><td>68</td><td>68</td><td>102</td><td>102</td><td>136</td><td>136(8)</td></tr>
<tr><td colspan="2">재량활동</td><td>60</td><td>68</td><td>68</td><td>68</td><td>68</td><td>68</td><td>102</td><td>102</td><td>102</td><td>102(6)</td></tr>
<tr><td colspan="2">특별활동</td><td>30</td><td>34</td><td>34</td><td>68</td><td>68</td><td>68</td><td>68</td><td>68</td><td>68</td><td>68(4)</td></tr>
<tr><td colspan="2">연간 총 수업
시간 수</td><td>830</td><td>850</td><td>952</td><td>952</td><td>1,054</td><td>1,054</td><td>1,122</td><td>1,122</td><td>1,122</td><td>1,190(70)</td></tr>
</table>

3. 2009 개정 교육과정(2009~2015)

1) 이념 및 기본 방향

2009 개정 교육과정은 글로벌화된 세계 속에서 창의력을 발휘하여 미래를 개척하면서 살아가는 '글로벌 창의 인재 육성'을 목적으로, 2008년 교육과정 선진화 체제 연구(김재춘 외, 2008; 박순경 외, 2008; 박창언 외, 2008; 홍후조 외, 2008)를 바탕으로 2009년 대통령자문 국가교육과학기술자문회에서 만든 '미래형 교육과정 구상'을 토대로 교육과정정책과가 지휘하고 한국교육과정평가원이 주도하여 '2009 개정 교육과정 총론 시안'을 개발하였으며, 심의회, 협의회, 자문회의 등을 거쳐 2009년 12월 23일 교육과학기술부 고시 제2009-41호로 발표하였다.

2009 개정 교육과정은 학교급과 학년을 기점으로 연차적으로 적용된다. 〈표 5-4〉는 2009 개정 교육과정의 적용 시점을 나타낸다.

〈표 5-4〉 2009 개정 교육과정의 적용시점

적용 연도 / 학교급	2011	2012	2013
초등학교	1, 2학년	3, 4학년	5, 6학년
중학교	1학년	2학년	3학년
고등학교	1학년	2학년	3학년

2009 개정 교육과정은 「초·중등교육법」 제23조 제2항에 의거하여 고시한 것으로, 초·중등학교의 교육목적과 교육목표를 달성하기 위한 국가 수준의 교육과정이며, 초·중등학교에서 편성·운영하여야 할 학교 교육과정의 공통적·일반적 기준을 제시한 것으로, 다음과 같은 성격을 지닌다.

가. 국가 수준의 공통성과 지역, 학교, 개인 수준의 다양성을 동시에 추구하는 교육과정이다.
나. 학습자의 자율성과 창의성을 신장하기 위한 학생중심 교육과정이다.
다. 교육청과 학교, 교원, 학생, 학부모가 함께 실현해 가는 교육과정이다.
라. 학교 교육 체제를 교육과정중심으로 개선하기 위한 교육과정이다.
마. 교육의 과정과 결과의 질적 수준을 유지, 관리하기 위한 교육과정이다.

2009 개정 교육과정은 홍익인간의 교육 이념을 바탕으로 다음과 같이 추구하는 인간상을 제시하였다.

가. 전인적 성장의 기반 위에 개성의 발달과 진로를 개척하는 사람
나. 기초 능력의 바탕 위에 새로운 발상과 도전으로 창의성을 발휘하는 사람
다. 문화적 소양과 다원적 가치에 대한 이해를 바탕으로 품격 있는 삶을 영위하는 사람
라. 세계와 소통하는 시민으로서 배려와 나눔의 정신으로 공동체 발전에 참여하는 사람

그리고 이러한 인간상을 구현할 목적으로 다음과 같은 구성 방침을 설정하였다.

가. 배려와 나눔을 실천하는 창의적인 인재를 기를 수 있도록 교육과정을 구성한다.
나. 이 교육과정은 초등학교 1학년부터 중학교 3학년까지의 공통 교육과정과 고등학교 1학년부터 3학년까지의 선택 교육과정으로 편성한다.
다. 교육과정 편성 · 운영의 경직성을 탈피하고, 학년 간 상호 연계와 협력을 통한 학교 교육과정 편성 · 운영의 유연성을 부여하기 위하여 학년군을 설정한다.
라. 공통 교육과정의 교과는 교육목적상의 근접성, 학문 탐구 대상 또는 방법상의 인접성, 생활양식에서의 연관성 등을 고려하여 교과군으로 재분류한다.
마. 선택 교육과정에서는 학생들의 기초 영역 학습 강화와 진로 및 적성 등을 감안한 적정 학습이 가능하도록 4개의 교과 영역으로 구분하고, 필수 이수 단위를 제시한다.
바. 학기당 이수 교과목 수 축소를 통한 학습 부담의 적정화와 의미 있는 학습활동이 전개될 수 있도록 집중 이수를 확대한다.
사. 기존의 재량활동과 특별활동을 통합하여 배려와 나눔의 실천을 위한 '창의적 체험활동'을 신설한다.
아. 학교 교육과정평가, 교과 평가의 개선, 국가 수준의 학업성취도 평가 실시 등을 통해 교육과정 질 관리 체제를 강화한다.

2009 개정 교육과정의 주요 성격과 구조적 특징은 다음과 같다.

첫째, 기본 구조는 공통 교육과정과 선택 교육과정으로 이원화되어 있다. 공통 교육과정은 초등학교 1학년부터 중학교 3학년까지 적용된다. 2007 개정 교육과정에서는 초등학교 1학년부터 고등학교 1학년까지 10년간 국민공통교육 기본교육과정을 적용하며, 고등학교 2학년과 3학년은 선택중심 교육과정을 적용하도록 하였으므로, 이번 개정을 통하여 공통 교육과정의 적용 연한을 10년에서 9년으로 낮추고, 국민공통기본 교육과정을 공통 교육과정으로, 선택중심 교육과정을 선택 교육과정으로 사용하는 용어를 변경하였다.

둘째, 학년군제를 도입하였다. 발달단계가 비슷한 2~3개 학년을 하나의 학년군으로 설정하였다. 학년별로 교과별 이수 시간 수를 정하지 않고, 학년군별로 이수 시간 수로 표시하였다. 예를 들면, 중학교 수학 교과의 경우에 학년별 이수 시간 수를 제시하지 않고, 3년간 총 이수 374시간으로 표시하였다. 학년군제는 개별 학교에서 학교의 특성과 학생들의 요구를 바탕으로 학년 혹은 학기 동안 이수 시간 수를 자율적으로 정할 수 있는 기회를 제공한다.

셋째, 초·중·고등학교 교육과정에 교과군제를 도입하였다. 교육목적의 접근성, 학문 탐구 대상 또는 방법의 인접성, 실제 생활양식에서의 상호 연관성을 고려하여 교과를 교과군으로 묶어 제시하였다. 예를 들어, 2007 개정 중학교 교육과정은 10개 교과(국어, 도덕, 사회, 수학, 과학, 기술·가정, 음악, 미술, 체육, 외국어) 및 교과 재량활동의 선택 과정으로 구성되어 있는 데 반하여, 2009 개정 교육과정에서는 8개 교과군(국어, 사회/도덕, 수학, 과학/기술·가정, 체육, 예술, 영어, 선택)으로 구성된다. 교과군제는 교과들 간의 연계성을 높이고, 학기당 개설 과목수를 줄여 줌으로써 학생들의 학습 부담을 줄여 주는 교육 효과를 기대할 수 있다고 한다.

넷째, 창의적 체험활동 교육과정 영역을 도입하였다. 창의적 체험활동은 기존의 특별활동과 재량활동을 통합한 것으로 시수를 확대하고 학교에 편성과 운영의 권한을 일임하였다. 창의적 체험활동은 자율 활동, 동아리 활동, 봉사 활동, 진로 활동 등으로 구성되며, 창의적 체험활동 지원 종합 체제를 구축하여 학교 안팎에서의 학생활동을 체계적으로 관리하고 인성, 진로, 직업 교육활동에 다양한 참고자료로 활용한다.

다섯째, 학교 교육과정의 자율적 운영을 강화하였다. 학교에서 교과(군)별로 수업 시수의 20%를 증감 운영할 수 있게 되었다. 예를 들어, 학교에서는 수학 교과의 시수를 20% 줄이고 사회/도덕 교과의 수업 시수를 20% 늘려서 운영할 수 있다. 또한 학생들의 학습 부담을 줄이고 피상적인 학습을 없애기 위하여 학기당 편성 과목 수를 줄일 수 있는 '집중 이수제'를 도입하였다. 집중 이수제는 교과 및 과목을 매 학기 개설하기보다는 특정 학년이나 학기에 몰아서 개설하는 제도로서, 예를 들면 미술 과목을 학기당 매주 1시간씩 배우기보다는 특정 학기에 몰아서 매주 2~3시간씩 배우도록 한다. 집중 이수제는 학년군제와 교과군제의 도입을 통하여 가능하게 된다.

여섯째, 진로 교육을 강화하고 각종 사회적 요구 사항을 반영하는 교육과정을 설정하였다. 중학교에서는 '진로와 직업' 과목을 신설하고, 고등학교에서 진로 집중 과정을 편성·운영할 수 있도록 하였다. 또한 초등학교 저학년에서 돌봄활동 지원을 강화하고 다문화 가정 자녀의 지원을 강조하였다.

2) 편제 및 운영

(1) 초등학교

초등학교는 공통 교육과정이 적용되며, 편제 및 운영의 구체적인 특성은 다음과 같다.

첫째, 초등학교 교육과정은 교과(군)와 창의적 체험활동으로 편성되었다. 교과(군)는 국어, 사회/도덕, 수학, 과학/실과, 예술(음악/미술), 영어의 6개 교과(군)로 편성하며, 1, 2학년의 교과는 국어, 수학, 바른 생활, 슬기로운 생활, 즐거운 생활로 구성하였다. 종전의 '우리들은 1학년' 교과의 명칭은 폐지되었으나, 학교는 1학년 학생들의 입학 초기 적응 교육을 위해 창의적 체험활동의 시수를 활용하여 자율적으로 입학 초기 적응 프로그램 등을 편성·운영할 수 있도록 하고 있다.

둘째, 창의적 체험활동을 신설하였다. 창의적 체험활동은 자율 활동, 동아리 활동, 봉사 활동, 진로 활동으로 구성된다.

셋째, 학교는 자체의 특성, 학생, 교사, 학부모의 요구 및 필요에 따라 교과(군)별 20% 범위 내에서 자율적으로 시수를 증감하여 운영할 수 있으며, 학년별, 학기별로 집중 이수를 통해 학기당 이수 교과 수를 감축하여 편성·운영할 수 있도록 하였다.

〈표 5-5〉 초등학교 교육과정 시간 배당 기준표

<table>
<tr><th colspan="2">구분</th><th>1~2학년</th><th>3~4학년</th><th>5~6학년</th></tr>
<tr><td rowspan="7">교과
(군)</td><td>국어</td><td rowspan="7">국어
448
수학
256
바른생활
128
슬기로운 생활
192
즐거운 생활
384</td><td>408</td><td>408</td></tr>
<tr><td>사회/도덕</td><td>272</td><td>272</td></tr>
<tr><td>수학</td><td>272</td><td>272</td></tr>
<tr><td>과학/실과</td><td>204</td><td>340</td></tr>
<tr><td>체육</td><td>204</td><td>204</td></tr>
<tr><td>예술(음악/미술)</td><td>272</td><td>272</td></tr>
<tr><td>영어</td><td>136</td><td>204</td></tr>
<tr><td colspan="2">창의적 체험활동</td><td>272</td><td>204</td><td>204</td></tr>
<tr><td colspan="2">학년군별 총 수업 시간 수</td><td>1,680</td><td>1,972</td><td>2,176</td></tr>
</table>

(2) 중학교

중학교는 공통 교육과정이 적용되며, 편제 및 운영의 구체적인 특징은 다음과 같다.

첫째, 중학교 교육과정은 교과(군)와 창의적 체험활동으로 편성하였다. 교과(군)는 국어, 사회(역사 포함)/도덕, 수학, 과학/기술·가정, 체육, 예술(음악/미술), 영어, 선택 등으로 편성되며, 선택은 한문, 정보, 환경, 생활 외국어(독일어, 프랑스어, 스페인어, 중국어, 일본어, 러시아어, 아랍어), 보건, 진로와 직업 등으로 편성하였다.

둘째, 창의적 체험활동을 신설하였다. 창의적 체험활동은 자율 활동, 동아리 활동, 봉사 활동, 진로 활동으로 구성하였다.

셋째, 학교는 자체의 특성, 학생·교사·학부모의 요구 및 필요에 따라 교과(군)별 20% 범위 내에서 자율적으로 시수를 증감하여 운영할 수 있으며, 학년별, 학기별로 집중 이수를 위하여 학기당 이수 교과 수를 8개 이내로 편성하도록 하고 있다.

〈표 5-6〉 중학교 교육과정 시간 배당 기준표

구분		1~3학년
교과(군)	국어	442
	사회(역사포함)/도덕	510
	수학	374
	과학/기술 · 가정	646
	체육	272
	예술(음악/미술)	272
	영어	340
	선택	204
창의적 체험활동		306
총 수업 시간 수		3,366

(3) 고등학교

고등학교는 선택 교육과정이 적용되며, 편제 및 운영의 구체적인 특성은 다음과 같다.

첫째, 고등학교 교육과정은 교과(군)와 창의적 체험활동으로 편성하였다. 교과는 보통 교과와 전문 교과로 구분된다. 보통 교과는 기초, 탐구, 체육·예술, 생활·교양의 네 영역으로 구성되며, 교과(군)는 국어, 수학, 영어, 사회(역사/도덕 포함), 과학, 체육, 예술(음악/미술), 기술·가정/제2외국어/한문/교양 등으로 편성된다. 전문 교과는 농생명 산업, 공업, 상업 정보, 수산·해운, 가사·실업, 과학, 체육, 예술, 외국어, 국제에 관한 교과로 구성하였다.

둘째, 창의적 체험활동을 신설하였다. 창의적 체험활동은 자율 활동, 동아리 활동, 봉사 활동, 진로 활동으로 구성하였다.

셋째, 학교는 자체의 특성, 학생·교사·학부모의 요구 및 필요에 따라 교과(군)별 20% 범위 내에서 자율적으로 시수를 증감하여 운영할 수 있으며, 학년별, 학기별로 집중 이수를 위하여 학기당 이수 교과 수를 8개 이내로 편성하도록 하고 있다.

넷째, 선택 과목은 학교의 실정과 학생들의 요구를 반영하여 편성하고, 시·도 교육청의 편성·운영 지침에 의거하여 이 교육과정에 제시되어 있지 않은 새로운 과목을 개설하여 운영할 수 있으며, 학교에서 개설하지 않은 선택 과목 이수를 희망하는 학생이 있을 경우 그 과목을 개설한 다른 학교에서의 이수를 인정한다.

다섯째, 학교는 필요에 따라 대학과목 선이수제의 과목을 개설할 수 있고, 국제적으로 공인받은 교육과정의 과목을 선택과목으로 인정할 수 있다. 다만, 이와 관련된 구체적인 사항은 시·도 교육청의 지침에 따르도록 하고 있다.

여섯째, 일반계 고등학교에서 체육, 음악, 미술 등의 과정을 개설하거나 자율학교로 지정된 학교의 경우 교과(군) 최소 이수 단위인 72단위로 편성·운영할 수 있으며, 학생의 요구 및 흥미, 적성 등을 고려하여 진로를 적절히 안내할 수 있는 진로 집중 과정을 편성·운영할 수 있도록 하고 있다. 과학, 수학, 사회, 영어, 예술, 체육 등 교과를 중심으로 중점학교를 운영할 수 있으며, 이 경우 학교 자율과정의 50% 이상을 관련 교과목으로 편성할 수 있다.

〈표 5-7〉 고등학교 교육과정 시간 배당 기준표

<table>
<tr><th rowspan="2"></th><th rowspan="2">교과영역</th><th rowspan="2">교과(군)</th><th colspan="2">필수 이수 단위</th><th rowspan="2">학교 자율과정</th></tr>
<tr><th>교과(군)</th><th>교과 영역</th></tr>
<tr><td rowspan="7">교
과
(군)</td><td rowspan="3">기초</td><td>국어</td><td>15(10)</td><td rowspan="3">45
(30)</td><td rowspan="7">학생의 적성과
진로를 고려하여
편성</td></tr>
<tr><td>수학</td><td>15(10)</td></tr>
<tr><td>영어</td><td>15(10)</td></tr>
<tr><td rowspan="2">탐구</td><td>사회(역사/도덕 포함)</td><td>15(10)</td><td rowspan="2">35
(20)</td></tr>
<tr><td>과학</td><td>15(10)</td></tr>
<tr><td rowspan="2">체육 · 예술</td><td>체육</td><td>15(10)</td><td rowspan="2">20
(10)</td></tr>
<tr><td>예술(음악/미술)</td><td>15(10)</td></tr>
<tr><td></td><td>생활 · 교양</td><td>기술 · 가정/제2외국어
/한문/교양</td><td>16(12)</td><td>16(12)</td><td></td></tr>
<tr><td></td><td colspan="2">소계</td><td colspan="2">116(72)</td><td>64</td></tr>
<tr><td colspan="3">창의적 체험활동</td><td colspan="3">24</td></tr>
<tr><td colspan="3">총 이수 단위</td><td colspan="3">204</td></tr>
</table>

〈표 5-8〉 고등학교 선택 교육과정(보통 교과)

교과영역	교과(군)	과목
기초	국어	국어*, 화법과 작문 Ⅰ, 화법과 작문 Ⅱ, 독서와 문법 Ⅰ, 독서와 문법 Ⅱ, 문학 Ⅰ, 문학 Ⅱ
	수학	수학*, 수학의 활용, 수학 Ⅰ, 미적분과 통계기본, 수학 Ⅱ, 적분과 통계, 기하와 벡터
	영어	영어*, 영어 Ⅰ, 영어 Ⅱ, 실용 영어 회화, 심화 영어 회화, 영어 독해와 작문, 심화 영어 독해와 작문
탐구	사회(역사/도덕 포함)	사회*, 한국 지리, 세계 지리, 동아시아사, 세계사, 법과 정치, 경제, 사회 · 문화한국사*
		도덕*, 생활과 윤리, 윤리와 사상
	과학	과학*, 물리 Ⅰ, 물리 Ⅱ, 화학 Ⅰ, 화학 Ⅱ, 생명과학 Ⅰ, 생명과학 Ⅱ, 지구과학 Ⅰ, 지구과학 Ⅱ
체육 · 예술	체육	체육*, 운동과 건강 생활, 스포츠 문화, 스포츠 과학
	예술	음악*, 음악 실기, 음악과 사회, 음악의 이해
		미술*, 미술과 삶, 미술 감상, 미술 창작
생활 · 교양	기술 · 가정/제2외국어/한문/교양/	기술 · 가정*, 농업 생명 과학, 공학 기술, 가정 과학, 창업과 경영, 해양 과학, 정보
		독일어 Ⅰ, 독일어 Ⅱ, 프랑스어 Ⅰ, 프랑스어 Ⅱ, 스페인어 Ⅰ, 스페인어 Ⅱ, 중국어 Ⅰ, 중국어 Ⅱ, 일본어 Ⅰ, 일본어 Ⅱ, 러시아어 Ⅰ, 러시아어 Ⅱ, 아랍어 Ⅰ, 아랍어 Ⅱ
		한문 Ⅰ, 한문 Ⅱ
		생활과 철학, 생활과 논리, 생활과 심리, 생활과 교육, 생활과 종교, 생활 경제, 안전과 건강, 진로와 직업, 보건, 환경과 녹색성장

*표 한 과목은 교과(군)별 학습의 위계를 고려하여 선택할 수 있도록 지도한다.

4. 2015 개정 교육과정

1) 이념 및 기본 방향

2015 개정 교육과정은 일반계 고등학교의 문·이과 구분과 수능 과목 중심의 지식 편식 현상을 개선하기 위하여 시작되었다. 고등학교를 졸업하였지만, 문과 반 학생들이 수학이나 자연과학에 대한 기본 소양을 갖지 못하고, 이과 반 학생들 역시 인문학이나 사회과학의 기초를 제대로 학습하지 못하는 것이 개인의 균형적인 지적 성장은 물론 장기적으로 국가경쟁력 확보에 위협이 될 수 있다고 본 것이다. 2015 개정 교육과정의 총론 주요 시안에는 개정의 배경을 다음과 같이 분명하게 기술하고 있다.

> 2015 개정 교육과정은 학교교육을 통해 모든 학생들이 인문 · 사회 · 과학 기술에 대한 기초 소양을 함양하여 인문학적 상상력과 과학기술 창조력을 갖춘 창의융합형 인재로 성장할 수 있도록 우리 교육을 근본적으로 개혁하려고 하는 것이다(김경자, 2015: 4).

개정 교육과정을 개발하기 위하여 국가교육과정개정연구위원회를 구성하였고, 사회적 요구 반성 및 합의를 위한 의견 수렴기구로서 국가교육과정자문위원회를 구성·운영하였으며, 현장에 기반을 둔 개선을 위하여 전문가와 현장 교원 중심의 전국적인 포럼을 운영하였다. 또한 종전의 교육과정 개정 작업에서 문제점으로 지적되어 온 총론과 각론의 괴리 현상을 줄이기 위하여 국가교육과정각론조정위원회를 구성·운영하였으며, 교육과정의 현장 적합성을 높이기 위하여 교육과정의 개발에 참여하는 현장 교원의 비율을 30~40%로 높이고 시·도 교육청 핵심전문요원으로 구성한 교육과정개정 협력진을 구성·운영하였다.

이러한 과정을 거쳐서 새 교육과정은 2015년 9월 23일에 고시되었으나, 같은 해 12월 1일 개정 고시(제2080)되었다. 개정 고시는 국사와 한국사 교과의 적용 시점과 관련이 있다(단, 중학교 사회 교과(군)의 '역사' 및 고등학교 기초 교과 영역의

'한국사' 과목은 2017년 3월 1일부터 적용한다). 이 교육과정은 학교급과 학년을 바탕으로 연차적으로 적용하게 된다. 〈표 5-9〉는 2015 개정 교육과정의 적용 시점을 나타낸다.

〈표 5-9〉 교육과정 적용 및 교과서 개발 일정

● 교과용 도서 개발 및 적용 시기

학교급	학년도 / 학년(군)	15	16	17	18	19	20
초등학교	1~2	개발	개발	적용			
	3~4	개발	개발	개발	적용		
	5~6		개발	개발	개발	적용	
중·고등학교	1	개발	개발	개발	적용		
	2		개발	개발	개발	적용	
	3			개발	개발	개발	적용

1. 중학교 자유학기 편성·운영 관련 규정은 2016년 3월 1일부터 적용한다.
2. 교육부 고시 제2013-7호의 전문 교과는 2016년 3월 1일부터 이 교육과정의 전문 교과Ⅱ 실무과목으로 대체하여 편성할 수 있다.

2015 개정 교육과정은 기본 성격과 추구하는 인간상에서 2009 개정 교육과정과 큰 차이는 없다고 할 수 있다. 교육부(2014. 9.)에서 발표한 개정 교육과정의 총론 시안에서도 새 교육과정은 2009 개정 교육과정이 추구하고 있는 창의적인 인재 양성의 기본 정신을 유지하되, 현장 적용 과정에서 생기는 문제점을 개선하고 교육환경 변화에 대응하고 국가·사회적 요구를 반영하기 위하여 초·중등 교육과정을 개선하는 것이라고 밝히고 있다.

2015 개정 교육과정에서 제시하고 있는 교육과정의 성격은 다음과 같다.

가. 국가 수준의 공통성과 지역, 학교, 개인, 수준의 다양성을 동시에 추구하는 교육과정이다.
나. 학습자의 자율성과 창의성을 신장하기 위한 학생중심의 교육과정이다.
다. 학교와 교육청, 지역사회, 교원 · 학생 · 학부모가 함께 실현해 가는 교육과정이다.
라. 학교 교육 체제를 교육과정중심으로 구현하기 위한 교육과정이다.
마. 학교 교육의 질적 수준을 관리하고 개선하기 위한 교육과정이다.

이 교육과정이 추구하는 인간상은 다음과 같다.

가. 전인적 성장을 바탕으로 자아정체성을 확립하고 자신의 진로와 삶을 개척하는 자주적인 사람
나. 기초 능력의 바탕 위에 다양한 발상과 도전으로 새로운 것을 창출하는 창의적인 사람
다. 문화적 소양과 다원적 가치에 대한 이해를 바탕으로 인류 문화를 향유하고 발전시키는 교양 있는 사람
라. 공동체 의식을 가지고 세계와 소통하는 민주 시민으로서 배려와 나눔을 실천하는 더불어 사는 사람

2015 개정 교육과정의 주요 성격과 구조적 특징은 다음과 같다.

첫째, 2015 개정 교육과정에는 학교 교육의 전 과정을 통하여 길러야 할 핵심역량을 제시하고 있다. 핵심역량은 사회공동체 구성원으로서의 역할을 성공적으로 수행하기 위하여 학습자에게 요구되는 지식, 기능, 태도의 총체를 말하는 것으로 초·중등교육을 통해 모든 학습자가 길러야 할 기본적이고, 필수적이며 보편적인 능력을 가리킨다(박순경 외, 2014). 한국교육과정평가원에서는 10여 년의 연구를 통하여 우리나라 초·중등학교에서 길러야 할 역량을 규정하고 이를 교육과정·수업 체제와 연계 지우는 방안을 제시한 바 있다. 2015 개정 교육과정에서는 초·중등학교에서 길러야 할 핵심역량을 자기관리, 정보처리, 창의적 사고, 심미적 감성, 의사소통, 공동체 역량 등의 여섯 가지를 명시하였다.

둘째, 2015 개정 교육과정의 주요 특성은 개정의 중점 속에 잘 드러난다. 개정의 중점 중에 가장 먼저 눈에 띄는 것은 개정의 필요성으로 언급한 인문·사회·과학기술 기초 소양을 균형 있게 학습한다는 내용이다. 이와 함께 국가교육과정개정연구

회와 교육부가 가장 심혈을 기울인 것은 교과의 핵심 개념을 중심으로 내용을 구조화하고 학습량을 적정화하며, 이를 바탕으로 학습 참여형 수업을 활성화하고 자기주도적 학습력을 기르며, 학습과정중심의 평가를 강화하여 교육과정, 수업, 평가가 일관성을 갖도록 한다는 점이다. 더불어 특성화 고등학교에는 NCS(국가직무능력)기반 교육과정 체제를 도입한다는 것이다. 이를 그림으로 나타내면 [그림 5-1]과 같다.

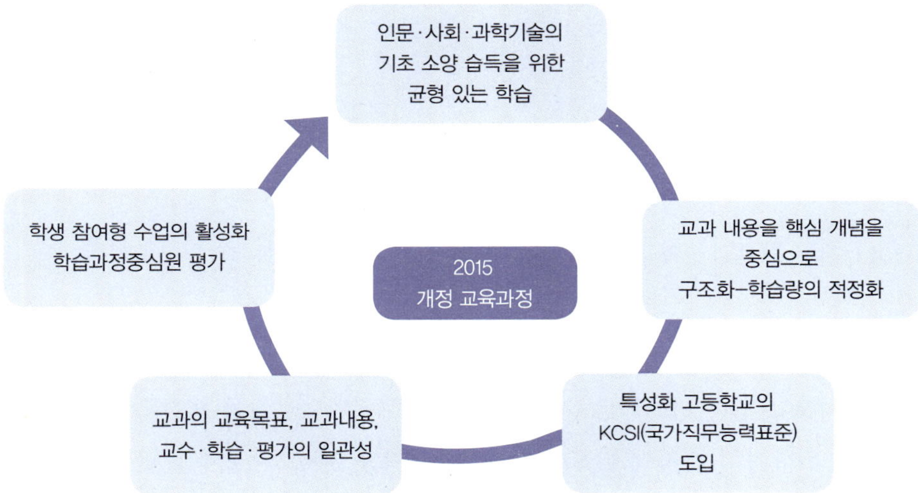

[그림 5-1] 교육과정 구성의 중점

출처: 김대현(2017).

셋째, 2015 개정 교육과정은 2009 개정 교육과정과 마찬가지로 초등학교 1~3학년까지를 공통 교육과정으로 운영하고, 고등학교 1~3학년은 선택 교육과정으로 운영한다. 동시에 학년군제와 교과군제를 유지하고, 창의적 체험활동을 계승하되 부분적으로 개선하였다.

넷째, 초·중등교육에서 소프트웨어(SW) 교육을 강화하여, 중학교의 경우에 과학/기술·가정 영역을 과학/기술·가정/정보로 고치고 이 영역에 34시간을 추가로 배정하였으며, 고등학교의 경우 정보를 일반 선택 과목으로 분류하고 내용을 소프트웨어 중심으로 개편하였다.

다섯째, 안전교육을 강화하였다. 초등학교 저학년(1~2학년)에 '안전한 생활' 단원을 도입하고 체육, 기술·가정, 과학, 보건 등의 관련 교과에 안전 내용을 강화하고, 창의적 체험활동에도 안전교육을 포함하도록 하였다.

여섯째, 범교과 학습 주제를 교과와 창의적 체험활동 등 교육활동 전반에 걸쳐 통합적으로 다루고, 지역사회 및 가정과 연계하여 지도하도록 하고, 주제 수를 선택과 통합을 통하여 대폭 줄였다.

일곱째, 중학교에서는 자유학기제를 도입하고 이에 따른 교육과정 편성·운영의 단위 학교 자율성을 강조하였다. 자유학기제와 관련된 내용은 다음과 같다.

> 가. 중학교 과정 중 한 학기는 자유학기로 운영한다.
> 나. 자유학기에는 해당 학기의 교과 및 창의적 체험활동을 자유학기의 취지에 부합하도록 편성 · 운영한다.
> 다. 자유학기에는 지역사회와 연계하여 진로 탐색 활동, 주제 선택 활동, 동아리 활동, 예술 · 체육 활동 등 다양한 체험 중심의 자유학기 활동을 운영한다.
> 라. 자유학기에는 협동 학습, 토의 · 토론 학습, 프로젝트 학습 등 학생 참여형 수업을 강화한다.
> 마. 자유학기에는 중간 · 기말고사 등 일제식 지필평가는 실시하지 않으며, 학생의 학습과 성장을 지원하는 과정중심의 평가를 실시한다.
> 바. 자유학기에는 학교 내외의 다양한 자원을 활용하여 진로 탐색 및 설계를 지원한다.
> 사. 학교는 자유학기의 운영 취지가 타 학기 · 학년에도 연계될 수 있도록 노력한다.

여덟째, 통합적인 접근과 융복합적 사고를 길러 주기 위하여 통합과목을 신설하였다. 고등학교에서 사회현상에 대한 통합적인 접근과 이해가 가능하도록 '통합사회' 과목을 신설하고 자연현상에 대한 통합적인 접근과 융복합적인 사고를 길러 주기 위하여 '통합과학' 과목을 신설하였다.

〈표 5-10〉 초등학교 시간 배당 기준표

<table>
<tr><th colspan="2">구분</th><th>1~2학년</th><th>3~4학년</th><th>5~6학년</th></tr>
<tr><td rowspan="8">교
과
(군)</td><td>국어</td><td rowspan="7">국어 448
수학 256
바른 생활 128
슬기로운 생활 192
즐거운 생활 384</td><td>408</td><td>408</td></tr>
<tr><td>사회/도덕</td><td>272</td><td>272</td></tr>
<tr><td>수학</td><td>272</td><td>272</td></tr>
<tr><td>과학/실과</td><td>204</td><td>340</td></tr>
<tr><td>체육</td><td>204</td><td>204</td></tr>
<tr><td>예술
(음악/미술)</td><td>272</td><td>272</td></tr>
<tr><td>영어</td><td>136</td><td>204</td></tr>
<tr><td>소계</td><td>1,408</td><td>1,768</td><td>1,972</td></tr>
<tr><td colspan="2">창의적 체험활동</td><td>336
안전한 생활 (64)</td><td>204</td><td>204</td></tr>
<tr><td colspan="2">학년국별 총
수업 시간 수</td><td>1,744</td><td>1,972</td><td>2,176</td></tr>
</table>

1. 이 표에서 1시간 수업은 40분을 원칙으로 하되, 기후 및 계절, 학생의 발달 정도, 학습내용의 성격, 학교 실정 등을 고려하여 탄력적으로 편성·운영할 수 있다.
2. 학년군 및 교과(군)별 시간 배당은 연간 34주를 기준으로 한 2년간의 기준 수업 시수를 나타낸 것이다.
3. 학년군별 총 수업 시간 수는 최소 수업 시수를 나타낸 것이다.
4. 실과의 수업 시간은 5~6학년 과학/실과의 수업 시수에만 포함된 것이다.

〈표 5-11〉 중학교 시간 배당 기준표

구분		1~3학년
교과(군)	국어	442
	사회(역사포함)/도덕	510
	수학	374
	과학/기술 · 가정/정보	680
	체육	272
	예술(음악/미술)	272
	영어	340
	선택	170
	소계	3,060
창의적 체험활동		306
학년군별 총 수업 시간 수		3,366

1. 이 표에서 1시간 수업은 45분을 원칙으로 하되, 기후 및 계절, 학생의 발달 정도, 학습내용의 성격, 학교 실정 등을 고려하여 탄력적으로 편성·운영할 수 있다.
2. 학년군 및 교과(군)별 시간 배당은 연간 34주를 기준으로 한 3년간의 기준 수업 시수를 나타낸 것이다.
3. 총 수업 시간 수는 3년간의 최소 수업 시수를 나타낸 것이다.
4. 정보 과목은 34시간을 기준으로 편성·운영한다.

〈표 5-12〉 고등학교 시간 배당 기준표

가. 일반 고등학교(자율 고등학교 포함)와 특수 목적 고등학교(산업수요 맞춤형 고등학교 제외)

<table>
<tr><th></th><th>교과영역</th><th>교과(군)</th><th>공통 과목(단위)</th><th>필수 이수 단위</th><th>자율 편성 단위</th></tr>
<tr><td rowspan="10">교과(군)</td><td rowspan="4">기초</td><td>국어</td><td>국어(8)</td><td>10</td><td rowspan="9">학생의 적성과 진로를 고려하여 편성</td></tr>
<tr><td>수학</td><td>수학(8)</td><td>10</td></tr>
<tr><td>영어</td><td>영어(8)</td><td>10</td></tr>
<tr><td>한국사</td><td>한국사(6)</td><td>6</td></tr>
<tr><td rowspan="2">탐구</td><td>사회(역사/도덕 포함)</td><td>통합사회(8)</td><td>10</td></tr>
<tr><td>과학</td><td>통합과학(8)
과학탐구실험(2)</td><td>12</td></tr>
<tr><td rowspan="2">체육 · 예술</td><td>체육</td><td></td><td>10</td></tr>
<tr><td>예술</td><td></td><td>10</td></tr>
<tr><td>생활 · 교양</td><td>기술 · 가정/제2외국어/한문/교양</td><td></td><td>16</td></tr>
<tr><td colspan="3">소계</td><td>94</td><td>86</td></tr>
<tr><td colspan="4">창의적 체험활동</td><td colspan="2">24(408시간)</td></tr>
<tr><td colspan="4">총 이수 단위</td><td colspan="2">204</td></tr>
</table>

1. 1단위는 50분을 기준으로 하여 17회를 이수하는 수업량이다.
2. 1시간의 수업은 50분을 원칙으로 하되, 기후 및 계절, 학생의 발달 정도, 학습내용의 성격, 학교 실정 등을 고려하여 탄력적으로 편성·운영할 수 있다.
3. 공통 과목은 2단위 범위 내에서 감하여 편성·운영할 수 있다. 단, 한국사는 6단위 이상 이수하되 2개 학기 이상 편성하도록 한다.
4. 과학탐구실험은 이수 단위 증감 없이 편성·운영하는 것을 원칙으로 하되, 과학 계열, 체육 계열, 예술 계열 고등학교의 경우 학교 실정에 따라 탄력적으로 운영할 수 있다.
5. 필수 이수 단위의 단위 수는 해당 교과(군)의 '최소 이수 단위'로 공통 과목 단위 수를 포함한다. 특수 목적 고등학교와 자율형 사립 고등학교의 경우 예술 교과(군)는 5단위 이상, 생활·교양 영역은 12단위 이상 이수할 것을 권장한다.
6. 기초 교과 영역 이수 단위 총합은 교과 총 이수 단위의 50%를 초과하지 않도록 한다.
7. 창의적 체험활동의 단위는 최소 이수 단위이며, ( ) 안의 숫자는 이수 단위를 이수 시간 수로 환산한 것이다.
8. 총 이수 단위 수는 고등학교 3년간 이수해야 할 '최소 이수 단위'를 의미한다.

나. 특성화 고등학교와 산업수요 맞춤형 고등학교

<table>
<tr><th></th><th></th><th>교과영역</th><th>교과(군)</th><th>공통과목(단위)</th><th>필수이수단위</th><th>자율편성단위</th></tr>
<tr><td rowspan="11">교과(군)</td><td rowspan="10">보통교과</td><td rowspan="4">기초</td><td>국어</td><td>국어(8)</td><td rowspan="3">24
24
24</td><td rowspan="9">학생의 적성 · 진로와 산업계 수요를 고려하여 편성</td></tr>
<tr><td>수학</td><td>수학(8)</td></tr>
<tr><td>영어</td><td>영어(8)</td></tr>
<tr><td>한국사</td><td>한국사(6)</td><td>6</td></tr>
<tr><td rowspan="2">탐구</td><td>사회(역사/도덕 포함)</td><td>통합사회(8)</td><td rowspan="2">12
12</td></tr>
<tr><td>과학</td><td>통합과학(8)</td></tr>
<tr><td rowspan="2">체육 · 예술</td><td>체육</td><td></td><td>8</td></tr>
<tr><td>예술</td><td></td><td>6</td></tr>
<tr><td>생활 · 교양</td><td>기술 · 가정/제2외국어/한문/교양</td><td></td><td>10</td></tr>
<tr><td colspan="3">소계</td><td>66</td><td rowspan="2">28</td></tr>
<tr><td>전문교과 II</td><td colspan="3">17개 교과(군) 등</td><td>86</td></tr>
<tr><td colspan="5">창의적 체험활동</td><td colspan="2">24(408시간)</td></tr>
<tr><td colspan="5">총 이수 단위</td><td colspan="2">204</td></tr>
</table>

1. 1단위는 50분을 기준으로 하여 17회를 이수하는 수업량이다.
2. 1시간의 수업은 50분을 원칙으로 하되, 기후 및 계절, 학생의 발달 정도, 학습내용의 성격, 학교 실정 등을 고려하여 탄력적으로 편성·운영할 수 있다.
3. 공통 과목은 2단위 범위 내에서 감하여 편성·운영할 수 있다. 단, 한국사는 6단위 이상 이수하되 2개 학기 이상 편성하도록 한다.
4. 필수 이수 단위의 단위 수는 해당 교과(군)의 '최소 이수 단위'를 의미한다.
5. 창의적 체험활동의 단위는 최소 이수 단위이며, ( ) 안의 숫자는 이수 단위를 이수 시간 수로 환산한 것이다.
6. 총 이수 단위 수는 고등학교 3년간 이수해야 할 '최소 이수 단위'를 의미한다.

5. 2022 개정 교육과정

1) 이념 및 기본 방향

2022 개정 교육과정은 디지털 전환, 기후환경 변화 및 학령인구 감소 등에 대응하여 미래 사회에 필요한 역량을 함양하고 학습자 맞춤형 교육을 강화할 수 있도록 미래 교육 비전의 정립과 수업 및 평가 개선을 포함하는 교육과정 체제 전환의 필요성에 의해 시작되었다.

2022 개정 교육과정의 총론 주요 시안에는 개정의 배경을 다음과 같이 기술하고 있다.

> 교육환경 변화에 적극적으로 대응하기 위해 국가 · 사회적 요구를 반영하여 미래사회가 요구하는 포용성과 창의성을 갖춘 주도적인 사람으로 성장할 수 있도록 초 · 중등학교 교육과정 개선하는 것이다.

〈표 5-13〉 2022 개정 교육과정 개발 일정

- 「고교교육혁신 방향을 통한 고교학점제」 추진 단계 발표('18. 8. 17.)

학점제 도입기반 마련 ('18~21년)	➔	학점제 제도 부분 도입 ('22~224년)	➔	학점제 본격 시행 ('25년~)

- 「포용과 성장의 고교교육 구현을 위한 고교학점제 종합추진계획」발표('21. 2. 17.)
- 대통령 업무 보고 시, 2022 개정 교육과정의 주요 방향 보고('21. 1. 20.)
- 「국민과 함께하는 미래형 교육과정」 개정 착수 발표('21. 4. 20.)

비전	포용성과 창의성을 갖춘 주도적인 사람
개정 중점	• 미래 사회가 요구하는 역량 함양이 가능한 교육과정 • 학습자의 삶과 성장을 지원하는 교육과정 • 지역 · 학교 교육과정 자율성 확대 및 책임교육 구현 • 디지털 · AI 교육환경에 맞는 교수 · 학습 및 평가체제 구축
추진 과제	**미래 대응을 위한 교육과정** • 인간상 등 교육방향 제시 • 공동체 가치 및 역량 강화 • 디지털 기초소양 강화 • 모두를 위한 교육 강화 **학교 현장의 자율적인 혁신 지원** • 학교 교육과정 자율성 확대 • 초 · 중학교 교육과정 운영의 유연성 제고 • 창의적 체험활동 및 범교과 학습 주제 개선 **학습자 맞춤형 교육 강화** • 초 · 중등학교의 학교급간 진로연계 교육 강화 • 고교학점제 안착 • 직업계고 교육과정 개선 **교육환경 변화 대응 지원** • 역량 함양 교과 교육과정 개발 • 디지털 기반 교수학습 혁신 • 교육과정 지원체제 구축
추진 체계	국민과 함께하는 교육과정 개정

[그림 5-2] 비전 및 주요 추진 과제

출처: 교육부(2021).

2022 개정 교육과정에서 제시하고 있는 교육과정의 주요 내용은 다음과 같다.

첫째, 2022 개정 교육과정의 기본 성격과 추구하는 인간상은 2015 개정 교육과정의 인간상, 핵심역량, 교육목표의 큰 틀을 바탕으로, 미래사회가 요구하는 소양 및 역량을 반영하여 개선하고자 하였다. 또한, 우리 교육이 지향해야 할 가치와 교과교육 방향과 성격에 대한 개념적 틀에 기초하여 핵심역량을 체계화하여 자기관리, 지식정보처리, 창의적 사고, 심미적 감성, 협력적 소통, 공동체 역량 등의 여섯 가지를 명시하고 있다.

추구하는 인간상		핵심역량과 교육목표
• **핵심 가치** – 자기 주도성, 창의와 혁신, 포용성과 시민성 중심으로 현행 교육과정의 인간상을 재구조화하여 제시	+	• **인간상과 핵심역량을 연계하여 교육목표 개선** – 시민성, 개인과 사회의 지속가능성 및 생태 감수성 등 반영 검토

[그림 5-3] 인간상, 핵심역량, 교육목표

			인간상 설정 시 고려사항
미래 전망	4차 산업혁명 도래, 인구 급감, 학습자 성향 변화, 기후환경 변화 등 불확실성 심화	➔	☞ **자기 주도성** (주체성, 책임감, 적극적 태도) ☞ **창의와 혁신** (문제해결, 융합적 사고, 도전) ☞ **포용성과 시민성** (배려, 소통, 협력, 공감, 공동체 의식)
국민 의견	개인과 사회 공동의 행복 추구 자기 정체성을 바탕으로 한 자기 주도적 학습, 책임 있는 시민으로 성장 ※국가교육회의 설문조사('21. 5. 17. ~ 6. 17.)		
글로벌 동향	학생 행위 주체성(student agency) 변혁적 역량, 세계 시민 역량 등 강조		

[그림 5-4] 2022 개정 교육과정의 지향점

언어, 수리, 디지털 소양 등을 기초소양으로 강조하고, 학습자가 스스로 자신의 학업과 진로를 설계할 수 있도록 자기 주도성을 강화하며, 인간과 환경의 공존, 지속가능한 사회를 위한 생태전환교육 및 시민성 함양을 위한 민주시민교육 등 공동체 가치 교육을 강화한다. 기후환경변화 등에 대응하는 생태환경 교육을 교육목표와 전(全) 교과의 내용요소에 반영한다.

디지털 기초 소양을 함양할 수 있도록 학교급별 발달 단계에 따라 내용 기준을 개발하고, 모든 교과에 디지털 소양을 강화한다. 또한, 디지털 혁신 기술의 기초·심화 원리 학습을 위해 학교별 자율적인 정보 교과목 편제와 교육과정 편성 기준을 마련할 수 있도록 지원한다.

다양한 특성을 가진 학생이 차별받지 않도록 지원하고, 지역·학교 간 교육 격차를 완화할 수 있는 지원 체제를 마련할 예정이다. 학교급을 연계하여 특색 있는 교육과정을 운영할 수 있도록 소규모학교 및 초·중등 통합운영학교 지원 체제를 마련하고, 직업계 고등학교 현장 실습 및 교육과정 편성·운영 시 직업 생활의 공통 기본소양으로 노동인권 및 안전의 중요성을 강화한다. 특수교육 교육과정은 기본 교육과정의 성격을 확립하고 장애 특성과 정도 등을 고려하여 교과 이외의 '일상생활 활동'을 신설한다. 또한, 일반학교 특수교육 대상학생의 통합교육을 강화하기 위해 초·중등학교 교육과정 총론에 통합교육 기준 및 지원 방향 등을 제시한다.

둘째, 학교현장의 자율적인 혁신을 지원·촉진하기 위해 초·중학교에서 학교 자율시간을 활용할 수 있도록 교육과정 총론에 근거를 마련하고, 다양한 선택과목을 개발·운영할 수 있도록 학교급별 교육과정 편성·운영 지침을 개선한다. 시도교육(지원)청과의 협조지원체제를 구축하여 다양한 학교 자율시간 활용 모형을 안내하고 교원 역량 강화 등 현장의 자율적 혁신을 지원한다.

초·중학교의 교육과정 운영의 유연성을 제고한다. 초등학교는 1학년 입학초기 적응활동과 창의적 체험활동의 중복을 개선하고, 국어시간을 활용하여 한글 해득 교육을 강화한다. 초등학교 1~2학년 '즐거운 생활' 교과를 재구조화하여 학생들의 발달단계에 맞는 실외 놀이 및 신체활동 내용을 강화한다. 중학교는 자유학기를 개선하여 자유학기(1학년)와 진로연계학기(3학년 2학기)로 운영하고, 편성 영역 및 운영 시수를 적정화한다. 또한, 학교스포츠클럽 활동의 의무 편성 시간을 적정화하여 학교 교육과정 편성·운영의 어려움을 해소하고 근본 취지를 되살린다.

학생의 자기 주도성과 선택을 확대하고 학생의 자발적 참여와 실천을 위해 창의적 체험활동 영역을 재구조화하고 자치활동을 강화한다. 범교과 학습 주제는 그간 제기되어 온 학교 교육과정 편성·운영의 어려움을 해소하기 위해 관련 주제를 교과와 연계하여 반영하고 중·장기적으로 의무적 부과 시수를 조정하는 법령 정비 등을 추진한다.

셋째, 교육과정 혁신을 통한 학습자 맞춤형 교육 강화를 위해 상급학교로 진학하기 전(초6, 중3, 고3) 2학기 중 일부 기간을 활용하여 학교급별 연계 및 정서 지원, 진로 교육 등을 강화하기 위해 진로연계학기를 도입한다. 다음 학년 학습에 필요한 교과별 학습 경로, 학습법, 진로 및 이수 경로 등으로 교과 내 단원을 구성하고, 진로 탐색·설계활동으로 운영한다.

고교학점제 기반 고등학교 맞춤형 교육과정을 구현한다. 고등학교의 수업·학사 운영이 '학점' 기준으로 전환됨에 따라, 1학점의 수업량을 17회(16+1회)에서 16회로 적정화하고, 과목별 기본이수학점(5단위→4학점) 및 증감 범위를 조정하여 다양한 선택과목 개설 및 교육과정 편성의 유연성을 확보한다. 필수이수학점을 조정(94단위→84학점)하고 자율이수학점 범위를 확대(86단위→90학점)하여 학생의 진로와 적성에 맞게 과목을 선택할 수 있도록 한다. 또한, 고교 단계 공통소양 함양을 위한 공통과목 유지 및 다양한 탐구·융합 중심의 선택과목을 실질적으로 선택할 수 있도록 일반 선택과목 적정화하고, 창의력 및 비판적 사고 함양 등의 역량함양을 위해 실생활 체험 및 응용을 위한 융합 선택과목 신설한다. 다양한 진로관련 및 심화 학습으로 현행의 진로 선택과목을 재구조화하고, 특수목적고에서 개설되었던 전문교과Ⅰ은 일반고 학생들도 선택할 수 있도록 보통교과로 통합한다. 지역 연계 공동교육과정 운영 및 학교 밖 교육 학점 인정 등을 통해 학생의 흥미와 적성을 고려한 다양한 학습기회를 확대한다.

〈표 5-14〉 고등학교 학사 운영 체제의 변화

구분	현행 (단계적 이행)			2022 개정
	'21~'22	'23~'24		'25~
수업량 기준	단위	학점		학점
1학점 수업량	50분 17(16+1)회	50분 17(16+1)회	➔	50분 16회*
총 이수학점	204단위	192학점		192학점
교과 · 창의적 체험활동 비중	교과 180 창의적 체험활동 24	교과 174 창의적 체험활동 18		교과 174 창의적 체험활동 18

직업계 고등학교는 신산업기술의 생성 및 기술 고도화에 대비하여 전문교과를 재구조화하고 학생 희망에 따라 세부전공, 부전공, 타 전공과목을 이수할 수 있도록 선택 자율이수 학점을 확대한다. 학교에서 직업 세계로의 이행에 필요한 직업 생활의 공통 기본소양 함양을 위해 전문공통과목을 세분화하고, 학생의 디지털 소양 함양을 위한 전문교과 교육과정을 개선한다.

넷째, 교육환경 변화에 적합한 교과 교육과정 개발 및 지원을 위해 깊이 있는 학습, 교과 간 연계와 통합, 삶과 연계한 학습, 학습과정에 대한 성찰을 중심으로 역량 함양 교과 교육과정을 개발한다. 학습 내용을 적정화하고, 교과 내 영역 간 내용 연계성을 강화하고 학생의 삶과 연계한 실생활 맥락 속에서 깊이 있는 학습을 지원한다. 또한, 국가교육과정 각론조정위원회를 구성·운영하여 총론과 교과 간 연계 강화, 학습량 적정화 및 중복내용 해소, 교과서 개발에 대한 공통지침 제시 등 교과별 연구를 조정하는 역할을 한다. 총론과 교과연구 간의 소통 및 연계 강화를 위해 각론 조정연구 추진 및 합동워크숍, 전문가 협의회 등을 운영할 계획이다. 시안 개발 연구 과정에 현장 교원의 참여를 50% 이상 확보하여 보다 현장 적합성 높은 교과 교육과정을 개발한다.

디지털 기반 교수·학습 혁신 및 교육과정 지원 체제를 구축한다. 원격수업 등 교실 수업 개방성 증대와 디지털 기반(인프라)를 활용한 다양한 교육방식의 현장 안착을 위해 교육과정 개선과 지원을 강화한다. 또한, 온·오프라인 각각의 특성을 최적화한 교육과정 편성·운영이 가능하도록 총론과 교과교육과정에 근거를 마련하고 교육기술(에듀테크)을 활용한 다양한 방식의 교수·학습 및 평가 체제 구축한다.

비판적 사고력, 창의력 등 미래 역량 함양을 지원하는 평가, 과정 중심 평가 등을 강화하는 방향으로 개선한다.

〈표 5-15〉 초등학교 시간 배당 기준(안)

구 분		1 ~ 2학년	3 ~ 4학년	5 ~ 6학년
교과(군)	국어	국어 482	408	408
	사회/도덕		272	272
	수학	수학 256	272	272
	과학/실과	바른 생활 144	204	340
	체육	슬기로운 생활 224	204	204
	예술(음악/미술)	즐거운 생활 400	272	272
	영어		136	204
창의적 체험활동		238	204	204
학년(군)별 총 수업 시간 수		**1,744**	**1,972**	**2,176**

〈표 5-16〉 중학교 시간 배당 기준(안)

구 분		1 ~ 3학년
교과(군)	국어	442
	사회(역사 포함)/도덕	510
	수학	374
	과학/기술 · 가정/정보	680
	체육	272
	예술(음악/미술)	272
	영어	340
	선택	170
창의적 체험활동		306
총 수업 시간 수		**3,366**

※ 정보 과목은 34시간을 기준으로 하되, 학교 및 학생의 필요에 따라 학교 자율 시간을 확보하여 68시간 이상 편성·운영할 수 있다.

〈표 5-17〉 고등학교 시간 배당 기준(안)

가. 일반 고등학교(자율 고등학교 포함)와 특수 목적 고등학교(산업수요 맞춤형 고등학교 제외)

현행			
교과 영역	교과(군)	공통과목(단위)	필수이수 단위
기초	국어	국어(8)	10
	수학	수학(8)	10
	영어	영어(8)	10
	한국사	한국사(6)	6
탐구	사회 (역사/도덕 포함)	통합사회(8)	10
	과학	통합과학(8) 과학 탐구실험(2)	12
체육 예술	체육		10
	예술(음악/ 미술)		10
생활 교양	기술·가정/ 제2외국어/ 한문/교양		16
소계			94
자율편성 단위			86
창의적 체험활동			24(408시간)
총 이수 단위			204

개선안		
교과(군)	공통과목(학점)	필수이수학점
국어	공통국어(8)	8
수학	공통수학(8)	8
영어	공통영어(8)	8
사회 (역사/도덕 포함)	한국사(6)	6
	통합사회(8)	8
과학	통합과학(8) 과학탐구실험(2)	10
체육		10
예술(음악/ 미술)		10
기술·가정/정 보/제2외국어/ 한문/교양		16
소계		84
자율이수 학점		90
창의적 체험 활동		18(288시간)
총 이수학점		192

※ 학기 단위로 과목 편성하되, 기본이수학점은 4학점으로 운영. 단, 과학탐구실험은 2학점으로 운영

나. 특성화 고등학교와 산업수요 맞춤형 고등학교

현행

	교과 영역	교과(군)	공통과목 (단위)	필수이수 단위
보통 교과	기초	국어	국어(8)	24
		수학	수학(8)	
		영어	영어(8)	
		한국사	한국사(6)	6
	탐구	사회(역사/ 도덕 포함)	통합사회(8)	12
		과학	통합과학(8)	
	체육 예술	체육		8
		예술(음악/ 미술)		6
	생활 교양	기술 · 가정/ 제2외국어/ 한문/교양		10
	소계			66
전문교과Ⅱ	17개 교과(군) 등			86
	자율편성 단위			28
	창의적 체험활동			24(408시간)
	총 이수 단위			204

개선안

	교과(군)	공통과목 (학점)	필수이수 학점
보통 교과	국어	공통국어(8)	24
	수학	공통수학(8)	
	영어	공통영어(8)	
	사회(역사/ 도덕 포함)	한국사(6)	6
		통합사회(8)	12
	과학	통합과학(8)	
	체육		8
	예술(음악/ 미술)		6
	기술 · 가정/정보/제2외국어/ 한문/교양		8
소계			64
전문교과			80
자율이수학점			30
창의적 체험활동			18(288시간)
총 이수학점			192

※ 학기 단위로 과목 편성하되, 기본이수학점은 4학점으로 운영

〈표 5-18〉 고등학교 교과목 구성(안)

가. 보통 교과

교과(군)	공통과목	선택과목		
		일반 선택	진로 선택	융합 선택
국어	공통국어 1, 2	화법과 언어, 독서와 작문 문학	주제 탐구 독서 문학과 영상, 직무 의사소통	독서 토론과 글쓰기 매체 의사소통, 언어생활 탐구
수학	공통수학 1, 2 (기본수학 1, 2)	대수 미적분 Ⅰ, 확률과 통계	미적분 Ⅱ, 기하, 경제 수학 인공지능 수학, 직무 수학	수학과 문화, 실용 통계 수학과제 탐구
영어	공통영어 1, 2 (기본영어 1, 2)	영어 Ⅰ, 영어 Ⅱ 영어 독해와 작문	영미 문학 읽기, 영어 발표와 토론 직무영어	실생활 영어 회화, 미디어 영어, 세계 문화와 영어
			심화 영어, 심화 영어 독해와 작문	
사회(역사/도덕포함)	한국사 1, 2	세계시민과 지리 세계사 사회와 문화 현새사회와 윤리	한국지리 탐구, 도시의 미래 탐구 동아시아사 주제 탐구 정치, 경제, 법과 사회 윤리와 사상, 인문학과 윤리	여행지리 역사로 탐구하는 현대 세계 사회문제 탐구, 금융과 경제생활 윤리문제 탐구
	통합사회 1, 2		국제 관계의 이해	기후 변화와 지속가능한 세계
과학	통합과학 1, 2 과학탐구실험	물리학, 화학 지구과학, 생명과학	역학과 에너지 세포와 물질대사 전자기와 빛 생물의 유전 물질과 에너지 지구시스템과학 화학반응의 세계 행성우주과학	과학의 역사와 문화 기후 변화와 환경생태 융합과학 탐구
체육		체육 Ⅰ, 운동과 건강 Ⅰ	체육 Ⅱ, 운동과 건강 Ⅱ (미니) 체육 탐구	스포츠 생활 (미니) 스포츠 활동과 분석
예술(음악/미술)		음악, 미술, 연극	음악 연주와 창작, 음악 감상과 비평, 미술 창작, 미술 감상과 비평	음악과 미디어 미술과 매체
기술·가정/정보		기술 · 정보	로봇과 공학세계 가족과 가정생활	창의 공학 설계, 지식 재산 일반생애 설계와 자립 (미니)아동발달과 부모
		정보	인공지능 기초, 데이터 과학	소프트웨어와 생활
제2외국어/한문		독일어 일본어 프랑스어 러시아어 스페인어 아랍어 중국어 베트남어	독일어 회화, 프랑스어 회화, 스페인어 회화, 중국어 회화, 일본어 회화, 러시아어 회화, 아랍어 회화, 베트남어 회화	
			심화 독일어, 심화 프랑스어, 심화 스페인어, 심화 중국어, 심화 일본어, 심화 러시아어, 심화 아랍어, 심화 베트남어	독일어권 문화, 프랑스어권 문화, 스페인어권 문화, 중국 문화, 일본 문화, 러시아 문화, 아랍 문화, 베트남 문화
		한문	심화 한문	언어생활과 한자
교양		진로와 직업, 생태와 환경	인간과 철학, 삶과 종교 논리와 사고, 인간과 심리 교육의 이해, 보건	인간과 경제활동 논술

※ 음영이 있는 과목은 2015 개정 교육과정 전문교과Ⅰ의 외국어계열과 국제계열 과목을 보통교과로 재구조화한 과목임

나. 특수 목적 고등학교 진로 및 융합 선택과목

<table>
<tr><th rowspan="2">계열</th><th rowspan="2">교과
(군)</th><th colspan="2">선택과목</th></tr>
<tr><th>진로 선택</th><th>융합 선택</th></tr>
<tr><td rowspan="3">과학
계열</td><td>수학</td><td>전문 수학 이산 수학 고급 기하 고급 대수 고급 미적분</td><td></td></tr>
<tr><td>과학</td><td>고급 물리학 고급 화학 고급 생명과학 고급 지구과학
과학과제 연구</td><td>물리학실험
생명과학 실험
화학 실험
지구과학 실험</td></tr>
<tr><td>정보</td><td>정보과학</td><td></td></tr>
<tr><td>체육
계열</td><td>체육</td><td>스포츠 개론 육상운동 체조 운동 수상 운동
기초 체육 전공 실기 심화 체육 전공 실기 고급 체육 전공 실기 스포츠 경기 체력
스포츠 경기 기술 스포츠 경기 분석</td><td>스포츠 트레이닝 기초
스포츠 의학 기초

스포츠 마케팅 기초</td></tr>
<tr><td>예술
계열</td><td>예술</td><td>음악 이론 음악사 시창.청음 음악 전공 실기
합창 · 연주론 음악 공연 실습
미술 이론 드로잉 미술사 미술 전공 실기
조형 탐구
무용의 이해 무용과 몸 무용 기초 실기무용 전공 실기
안무 무용 제작 실습 무용 감상과 비평
문예 창작의 이해 문장론 문학 감상과 비평 시 창작
소설 창작 극 창작
연극과 몸 연극과 말 연기 무대 미술과 기술
연극 제작 실습 연극 감상과 비평 영화의 이해
촬영 · 조명
편집 · 사운드 영화 제작 실습 영화 감상과 비평
사진의 이해 사진 촬영 사진 표현 기법영상 제작의 이해
사진 감상과 비평</td><td>음악과 문화

미술 매체 탐구
미술과 사회
무용과 매체

문학과 매체

연극과 삶
영화와 삶

사진과 삶
</td></tr>
</table>

다. 전문 교과(특성화고 및 산업 수요 맞춤형고 '전문 교과'): NCS 기반 직업 교육과정에 따름

6. 4차 산업혁명 시대의 교육과정

1) 4차 산업혁명 시대의 인재상

4차 산업혁명(Fourth Industrial Revolution)은 정보통신기술(ICT)의 융합으로 이루어낸 혁명의 시대로 교육과 교육과정에서도 새로운 변화를 요구하고 있다. 미래사회에서 요구되는 인재는 수많은 지식과 정보를 단순히 암기하고 있는 사람이 아니라 새로운 상황에서 적응을 잘하고, 창의적으로 사고하고 생산하며, 다양한 분야의 사람들과 협업할 수 있는 바람직한 '역량'을 갖춘 인재이다.

역량(competency)이란 이를 요구하는 장면에서 실제로 기대하는 바의 실천을 보여줄 수 있는 능력을 말한다. 역량에 대한 논의는 경제협력개발기구 OECD DeSeCo(Definition and Selection of Key Competences) 프로젝트(1997~2003)에서 논의되기 시작했다. 'DeSeCo'는 미래사회에서 개인이 반드시 갖추어야 할 3대 핵심 역량 범주를 제안한 바 있다.

이러한 역량에는 '도구의 지적 활용', '사회적 상호작용', '자율적 행동' 등이 포함된다. 그리고 OECD PISA(Program for International Student Assessment)에서 지식평가가 아니라, 역량평가가 도입되면서 교육계에서 역량에 대한 관심이 고조되었고, 최근에는 캐나다, 호주, 싱가포르 등 세계 거의 모든 나라들에서 학교 교육과정을 역량 기반으로 개발하는 추세를 보이고 있다. 우리나라에서도 제4차 산업혁명 및 미래인재개발을 위한 인간상을 실현하기 위해 2015 교육과정이 추구하는 인간상을 다음과 같이 6가지를 제시하고 있다.

- 자기관리 역량: 자아정체성과 자신감을 가지고 자신의 삶과 진로에 필요한 기초 능력과 자질을 갖추어 자기 주도적으로 살아갈 수 있는 능력
- 지식정보처리 역량: 문제를 합리적으로 해결하기 위하여 다양한 영역의 지식과 정보를 처리하고 활용할 수 있는 능력
- 창의적 사고 역량: 폭넓은 기초 지식을 바탕으로 전문 분야의 지식, 기술, 경

험을 융합적으로 활용하여 새로운 것을 창출하는 능력

- 심미적 감성 역량: 인간에 대한 공감적 이해와 문화적 감수성을 바탕으로 삶의 의미와 가치를 발견하고 향유하는 능력
- 의사소통 역량: 다양한 상황에서 자신의 생각과 감정을 효과적으로 표현하고 다른 사람의 의견을 경청하며 존중하는 의사소통 능력
- 공동체 역량: 지역·국가·세계 공동체의 구성원에게 요구되는 가치와 태도를 가지고 공동체 발전에 적극적으로 참여하는 능력

2) 4차 산업혁명 시대의 교육과정

4차 산업혁명의 핵심 키워드라고 할 수 있는 '인공지능'과 '디지털 학습'은 교육과정의 변화도 가져오고 있다. 4차 산업혁명 시대에서는 단순히 지식을 서술하는 수준에 머무르지 않고 지식의 발생과 과정, 결과를 통합적으로 이해할 수 있는 절차적 지식이 요구된다. 이와 같은 관점에서 학생들이 학습의 내용을 수동적으로 소비하기보다는 직접 만들고 창작하는 학습을 중점으로 하는 크리에이터(creator) 양성 교육이 강조되고 있다. 즉, 고정적인 지식을 수동적으로 입력하는 것이 아닌 새로운 지식을 창출하는 미래 사회의 학습자를 위한 교육의 형태라고 할 수 있다. 이와 같은 학습 내용과 더불어 미래의 인재가 될 학습자들은 수학과 과학 영역에서 컴퓨팅 사고력(computational thinking)을 키울 수 있어야 한다. 컴퓨팅 사고력이란 주어진 문제를 명확히 파악하고 해결책을 찾아가는 정신적인 사고과정을 의미한다.

4차 산업혁명 시대의 학습이 학습자가 주도적으로 문제를 해결해 나가는 과정이 핵심 요소임을 고려할 때, 컴퓨팅 시스템에 적절한 프로그래밍 언어를 선택하고 결정하는 코딩 학습은 효율적인 교육방법으로 기대할 수 있다. 이와 같은 변화에 대처하기 위하여 교육부는 2018년부터 초등학교에서 코딩교육을 의무화할 것이며 점차적으로 중·고등학생들에게도 코딩교육을 적용할 것이라고 발표하였다. 이와 같은 시도는 다가오는 미래 사회를 대비하기 위한 맞춤형 교육의 예라고 할 수 있다.

4차 산업혁명 시대의 교육은 개별적인 교과가 분리되어 학습되기보다는 융합학문이라는 이름으로 통합적으로 접근하는 모습으로 나타나고 있다. 이와 같은 현상은 자동화와 연결성으로 설명되는 4차 산업혁명의 기조와도 일치한다. 대표적인 융합학문의 예는 바로 STEAM이다. STEAM은 과학(Science), 기술(Technology), 공학(Engineering), 예술(Arts), 수학(Mathematics) 분야의 융합 지식을 토대로 학습자의 총체적인 역량을 증진하는 것을 목적으로 한다. 개별 학문의 경계를 허물고 학습의 주제를 중심으로 교육하는 융합 교육의 표본이라고 할 수 있다. 융합학문을 추구하기 위해서는 통합 교과를 활용할 수 있는 교육과정을 비롯한 교사 간 협업이 수반되어야 할 것이다.

4차 산업혁명 시대에서는 유비쿼터스(ubiquitous), 빅데이터(big data), 클라우드(cloud), 웹 플랫폼(web platform)을 활용한 교육방법이 상용화될 것이다. 학습자의 인지적 요소를 비롯한 동기 진단을 토대로 한 지능형 학습체제에 주목할 필요가 있다. 지능형 학습체제 역시 여러 학문의 융합기술을 기초로 하며, 학습자는 지능형 학습체제(ITS)를 활용하여 자신의 컴퓨터에서 개별화된 학습이 가능하다. 또한 개별화된 학습뿐만 아니라 학습과 교수자, 학습자와 학습자 간 상호작용이 가능하다.

교육방법이 변화함에 따라 교사의 역할도 변화하고 있다. 교사는 학습의 설계자이자 조력자로서 다양한 교수학습 매체를 능숙하게 다룰 수 있어야 한다. 뿐만 아니라 교사는 학습 현장에서 학습 내용에 테크놀로지를 접목하고 창의적으로 활용할 수 있어야 한다. 예를 들면, 플립 러닝(Flipped Learning)을 활성화하기 위하여 디지털 매체에 수업자료를 제시하는 과정에서 학습자의 흥미를 유발할 수 있는 기술적인 능력이 동반되어야 한다.

교육과정의 개발과 운영

CHAPTER 6

1. 교육과정 개발

1) 교육과정 개발의 정의

교육과정의 개발과 유사한 용어로는 교육과정 설계, 교육과정 계획, 교육과정 입안 등이 있는데, 이들은 모두 약간의 차이는 있지만 거의 유사한 의미로 사용되고 있다.

교육과정 개발(curriculum development)은 학습자들에게 무엇을, 어떻게 가르치고, 평가할 것인가에 관한 전반적인 의사결정 과정을 의미한다. 좀 더 구체적으로 말하면, 누가 교육과정 구성에 참여하게 될 것이며, 교육과정 구성에 어떤 절차가 사용될 것이며, 어떠한 절차를 따를 것이고, 교육과정의 의미와 성격 및 방향을 어떻게 설정하며, 일반적인 교육목표를 무엇으로 설정하고, 이에 따른 교육내용의 선정과 조직을 어떻게 할 것인가, 그리고 교육과정 운영과 평가를 어떠한 원칙과 방침에 따라 진행할 것인가 등을 결정하는 과정을 의미한다.

즉 교육과정 개발은 교육활동에 대한 계획을 구체화해 나감으로써 교육과정을 실체화하는 것을 의미하는데, 여기에는 교육목적과 교육내용의 체계, 이를 효과적으로 전달하기 위한 교육방법, 교육평가, 교육운영 등에 관한 종합적인 계획이 담긴 문서를 작성하는 일이 포함된다. 그러나 교육과정을 어떤 방식으로 생각하느냐에 따라서 특정한 교과의 목록이 담긴 문서, 학습경험의 계획에 관한 문서, 의도된 학습성과의 목록을 적은 문서를 만드는 활동 등도 교육과정 개발 활동으로 간주된다.

교육과정 개발은 사회적 맥락과 지배적인 이론 및 모형에 기초하고, 교육에 대한 변화와 혁신에 대한 요구를 고려하여 준비, 계획, 설계된다. 이렇게 개발된 교육과정은 학교현장에서 채택되어 시행된 후 일정기간 유지되지만, 또 새로운 변화와 혁신의 압력에 직면하게 되면 이러한 절차를 반복하게 된다. 이러한 계속적인 순환적 과정이 교육과정 개발 활동과정을 의미하는 것이다.

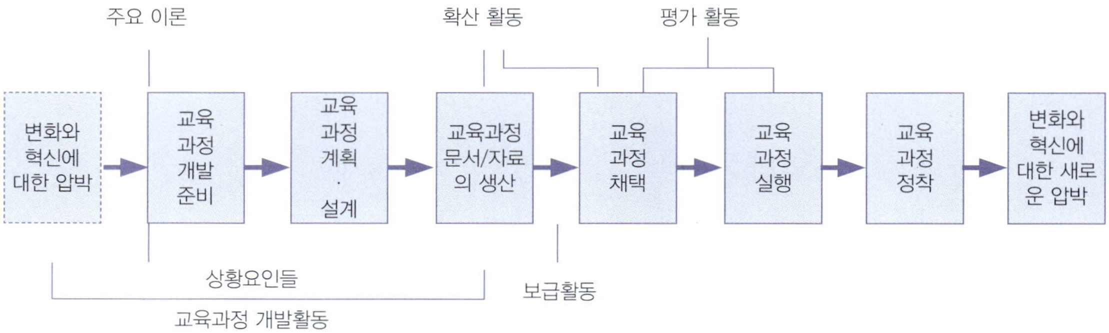

[그림 6-1] 교육과정 개발활동의 위상

출처: Marsh & Willis(1999).

교육과정 개발의 의미에 기초하여 교육과정 개발의 기본적인 고려사항을 제시하면 다음과 같다(이성호, 1984).

첫째, 교육과정 개발은 교육을 기본 책무로 삼는 기관이 그 기관 나름대로의 특성 있는 자아실현을 이룩해 나가는 과정이다. 이를테면 모든 학교가 제각기 나름대로의 목적을 성취하기 위하여 개별적인 독특성을 교육과정에서 확보하고 신장시켜 나가는 것이다.

둘째, 교육과정 개발은 교육과정의 계획·시행·평가에 관련되는 모든 요소를 체계적으로 분석하고 통합·수렴하는 종합적인 과정이다. 대부분의 교육과정 개발은 전반적이고 종합적이라기보다는 대체로 특수적이고 부분적인 경우가 많다. 단순히 문제가 발생할 때마다 사후 처방적인 방식이 아니라 전체라는 테두리 안에서 부분 상호 간의 유기적인 관련성을 고려하는 교육과정 개발이 이루어져야 한다.

셋째, 교육과정 개발은 현재 우리가 당면하고 있는 교육에 대한 부단한 물음들의 해답을 추구하며 미래의 더 나은 교육을 위한 점진적인 개혁과정이다. 교육과정 개발은 미래의 학교가, 미래의 교육이 어떠한 것이 되어야 하고, 그러기 위해서는 무엇을 해야 하고 가르쳐야 하는가에 대한 아이디어를 끊임없이 창출해내는 선도적 기능을 수행하여야 하는 것이다.

넷째, 교육과정 개발은 개발 작업과정에 참여하는 많은 사람 간의 협동적인 합의에 바탕을 둔 집단 의사결정과정이다. 교육과정은 이제 소수 몇 사람의 편협한 이념과 철학에만 의존할 수가 없다. 그것만으로는 다양화·다원화되어 가고 있는 교육 이해관계자들의 요구를 충족시키기 어렵기 때문이다. 교육과정 개발은 교육과정 전문가, 교사, 학생, 학부모, 정치인, 교장, 정부, 교육위원회, 일반시민 등 여러 분야의 전문가와 이해관계자들의 협동적인 의사결정을 필요로 한다.

다섯째, 교육과정 개발은 그 일에 참여하는 모든 사람의 부단한 자아혁신적 개발 노력과 그 교육기관 조직의 개발을 위한 노력을 통해서 성취될 수 있는 참여적 발전과정이다. 즉, 교육과정 개발은 그것을 계획, 시행, 평가하는 모든 사람의 변화와 발전을 전제로 이루어지는 것이다. 개개인의 자발적 변화는 곧 자발적인 참여와 책무의식을 기대할 수 있게 하며 그것은 교육과정을 통해 우리가 계획하는 교육개혁과 발전의 파급을 가져오는 원동력이 된다.

2) 교육과정 개발의 수준

교육과정 개발 활동수준은 그 나라의 교육과정 결정체제에 따라 달라진다. 중앙집권적인 접근은 교육과정의 결정권한이 중앙에 몰려 있거나 일부 소수의 인사에게 집중되어 있는 것으로 이러한 체제를 채택하고 있는 나라는 프랑스, 스웨덴, 태국, 아랍권 국가, 사회주의 국가 등이다. 분산적인 접근은 교육과정의 결정권한이 폭넓게 분산되어 있는데 분산체제를 채택하고 있는 나라는 미국, 영국, 독일, 캐나다, 호주 등이다. 일본과 우리나라는 중앙정부가 교육과정의 기본계획을 정해주고 구체적인 세부사항은 지역이나 학교에서 마련하는 절충적 체제를 채택하고 있다(권낙원 외, 2016).

(1) 국가 수준 교육과정 개발

① 국가 수준 교육과정 개발의 개념

국가 수준 교육과정 개발(Centrally-based Curriculum Development)이란 국가 수준에서 무엇을 어떻게 가르치고 평가해야 하는가를 결정하는 교육과정 의사결정 방식이다. 우리나라는 국가에서 교육과정을 연구·개발하여 시·도 교육청 및 단위학교에 보급하고, 이를 해당 시·도 및 학교에서 지역특성과 학교여건을 고려하여 조정·보완하여 실행하도록 하고 있다.

이러한 국가 수준의 교육과정은 전국의 모든 학교에서 편성·운영해야 할 교육과정의 목표, 내용, 방법, 평가, 운영 등에 관한 공통적이며 일반적인 기준으로서의 특성을 지닌다. 그러나 각 지역의 특수성과 각 학교의 다양한 교육적 요구와 여건을 모두 고려하기는 사실상 어려운 일이며 너무 구체적이거나 상세하게 규정되면 지역의 자율성을 해치게 된다. 그럼에도 불구하고 중앙정부에서 국가 수준의 교육과정을 제시하고 있는 주된 근거는 다음과 같다(권낙원 외, 2008).

첫째, 초·중등의 학교교육은 보통교육이기 때문에 국민으로서 필요한 공통적이고 일반적인 기준이 국가 수준에서 설정되어야 한다. 특히, 국민으로서의 기본적인 자질과 생활태도를 기르는 것을 목적으로 하는 초·중등의 학교교육이 자유방임적이고 무궤도적인 운영이 되지 않도록 하기 위해서는 국가가 교육적인 측면에서 일정한 표준을 설정해야 하는 책임이 따르게 된다. 따라서 현재 대부분의 국가가 국가 수준 혹은 주정부 수준에서 국민들의 위임을 받아 교육내용에 관한 기준 설정권을 가지고 있다.

둘째, 전국의 어느 학교에서나 같은 수준과 질의 교육혜택을 받을 수 있도록 교육의 질적 기회를 균등하게 보장하기 위해서 전국 공통의 기준이 필요하다. 모든 국민은 어느 지역, 학교, 교원 및 교육환경에서도 동일한 질과 수준의 보통교육을 보장받을 수 있을 때에 교육의 기회균등은 실현될 수 있다. 이를 위해서는 당연히 학생의 발달단계에 적합하고, 타당한 교육내용의 전국적인 공통기준이 국가 수준에서 설정되어야 한다는 것이다.

셋째, 단계별 교육은 교육내용의 영역, 범위, 수준, 학습량 등에 있어서 계통성과 일관성을 필요로 하기 때문에 교육내용의 학년 또는 단계적인 체계 및 일관성을 유지하기 위해서 국가 수준의 기준이 필요하다. 어느 나라든지 일정한 학제를 가지고 있어 학교교육은 단계적으로 이루어진다. 단계별 학교교육은 그 교육내용의 영역, 수준, 범위, 학습량 등의 계통성, 일관성을 필요로 한다. 학제의 전체적인 구조 속에서 교육내용의 학교 급별 체계 및 일관성을 유지하기 위해서는 역시 일정한 교육내용의 국가적인 기준을 요구하게 되는 것이다. 이에 대한 혼란이 생기면 각 단계별 학교교육 간의 연계와 교육이수 및 학습에 장애가 생기고, 위계적이고 계열적인 교육이 불가능해지기 때문이다.

넷째, 각 학교에서 이루어지는 교육이 공교육의 입장에서 객관적으로 질 관리가 되도록 하고, 교육의 일정 수준을 유지하고 향상시키기 위해서는 국가 수준의 기준이 필요하다. 한 나라의 교육 수준은 그 나라의 발전과 국력 수준의 중요한 지표가 된다. 모든 국가는 그 나라의 교육 수준을 향상·발전시키기 위해서 노력하고 있으며, 국가적·사회적·개인적·학문적으로 적정한 교육내용의 수준을 정하고 유지하는 일을 각 학교에만 맡길 수 없기 때문에 국가에서 타당한 수준의 교육내용 기준을 결정, 제시하여야 한다는 것이다.

다섯째, 교육에 가해질 우려가 있는 부당한 압력이나 간섭, 편향된 교화, 선전 등을 방지하여 교육의 중립성을 확보하기 위해서는 국가 수준의 기준이 필요하다. 우리나라는 교육의 중립성 확보를 위해 교육의 정치적, 종교적 중립을 법으로 규정하고 있다. 공교육이 이러한 중립성을 확보하기 위해서는 교육 외적 체제로부터의 부당한 간섭, 압력, 편향된 교화, 선전 등을 방지하기 위한 방파제로서의 기준이 필요하게 된다.

여섯째, 초·중등학교의 교육을 통해 기르고자 하는 인간상을 구현하는 일은 궁극적으로 국가의 책임이기 때문에 이를 위한 기준이 필요하다. 각국은 제각기 교육관계법에 초·중등 교육을 통해 성취하고자 하는 교육이념을 제시하고 있다. 우리나라는 교육기본법 제2조에 교육이념을 제시하고 있으며, 이러한 교육이념을 바탕으로 추구하는 인간상과 학교 급별 교육목표를 교육과정에 제시하고 있다.

교육의 민주화라는 원칙에서 보면 교육과정에 대한 중앙계획을 마련하는 것은 타당한 일이라고는 볼 수 없다. 그러나 우리나라의 민주화가 아무리 지방분권화를 추진한다 해도 근대국가의 조직에서 중요한 활동영역을 이루고 있는 교육계획에 국가기준을 설정하는 것은 필요하지 않을 수 없다. 이러한 의미에서 교육부에 교육과정심의회가 구성되어 있는데, 여기에서는 우리나라 교육과정 구성에 대한 기본방침을 세우며 교육내용에 대한 국가적 기준을 제시하고 있다. 이 기준은 형식적인 면에서 각급학교의 교육내용에 대한 요구를 표현하는 것이며, 실질적으로 우리나라가 당면하고 있는 시대적·국제적인 환경과 역사적·사회적인 과제에서 세워진 교육내용의 수준이라 볼 수 있다. 이것이 곧 교육부가 제정한 각급학교의 '교육과정'인 것이다(강봉규, 박성혜, 2016).

② 국가 수준 교육과정 개발 절차

국가 수준 교육과정 개발의 절차는 대체로 중앙부처인 교육부에서 개정의 기본 계획을 수립하고, 기초연구를 수행하며, 교육과정 개정시안을 개발하고, 교육과정 전문가와 각계각층의 요구를 반영하여 수정·보완 과정을 거친다. 이어서 전문가 집단의 심의회 결과를 반영한 개정안을 마련하고, 이 개정안에 대한 공청회를 거쳐 다시 수정·보완한 다음 확정·고시하는 절차를 밟고 있다. 연구와 개발은 전문가들이, 시험과 검토는 현장 교사들이, 심의와 고시는 교육부가 주관하는 3원화 체제를 취하고 있다.

이와 같은 국가 수준 교육과정의 개발이 구체적으로 어떠한 절차를 통하여 이루어지는가를 이해하기 위해 우리나라 제7차 교육과정 개발의 절차를 예로 제시하면 다음 [그림 6-2]와 같다(교육인적자원부, 1999).

단계	업무 추진 내용	소요시간
(1) 교육과정 개정기본 계획 수립	• 개정 기본 방향 설정 • 관계 전문가와의 협의 및 종합 검토 • 실무 작업반 구성 · 운영 • 기본 계획 수립, 결제	1개월
(2) 기초 연구 및 체제 · 구조 개선 연구의 위탁	• 연구 개발 위탁 협의 및 기관 선정 • 연구 개발 세부 계획서 및 국고 보조금 신청서 제출 • 연구 개발 책임자 협의회 • 연구진, 협의진 등 실무 추진팀 구성 • 연구 개발비 국고 보조	2개월
(3) 교육과정 개정 기초 연구	• 위탁 사례법 기초 연구 • 현행 교육과정의 분석, 평가 • 교육과정 국제비교, 연구 • 학생, 교원, 학부모의 요구 및 의견 조사 • 국가 사회적인 요구 및 학교교육의 전망 조사 · 연구 • 교육과정 운영실태 조사 • 추진 상황 검토 협의회 • 위탁과제별 협의회 • 위탁과제별 기초 연구결과 답신 보고서 제출 • 국고 보조금 집행 정산서 제출	6개월
(4) 교육과정 총론 개정 시안의 개발	• 교육과정 체제 · 구조 개선 연구 • 추진상황 검토 협의회 • 종합 세미나, 공청회 • 시안 작성 및 검토 협의회 • 수정 · 보완 1차 집중 작업 • 수정안 작성 및 검토 협의회	6개월
(5) 교육과정 총론 개정 시안의 개발	• 교육과정 심의회 구성 • 교육과정 심의위원 구축 • 총론 개정시안에 대한 1차 심의지료 작성 • 총론 개정시안 1차 심의 –운영위원회 –학교 급별 소위원회 • 심의결과 수정 · 보완 • 총론 수정안 2차 심의	3개월

단계	업무 추진 내용	소요시간
(6) 총론 개정 시안 현장 검토, 공청회	• 총론 수정안에 대한 의견 수렴 –초 · 중 · 고등학교 현장검토 –시 · 도교육청, 관련학회, 각론 연구기관, 타 부처 • 총론 수정안에 대한 공청회 • 총론 수정 · 보완 집중 작업 • 총론 개정안 작성	3개월
(7) 교육과정 총론 확정	• 교육과정 개정 기본 방향, 개정 중점, 주요 개정 사항보고 • 편재와 시간배당기준 확정 • 교육과정 총론 개정자료 및 홍보자료 발간	1개월
(8) 교육과정 각론 개정안 개발 계획 수립	• 각론 연구개발 위탁기관 및 책임자 추천 • 위탁 예정기관과의 사전 협의 조정 • 각론 연구개발 지침 작성 • 각론 개정안 개발 기본계획 수립, 결재 • 각론 개정시안 연구개발 위탁 • 연구개발 책임자 협의회 개최 • 교과별 연구개발 세부 계획서 제출 • 교과별 연구진, 협의진 구성 • 연구 계획서, 보조금 신청서 검토, 조정 및 확정 • 연구개발 과제별 국고 보조금 교부	2개월
(9) 교과별 각론 개정시안 연구개발	• 연구진, 협의진 공동 협의 • 교과별 연구개발 계획의 상세화 • 교과별 각론 개발 기본 방향 설정 • 현행 교과별 교육과정 분석, 평가 • 학생, 교원, 학부모 및 관계 전문가의 요구, 의견조사 • 교과별 교육과정 운영 현장실태 조사 • 교과별 세미나, 협의회	8개월
(10) 교육과정 각론 현장 검토, 공청회	• 각론 수정안에 대한 의견 수렴 –초 · 중 · 고등학교 현장검토 –시 · 도교육청, 관련학회, 타 부처 등 • 각론 수정안에 대한 공청회 • 총론 수정보완 접중작업 • 교과별 각론 개정안 작성	3개월

단계	업무 추진 내용	소요시간
(11) 교육과정 개정안 (총론, 각론 작성)	• 교육과정 운영위원회 최종 심의 • 학교 급별 소위원회 최종 심의 • 종합 세미나 개최 • 교육과정 개정안 종합 수정 · 보완 • 개정안 작성 최종 정리작업	2개월
(12) 교육과정 개정안 확정, 고시	• 교육과정 개정안 보고, 확정 • 새 교육과정 고시 • 교육과정 고시 책자 발간, 보급	2개월
(13) 교육과정 개정 후속 지원업무	• 교과용 도서 개발 • 교육과정 시행 대비 교원 연수 • 교육과정 해설서 발간 · 보급 • 연수자료, 홍보자료, 발간 · 보급 • 교과별 이행 조치 • 시 · 도별 교육과정 편성 운영지침 작성 • 학교교육과정의 편성 · 운영 • 교과용 도서 실험 연구학교 운영 • 교육과정 연구학교 운영	• 3년 • 3년 • 1년 • 1년 • 1년 • 1년 • 1년 • 3년 • 3년
(14) 새 교육과정의 시행	• 학교 급별 전국 적용 –연차별, 단계적으로 시행	새 교육과정 고시 후 2~4년 소요

[그림 6–2] 우리나라 제7차 교육과정 개발절차

출처: 교육인적자원부(1999).

(2) 지역 수준 교육과정 개발

① 지역 수준 교육과정 개발의 개념

지역 수준 교육과정은 교육에 대한 지역의 의도를 담은 문서내용을 말하며, 국가 수준의 기준과 단위 학교 수준의 교육과정을 연결하는 교량역할을 한다. 다시 말하면 지역 수준 교육과정은 각 시·도와 지역의 특성, 필요, 요구, 교육기반, 여건 등의 제 요인을 조사·분석하여 전국 공통의 일반적 기준인 국가 수준 교육과정을 조정하고 보완하여 그 결과를 해당 지역에 소재하는 각급 학교 교육과정에 반영하는 데 목적이 있다. 이러한 지역 수준의 교육과정 개발은 시·도교육청과 시·군·구 교육청을 통해서 수행된다.

우리나라의 경우, 교육과정 개발에서 이러한 지역 수준의 역할과 책임을 강화하기 시작한 것은 제5차 교육과정 개정의 주요방침으로 '교육과정 지역화'를 공식적으로 도입함으로써 시작되었다. 이를 위해 교과용 도서의 2종화, 교과 단원의 지역화, 교재 활용의 다양화, 교육과정 운영의 탄력화 등을 통해서 교육과정 지역화를 도모하고자 하였다(교육부, 1998). 이러한 지역 수준의 교육과정 역할 강화는 제6차 교육과정에서는 초등학교에서 학교장에게 해당 지역 및 학교의 특성에 맞는 교육과정을 자체적으로 개발하여 운영할 수 있도록 하였으며, 제7차 교육과정에서는 이를 중등학교로 확대하였다.

특히 제7차 교육과정 이후 국가, 시·도 및 지역교육청, 학교 등 교육과정 주체 간의 역할분담을 보다 명확하게 하고, 지역단위의 교육과정 자율권을 보다 확대하였다. 즉 국가 수준에서는 전국의 각급 학교에서 실행해야 할 공통적·일반적 기준만을 제시하고, 각 지역의 특수성을 반영한 교육과정 편성·운영지침은 해당 시·도교육청 및 지역교육청에서 작성하도록 하였다. 또한 각급학교에서는 국가 기준과 시·도 및 지역교육청의 편성·운영지침을 토대로 단위학교의 실정에 맞게 학교교육과정을 편성하여 운영하도록 하고 있다.

이와 같은 지역 수준의 교육과정 개발과 운영은 지역인사의 전문성 부족과 시간, 인력, 예산, 자료 등의 부족으로 인하여 결과적으로 개발되는 교육과정의 질적 수준이 떨어질 가능성이 있으며, 해당 지역의 경제·문화적 수준에 따라서 지역 간 교육격차가 심화될 수 있다는 위험성이 제기되기도 한다. 그럼에도 불구하고 지역 수준의 교육과정 개발은 지역의 특수성을 반영하며, 시·도 및 시·군·구 지역교육청의 교육문제 해결 능력을 신장하고, 교육관련 전문성을 신장시킬 수 있다는 장점이 있다. 지역 수준의 교육과정 편성·운영 지침의 개발과 보급은 단위학교 교육과정 편성·운영의 자율권을 확대하고 지역적 특성을 고려한 교육 자치의 실현을 위해서도 매우 중요한 일이다(권낙원 외, 2016).

② 지역 수준 교육과정 개발의 절차

국가 수준의 교육과정은 표준적, 일반적 교육과정의 특성을 지닌다. 그러나 국가 수준의 교육과정은 각 지역의 특성을 온전히 반영하지 못하며, 너무 구체적이거나 상세하게 규정되면 지역의 자율성을 해치게 된다. 따라서 각 시·도 교육청에서는 국가 수준 교육과정에 대한 면밀한 분석과 해석을 통해 해당 지역의 특성에 부합한 교육과정으로 거듭나도록 국가 수준 교육과정을 보완하거나 새롭게 조정해야 하는 역할을 수행하게 된다(권낙원 외, 2008).

일반적으로 시·도 교육청 수준에서는 각급 학교 교육과정 편성·운영 지침을 작성하여, 이를 관내의 교육지원청과 각급학교에 제시하게 되며, 시·군·구의 교육지원청은 학교교육과정 편성·운영에 관한 실천 중심의 장학자료를 작성하여 학교에 제시하게 된다. 이러한 지침이나 자료는 학교 수준에서 교육과정을 개발할 때 유용한 지침이 된다(김진규, 2015).

시·도교육청 수준의 '각급 학교 교육과정 편성·운영 지침'을 작성하기 위해서는 일반적으로 [그림 6-3]과 같은 절차를 거치게 된다(교육인적자원부, 1999).

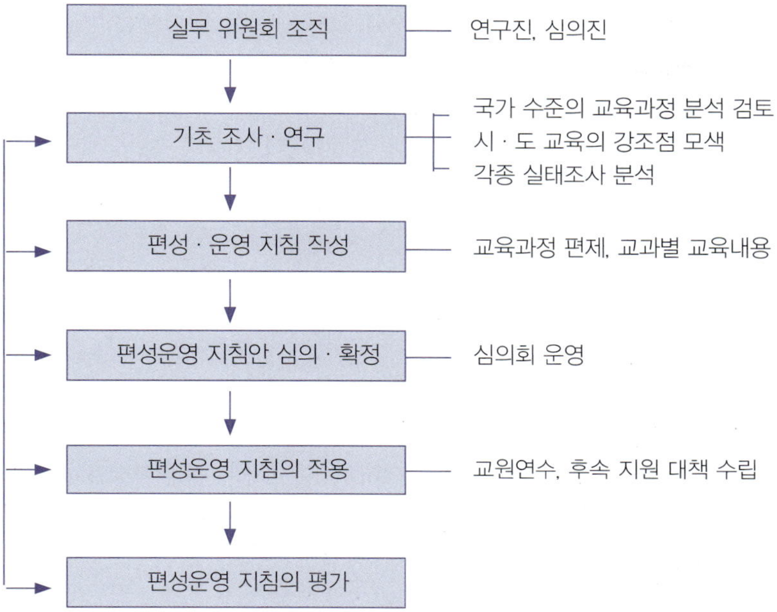

[그림 6-3] 시·도 교육청의 편성·운영지침 개발과정

출처: 교육인적자원부(1999).

(3) 학교 수준 교육과정 개발

① 학교 수준 교육과정 개발의 개념

학교 수준 교육과정 개발(School-based Curriculum Development)은 중앙집권적 교육과정과 상반되는 것으로서 교육과정에 대한 의사결정권을 단위학교에 위임하고 학교 안에서 교사들이 중심이 되어 기존의 교육과정을 재구성하거나 새로운 교육과정을 개발하여 학교 내외로 전파하는 것을 의미한다(Skilbeck, 1984).

학교 수준 교육과정은 학교의 상세한 교육설계도로서 그 학교가 수용하고 있는 학생에게 책임지고 실현하여야 할 교육목표, 내용, 방법, 평가 등에 대한 구체적인 실행교육 프로그램을 의미하고, 특색있는 교육전략 또는 상세한 교육운영 세부 시행계획으로 규정된다. 그래서 전국의 각 학교는 제각기 다양한 교육의 모습을 보일 수 있게 된다.

우리나라의 경우, 학교 수준의 교육과정이라는 개념이 본격적으로 등장한 것은 제6차 교육과정에서부터이다. 당시 제6차 교육과정 입안자들이 중앙집권적 교육과정 정책이 가져온 폐단을 시정하기 위한 방안으로 교육과정 개발과 적용과정에 있어서의 결정권한을 시·도교육청과 학교에 대폭 이양하고자 한 것이다(류방란·박상철, 2004). 즉 국가가 교육과정의 전반적인 틀을 정해주면, 시·도교육청에서는 틀을 준수하는 범위 내에서 각 시·도교육청의 특수성을 반영한 교육과정 편성·운영지침을 만들고, 학교에서는 그러한 편성·운영지침에 준해 학교의 특수성과 학생의 수준을 고려한 교육과정을 개발하여 운영한다는 것이다.

학교 수준 교육과정은 교육의 효율성과 적합성을 높이기 위하여 필요할 뿐만 아니라 교원의 자율성과 전문성을 높이기 위하여 필요하다(함수곤, 2000). 학교 수준 교육과정 개발의 필요성에 대해서 Marsh(1992)는 다음과 같이 제시하고 있다.

첫째, 교육과정 개발에 있어 위에서 아래로의 방식은 효과를 거두기가 힘들다는 것이다.

둘째, 학교 교육과정 개발은 학교가 더 많은 자율성을 가질 수 있다는 점이다.

셋째, 교육과정을 설계하고 특정 프로그램을 구성하는 데는 학교가 가장 적합하다는 것이다.

넷째, 교사의 성취감은 교사의 전문적 삶의 주요 부분인 교육과정 의사결정과 연관되어 있다는 점이다.

다섯째, 학교 교육과정 개발은 교육과정을 중앙에서 개발하는 것보다 훨씬 더 안정적이라는 주장 등이다.

한편, 학교 수준 교육과정을 개발할 때 발생할 수 있는 몇 가지의 문제점을 살펴보면 다음과 같다.

첫째, 학교 자체의 교육과정 개발은 중앙에서 개발되는 교육과정보다 질적으로 뒤떨어질 수 있다(조덕주 외, 1998)는 인식이다. 즉 학교 교육과정을 개발할 때는 전문가를 동원하는 데에 한계가 있다는 것이다. 이러한 점에서 교사들에게 학교 교육과정 개발에 대한 인식과 이해를 높이기 위한 연수 및 능력 개발 기회 등을 주어야 한다.

둘째, 학교 교육과정 개발은 외부로부터 자율권이 주어진다는 것이다. 현재 우리나라에서는 국가에서 교육과정을 개발하여 지시하고, 또한 교육청에서 편성·운영 지침을 마련해주기 때문에 학교 자체에서 자율권이 주어지는 것이 아니라 외부에서 주어지게 되는 것이다. 학교교육과정 개발이 단위 학교에서 자율적으로 이루어지기 위해서는 국가 및 교육청으로부터 의사결정 권한의 '위임'이 아니라 권한이 '이양'되어야 하는 것이다.

셋째, 학교 교육과정 개발 범위의 한계이다. 학교 교육과정 개발 범위에 대한 논의는 학교 교육과정 개발의 개념과 연관된다. 현재 우리나라 실정에서 학교 교육과정 개발의 범위에 대해 논의하면 대부분 선택 및 재구성을 하는 부분이고 창안의 의미로 받아들일 수 있는 부분은 교과 외 활동의 선정과 조직 부분이다. 이러한 면을 감안할 때, 현재의 학교 교육과정 개발 범위와 아울러 개발 개념에 대한 정립이 우선적으로 이루어져야 함을 시사하고 있다.

넷째, 학교 교육과정 개발의 핵심을 교과의 편제로만 인식하고 있다(류방란, 박상철, 2004)는 것이다. 학교의 교육과정은 교과의 편제로만 구성된 것이 아니며, 학교 급이나 학교의 특성에 따라 약간의 차이는 있지만, 일반적인 구성 체제는 학교 교육과정의 기본방향 및 기저, 학교 교육과정 편성·운영, 학교 교육과정평가 및 평가계획 등으로 이루어져 있다. 그러나 학교교육과정 개발의 개념 정립이 되어 있지 않고, 개념의 범위 또한 합의가 되어 있지 않기 때문에 학교 교육과정의 개발은 주로 편제를 재구성하는 의미로만 알고 있는 것이 현실이다(권낙원 외, 2016).

최근에 학교 수준 교육과정 개발의 필요성이 증대되고 있으나 중앙집권적 교육과정 개발방식을 모두 학교 수준 교육과정으로 대체해야 하는 것은 아니며, 학교가 교육과정과 관련된 의사결정을 모두 담당하기도 현실적으로 불가능하다. 따라서 중앙집중적 교육과정 개발방식과 학교중심 교육과정 개발방식은 상호보완적이어야 한다.

② 학교 수준 교육과정 개발의 절차

학교 교육과정을 편성한다는 것은 현실적으로 학교에서 학생들에게 1년간 제공할 교과와 프로그램을 운영할 계획을 수립하는 것으로 나타난다. 학교 수준의 교육과정 계획은 궁극적으로 그 학교 학생들의 공부할 기회를 어떤 식으로 마련해 주는 청사진이다.

이러한 학교 교육과정의 개발은 국가 수준의 교육과정 기준과 지역 시·도 교육청 수준의 교육과정 편성·운영 지침을 토대로 하여 해당 지역 및 학교의 특성에 적합하게 개발되어야 한다. 학교 수준 교육과정의 구성은 해당 지역이나 학교의 특성에 따라 자율적으로 다양하게 개발되어야 하지만, 일반적인 학교 교육과정의 체제는 '학교 교육과정의 편성과 운영의 기본 방향', '학교 교육과정의 영역별 지도 내용', '학교 교육과정의 평가 중점', '학교 교육과정에 대한 지원체제' 등이 구성되어야 한다.

이와 같은 학교 수준 교육과정을 개발하기 위한 학교교육과정의 편성 및 운영절차를 제시하면 다음 [그림 6-4]와 같다.

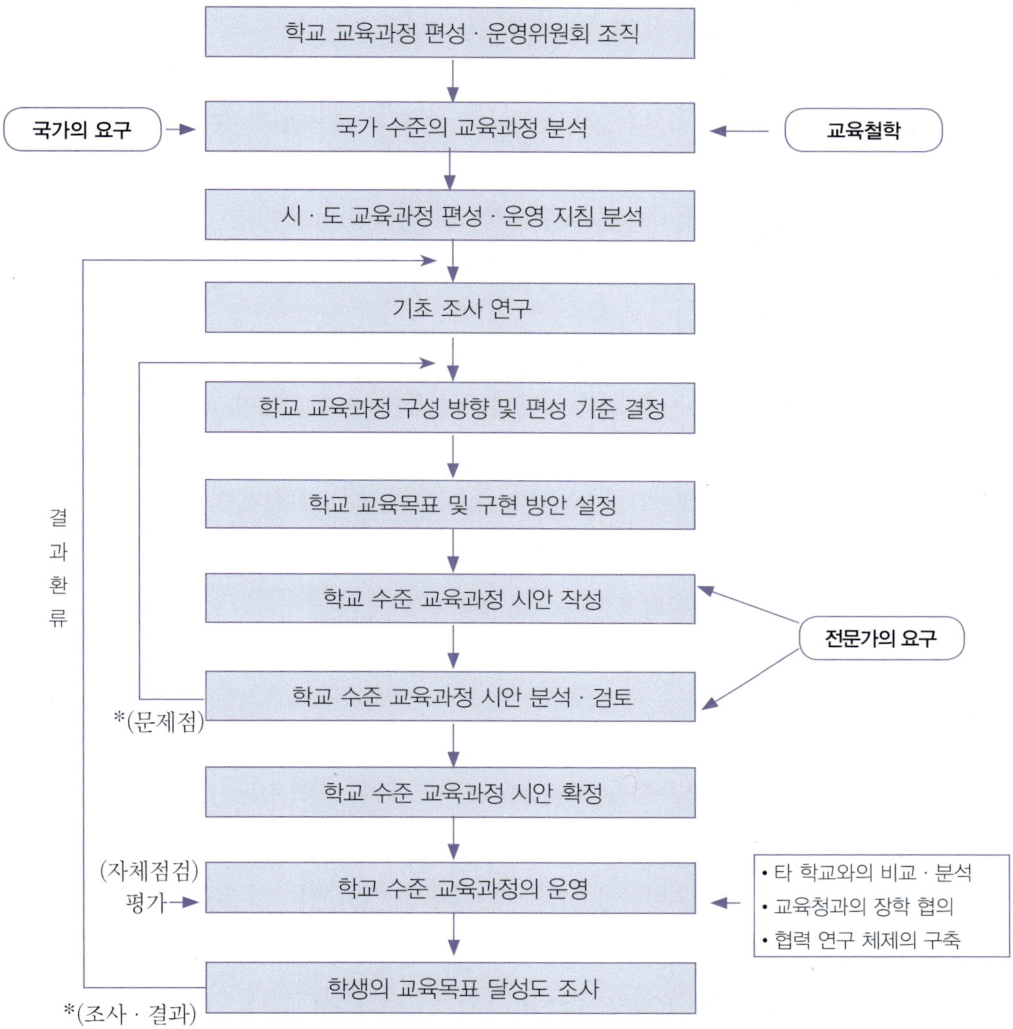

[그림 6-4] 학교 수준 교육과정의 개발과정

출처: 교육인적자원부(1999).

3) 교육과정 개발의 참여 및 관련 집단

교육과정 개발에 참여하거나 영향을 미치는 사람은 교육과정 개발체제(중앙집권적 교육과정체제와 지방분권적인 교육과정체제)와 교육과정 개발 수준(국가, 지역, 학교 수준)에 따라 달리 선정되며 그들의 역할도 달라진다(강봉규, 박성혜, 2016).

① 교육과정 전문가

교육과정 전문가는 교육과정 개발 및 수행활동에서 매우 중요한 역할을 하고 있다. 이들은 교육과정의 본질에 대해 방대한 지식을 가지고 있으며 교육과정을 개발하고 수행하는 전문가이다. 교육과정 전문가는 교육과정에 관심을 가지고 연구를 하거나 연구결과를 현장개선을 위해 활용한다. 그들은 일반적으로 교육과정의 개발, 운영, 평가의 활동에서 지도적인 역할을 하며, 대개 교육부와 교육청에서 위촉한 교육과정 편성·운영위원회의 위원으로 활동하고 있다.

② 교사

교사들이 교육과정에 참여하는 방식은 다양하다. 국가와 지역 수준에서는 총론이나 교과 교육과정의 개발에 참여하거나, 교과서나 교사용 지도서를 연구·집필·실험·수정하며, 교육청의 장학지침 및 자료제작에 참여한다. 그러나 교육과정 개발에서 교사들의 중심적인 역할은 학교 교육과정을 개발하는 데 있다.

교사는 교육과정을 수행하는 데에서 가장 강력한 영향력을 행사하므로 교사는 미래의 교육과정 결정 및 학생의 장래를 예측하는 중요한 역할을 한다. 더 나아가 교사는 교육과정 및 교수(teaching)를 향상시키고 교육과정 및 교수에서 지식기반을 구성하며, 교육과정 개발에서 교수 및 교사의 역할을 전문화하기 위해 학교-대학 및 학교-지역사회의 제휴관계 속에서 활동해야 한다.

③ 학생

학생은 교육과정의 수혜자이며 때로는 피해자가 되기도 하는 교육과정의 최종 소비자다. 따라서 교육과정 개발은 학습자에 관한 여러 사실적 정보들을 바탕으로 하고, 그들의 학습권을 존중하는 방향으로 이루어져야 한다. 하지만 학습자가 교육과정 개발에 얼마나 또 어느 정도 참여해야 하는가는 학습자의 연령이나 다니는 학교에 따라 차이가 있다.

④ 교장

학교행정가, 특히 교장은 학교의 최고관리자로서 학교에서 운영되는 교육과정을 감독하고 통제하는 책임을 진다. 교장은 학교의 전반적인 사정을 알고 있으며, 교직 인사, 시설, 재정에 대한 권한이 있으므로, 교육과정의 재구성, 운영, 평가활동에 큰 영향력을 행사한다. 학교의 최고 행정가인 교장은 교육과정 개발의 리더가 될 수도 있고 외부사람에게 맡기는 경우도 있지만 교장의 지원 없이는 교육과정 개발이 이루어질 수 없는 중요한 위치에 있다.

⑤ 일반시민

일반시민이 교육과정활동에 참여하는 비율이 점차 늘어나지만 그 역할은 매우 낮다. 대부분의 시민은 학교에 관심을 갖기는 하지만 교육과정개발에 적극적으로 관여하는 데에는 관심이 없다. 그 이유는 강좌내용과 설계 및 교육과정 개발에 필요한 지식을 갖춘 이들이 거의 없기 때문이다. 그러나 시민은 겉치레가 아닌 실질적인 역할을 수행해야 하며, 학군이 설립한 공식적인 위원회나 단체의 회원으로 참가해야 한다. 학부모와 시민은 현장 기반 교육과정 관리에서 교육과정 문제에 더 큰 역할을 수행할 수도 있다.

⑥ 정부

오늘날 정부가 교육과정 문제에서 어떤 역할을 하고, 어느 정도로 참여해야 하는지를 놓고 의견이 분분하다. 이를테면 정부가 다음과 같은 다섯 가지 구체적인 역할을 해야 한다는 주장도 있으며, 이러한 역할은 오래전에 제기된 것이지만 여전히 유효하다는 것이다(구병두 외, 2017).

첫째, 교육과정과 관련된 중요한 교육문제를 파악해야 한다. 그 한 예로 기본적인 학습능력의 중요성 및 모든 학생을 위한 공통교육과정 등을 말한다.

둘째, 교육과정과 관련하여 방대한 지식을 종합해야 한다.

셋째, 교육과정자료와 관련된 연구를 도모해야 한다.

넷째, 교육과정 관련지식을 적용하고 전파하는 데 도움을 주어야 한다.

다섯째, 교육과정을 포함하여 교육분야에 관심이 있는 사람들을 격려하여야 한다.

2. 교육과정 운영

1) 교육과정 운영의 개념

교육과정 운영은 개발된 교육과정을 학교와 교실에서 실천하는 과정을 의미한다(김대현, 김석우, 2005). 교육과정을 실천한다는 것은 계획된 교육과정의 목적을 달성하기 위해서 학교에서 교사가 실제로 수업을 전개하는 활동을 말한다. 따라서 교육과정 운영에 가장 큰 영향력을 행사하는 집단은 바로 교사이다. 가령 교과서의 내용을 일상적으로 소개하는 전달자라고 생각하는 교사와 교육과정에 대한 주인의식을 가지고 최종 실천자라고 인식하는 교사는 교육과정 운영에서 큰 차이를 보이게 된다. 또한 교사의 발달단계, 담당교과에 대한 지식과 이해의 정도, 전달방식의 숙련 정도, 교실 장악능력, 개인의 건강, 가족 및 동료교사와 학생과의 관계 등에 따라 교육과정의 운영은 달라진다(강현석, 2012; 강현석·주동범, 2004).

한편 교육과정의 궁극적인 실천가는 교사이지만, 학교장은 교육과정 운영의 성공에 상당한 영향력을 행사할 수 있다. 즉 교육과정 운영에 있어서 학교장이 새로운 교육과정의 취지와 목적을 교사들과 같이 인식하고 실천할 수 있도록 적극적으로 돕는다면 교육과정의 성공가능성은 더 높아질 것이다.

그러므로 단위학교에서 실천되는 교육과정의 운영을 위해서는 무엇보다 교사와 학교장의 역할이 중요하다. 성공적인 교육과정 운영을 위해 교사는 개발자의 의도를 정확하게 파악하고 학습자를 위해 재해석하며 실천하는 활동을 수행해야 하며, 학교장은 학교교육과정의 운영을 효율적으로 지원하고 정비하는 업무를 수행해야 한다.

또한 지방교육자치단체에서는 학교 교육과정의 운영을 돕기 위하여 교육과정 기준, 교육과정 자료, 교육평가가 일치하도록 교육과정의 질 관리를 위한 주기적인 감독을 실시하며, 교직원 배치와 연수를 포함하는 행·재정적 지원과 지역사회의 지원 유도를 위한 다각도의 지원체제를 구축하고 운영한다.

2) 교육과정 운영의 기본원리

교육과정 운영의 기본원리들은 학교에서 교육과정을 편성하고 운영할 계획을 세울 때 마땅히 존중되어야 할 행위의 규범이 되며, 다른 한편으로는 편성이나 운영 과정 또는 편성이나 운영을 통한 산출을 평가하는 준거의 역할을 하게 된다. 이러한 원리들을 살펴보면 다음과 같다(김대현, 김석우, 2002).

① 타당성의 원리

학교의 교육과정 편성과 운영 작업은 궁극적으로 학교의 교육목표를 달성하기 위해서 하는 일이다. 따라서 학교에서 가장 먼저 해야 할 일은 학교가 설정한 교육목표가 타당한 것인지를 분석하고 만약 타당하다면 학교에서 편성·운영하는 교육과정이 이를 달성하는 효과적인 수단인가 하는 점을 주의 깊게 살펴야 할 필요가 있다.

② 적법성의 원리

학교의 교육과정 편성과 운영은 국가가 정한 법령의 테두리 속에서 진행된다. 학교는 교육과정과 관련하여 법적인 책무와 권한을 분명히 하고 이러한 범위 내에서 의사결정 권한을 행사할 수 있다. 그러나 교육 관련법들이 지나치게 학교의 교육과정 편성과 운영권을 제한하고 있기 때문에 관련법의 개정과 함께 현행법의 일관성 있는 해석과 적용이 요구되기도 한다.

③ 전체성의 원리

학교의 교육과정 편성과 운영은 일부교과의 각론을 개발하거나 교과들과 교과서의 내용을 재구성하는 것이 아니라 학교의 전체 교육과정을 대상으로 한다. 따라서 학교에서 교육과정을 편성·운영할 때는 교육과정의 핵심 요소들을 확인하고,

이들 요소 간의 연관성을 높이는 방향으로 진행되어야 하며, 이러한 작업이 성공적으로 이루어질 수 있도록 교사, 학생, 학부모, 학교 조직, 학교의 물리적 환경 등 제반요소들을 종합적으로 고려한다.

④ 민주성의 원리

학교 교육과정의 편성은 학교교육에 관여하는 제 집단들의 광범한 참여를 보장하고 그들이 제시하는 의사가 공정하게 처리되도록 하며, 운영에 있어서는 권한의 이양을 통하여 독선과 전횡을 막는 장치를 필요로 한다. 학교에서는 이를 위하여 교장과 교사가 상호존중하며, 각기 다른 역할을 분담해야 한다. 특히 교장은 교직원들의 광범위한 참여를 유도하고 민주적인 의사소통체제를 구축하며, 교직원들의 책무와 권한을 명시하는 역할을 행사할 필요가 있다.

⑤ 전문성의 원리

학교에서 교육과정을 합리적으로 편성하고 효과적으로 운영하기 위해서는 이를 전달하는 연구조직과 실행조직이 구성되어야 하며, 이 같은 작업에 참여하는 모든 교직원이 이에 관련된 전문적인 지식과 기술을 가져야 한다. 학교는 이를 위하여 학교의 조직을 교육과정 운영중심의 조직으로 재편성하고 학교 직원들을 훈련하는 프로그램을 개발하여 지속적으로 운영해야 한다. 특히 직원을 위한 프로그램의 내용은 매우 구체적이며 실습의 과정을 많이 내포하고 있어야 한다.

⑥ 현실성의 원리

학교의 교육과정 편성과 운영은 주어진 현실의 바탕 위에서 출발한다. 따라서 학교 교육과정을 편성하고 운영할 때는 아동에 대한 이해와 현 시점의 지역사회의 요구를 잘 알고 있어야 하며, 이를 위하여 각종 조사와 함께 조사결과를 바르게 해석할 수 있어야 한다. 또한 교육과정의 편성과 운영이 이루어지는 학교라는 무대의 성격을 잘 이해하고 있어야 한다. 교사조직의 특성, 학교의 물리적 환경, 외부기관의 지원과 통제 등의 수준을 잘 알고 있어야 한다.

교육과정의 개발 모형

CHAPTER 7

1. 교육과정 개발 모형의 구분

교육과정 개발 모형은 교육과정을 보는 시각, 즉 개발자의 교육관과 철학에 따라 서로 다른 교육과정 개발방식이 제시된다.

McNeil(1977)은 지금까지의 교육과정 연구에서 발전된 교육과정이론을 경성 교육과정이론(hard curriculum theory)과 연성 교육과정이론(soft curriculum theory)의 두 가지로 나누었다, 경성 교육과정이론가들은 교육과정 개발에서 기술적·과학적 접근을 시도하는 전통주의자들로서 교육과정 개발은 기본적으로 교수·학습환경을 구조화하는 계획으로 보고 있다. 즉 이들은 교수·학습을 위하여 시간, 공간, 자원, 설비, 사람들을 체계적으로 구조화하려고 한다. 따라서 교육과정 개발에서 이들은 부분 요소를 분명하게 규정하고, 그것을 체계적으로 연계시키며, 합리적으로 구조화시킨다. 수단-목표(means-end)라는 패러다임을 바탕으로 기술적 합리성(technological rationality)을 최우선 원리로 삼는다. 이러한 접근은 1918년 Bobbit에서 비롯하여 1949년 Tyler에 가서 절정을 이루다가 1960년대부터 거센 비판과 도전의 대상이 된다(이성호, 2016). 이에 비하여 연성교육과정 이론가들은 비기술적·

비과학적 접근을 시도하며 교육과정 개발에 있어 주관성, 개별성, 일반성, 심미적 합리성(aesthetic rationality) 등이 강조된다. 여기서는 수단-목표를 통한 생산결과보다는 학습자라는 인간을 더 강조한다. 교육과정은 사전에 정밀하게 계획되기보다는 교육의 과정(process)을 통해서 진화하고 발전하는 것이다. 특히 학습자 개개인의 자아지각, 자아 선택, 자아욕구 분석, 자아통정 등에 초점을 맞추어 교육과정을 개발한다. 즉 인간중심적이고 과정(process) 중심적이다(이성호, 2016).

Print(1988)는 교육과정개발을 합리적 모형에서 역동적 상호작용 모형에 이르기까지 하나의 연속선상에서 보고, 이들 모형을 구분하고 있다. 합리적 모형은 목표에서 시작하여 내용·방법·평가에 이르는 계열적 형태를 강조하는 것이다. 이에 비해 역동적 상호작용 모형은 교육과정 개발 과정의 실제적 측면을 강조해 교육과정 개발에서는 어떠한 요소로부터도 시작할 수 있다고 보는 것이다. 순환적 모형은 이들 극단에 대해 중간에 위치한 것으로 두 가지 접근 방법의 구성요소를 통합시키고 있다.

Posner(1998)는 교육과정 개발 접근 모형에 대해 절차적 물음, 기술적 물음, 개념적 물음, 이데올로기적 물음 등으로 나누어 설명하였다. 절차적 물음이란 교육과정을 계획할 때 따라야 할 단계에 대한 물음이고, 기술적 물음이란 교육과정을 계획하는 사람들이 어떻게 그 일을 수행하는지에 대한 물음이다. 또한 개념적 물음은 교육과정 계획의 요소들이 무엇이며 서로 어떻게 관련되어 있는지에 대한 물음이고, 누가 적합한 지식을 정의하는지 또는 사회 재생산과 의식화 교육을 실현하는 데 어떻게 기능하고 있는지에 대한 것이 이데올로기적 물음이라고 제시한다.

교육과정개발에 대한 정의와 유사용어 등과 마찬가지로 교육과정 개발 모형의 구분도 학자마다 다양하다. 이들 분류된 접근방법에서 제시되고 있는 모형에서 교과에 강조를 두는 사람은 과학적이고 합리적인 모형을 선호할 것이고, 학습자 요소를 중시하는 사람은 비기술적이거나 전체적인 모형을 선호하게 된다. 교육과정 개발 모형은 교육현장에서 배우게 될 교육과정의 구성요소 중에서 어디에 초점을 두느냐에 따라 채택하는 입장이 달라지게 되는 것이다(박창언, 2018).

여기에서는 특정 모형에 대한 선호도를 가정할 수 있는 분류에 대한 제한점을 극복하기 위해 교육과정 개발 모형을 구분하지 않고 각 모형이 가지고 있는 특징들을 중심으로 살펴보고자 한다.

〈표 7-1〉 교육과정 개발 모형에 관한 학자들의 여러 구분

학자	모형 구분	모형의 대표 학자
권낙원 · 인용성 · 최미정 (2008)	합리적 모형	Tyler, Taba
	순환적 모형	Wheeler, Nicholls & Nicholls
	역동적 상호작용 모형	Walker, Skilbeck
김인식 · 최호성 (1996)	합리적 목표 모형	Tyler, Taba
	순환적 모형	Wheeler, Nicholls & Nicholls
	역동적 상호작용 모형	Walker, Skilbeck
박현주 (2005)	기술적-과학적 모형 (기계적 모형)	Tyler, Taba, Gagné, Hawes, Saylor & Alexander, Oliva, Hunkins, Goodlad, Zais, Walker, Miller & Seller
	비기술적 –비과학적 모형 (비체계적 모형)	Weinstein & Fantini, Eisner, Cornett, Rogers
이귀윤 (2000)	과학적 분류	Tyler, Walker, Taba, Coodlad, Schwab, Hunkins Saylor & Alexander, Mailer & Seller
	비과학적 분류	Kelly, Carlson, Lewy, Fantini, Rogers, Freire, Kohl
이성호 (2004)	기술적 · 과학적 접근	Tyler, Taba, Saylor & Alexander, Johnson Hunkins
	비기술적 · 비과학적 접근	Weinstein & Fantini, Lawton
최호성 (2008)	처방적-절차적 접근	Tyler, Taba, Wiggins & McTighe
	기술적-해석적 접근	Walker
	비판적 접근	Eisner
Ornstein & Hunkins (1988)	기술적 · 과학적(행동적-합리적, 체계적-운영적, 지적-학문적	Robbitt, Charters, Tyler, Taba, Hunkins, Wiggins & McTighe
	비기술적 · 비과학적 (인본적-심리적, 재개념적)	Jonassen, Tessmer, McCutcheon, Schwab, Reid

출처: 권낙원 외(2016).

2. 교육과정 개발 모형

1) Tyler의 합리적 교육과정 개발 모형

Tyler의 교육과정 모형은 교육과정 개발의 대표적인 모형으로 인식되어 왔다. 이 모형은 국가 수준, 지역 수준, 그리고 학교 수준에서 교육과정을 개발하고자 할 때 주로 의존해왔다고 해도 과언이 아니다(김진규, 2015). Tyler(1949)는 『*Basic Principles of Curriculum and Instruction*』에서 교육기관의 교육과정과 수업을 비판적으로 분석하고, 교육과정을 배우려는 학생들에게 교육과정 개발의 합리적 근거를 설명하였다. 그에 따르면 교육과정과 수업은 하나의 과정이며, 이를 계획하기 위해서는 다음의 네 가지 질문에 대답해야 한다고 하였다.

- 학교가 달성하려고 하는 교육목표는 무엇인가?
- 교육목표를 달성하기 위하여 어떤 학습경험이 제공되어야 하는가?
- 학습경험은 어떻게 효과적으로 조직될 수 있는가?
- 교육목표의 달성 여부는 어떻게 평가할 수 있는가?

이상의 각 물음은 교육목표의 설정, 학습경험의 선정, 학습경험의 조직, 학습성과의 평가로 요약할 수 있으며, 이 네 가지 질문이 바로 Tyler가 제시한 교육과정 구성의 네 가지 요소이다. Tyler에 의하면, 교육과정 개발의 과제는 이 네 가지 요소가 논리적이고 계열적으로 시행되어야 한다. 즉 교육목표가 설정되면, 그 목표에 따라 적절한 학습경험이 선정되고, 효과적인 수업을 위한 학습경험이 조직되어야 하며, 마지막 단계에서 그 목표가 성취되었는가를 결정하는 평가가 이루어져야 한다. Tyler가 제시한 교육과정 개발 이론은 이상의 질문들에 대한 합리적인 해결방안을 찾아나가는 과정이라고 볼 수 있다.

Tyler의 교육과정 개발 모형에서 가장 중요시되는 것은 교육목표의 설정이다. 왜냐하면, 교육목표는 교육과정 개발과정에서 가장 먼저 결정되어야 하며 후속절차의 기준이 되기 때문이다. 교육목표는 학습자에 대한 연구, 사회의 요구에 대한 조사, 그리고 교과전문가의 제언으로부터 도출된다. 이것은 교육철학과 학습심리학이라는 거름망을 통해 거르는 과정을 거치게 된다. 즉 잠정적으로 설정된 교육목표가 학습자에게 적절한 것인지, 추구할 가치가 있는지를 따져본 후에 최종적인 교육목표가 설정된다.

Tyler의 모형은 합리적 모형, 목표중심 모형, 평가중심 모형 등으로 불리며, 교육과정 개발자들이 교육과정을 개발할 때 어떤 순서로 어떻게 해결할 것인가에 대한 절차를 제시한다는 점에서 처방적 모형으로도 불린다. 그리고 전체 교과에서 단원의 개발로 진행하는 일정방향을 가진다는 점에서 직선적 모형으로 여겨지고 있다.

Tyler가 제시한 교육과정의 네 가지 구성요소와 그들 간의 관계를 그림으로 나타내면 [그림 7-1]과 같다.

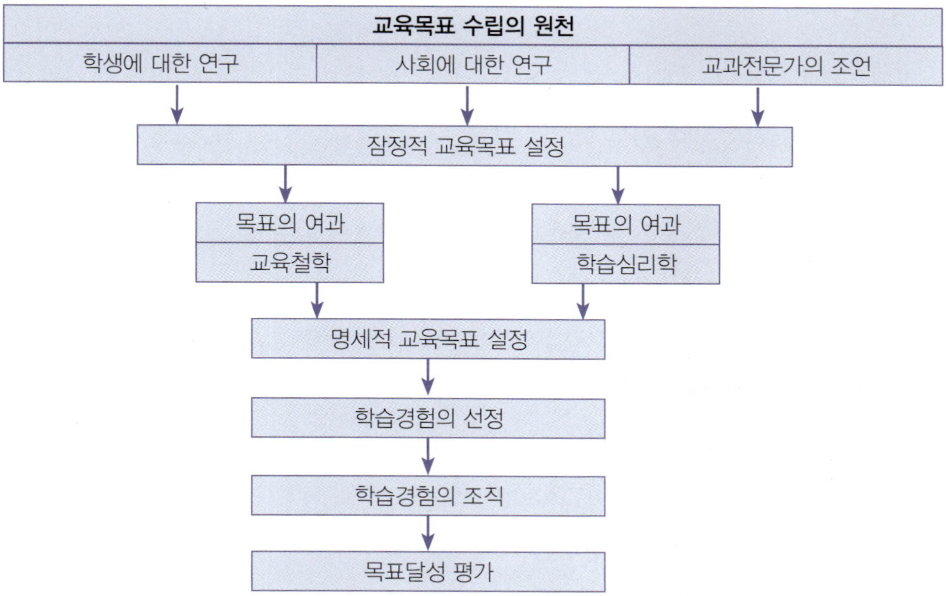

[그림 7-1] Tyler의 합리적 교육과정 개발 모형

이러한 Tyler의 모형은 그것이 제시된 이후 반세기 동안 교육과정의 성서(Bible)라고 불릴 만큼 강력한 영향을 미치면서 모든 교육과정 개발 작업에 있어서 모범적 전형(典型)이 되어 왔다. 지배적인 교육과정 모형으로서 Tyler의 모형은 다음과 같은 장점을 지닌다(권낙원 외, 2016).

첫째, Tyler의 교육과정 개발 모형은 어떤 교과, 어떤 수업수준에서도 활용 가능하고 적용할 수 있는 폭넓은 유용성이 있으며, 논리적이고 합리적인 일련의 절차를 제시하고 있어 교육과정 개발자인 단위학교 교사도 이를 따라 하기가 비교적 쉽다고 여겨진다.

둘째, 학생의 행동과 학습경험을 강조함으로써 평가에 매우 광범한 지침을 제공해 주었다.

셋째, 교육목표를 명세적으로 밝히는 일을 강조함으로써 교육목표를 둘러싼 교육과정 관련자들 사이의 의사소통을 원활하고 정확하게 하는 데 기여했다.

넷째, 교육과정과 수업을 구분하지 않고 통합적으로 목표와 경험의 선정, 경험의 조직과 평가를 포괄하는 광범위한 종합성을 띠고 있다.

그러나 Tyler 모형에 압도되어 새로운 교육과정 개발 모형을 제시하는 데 어려움을 겪은 이들은 Tyler 모형이 지닌 단점을 다음과 같이 지적한다(김병희 외, 2013).

첫째, Tyler 모형은 목표의 원천은 제시하고 있으나 무엇이 교육목표이고 그것이 왜 선정되어야 하는가에 대한 이유를 분명히 밝히지 못하고 있다.

둘째, Tyler 모형은 목표를 분명히 제시하고 있으므로 수업 진행과정 중에 일어날 수 있는 부수적이고 확산적인 목표의 중요성은 간과하고 있다. 예를 들어, 언어과에서 '시를 읽고 감상한다'라는 교육목표를 설정하였을 때, 읽을 시를 미리 선정 조직하는 것은 가능하지만 감상에 대하여는 미리 선정하거나 조직할 수가 없다.

셋째, 교육과정 개발과정이 네 가지 요소의 순차적이고 단계적인 과정으로 이루어진다고 가정하지만 실제 교육과정을 개발하는 과정은 복잡하고 다양하므로 극소수만이 이 과정을 따를 뿐, 대부분은 수업의 내용이나 경험을 우선하여 수업계획을 설정한다. 네 가지 구성요소는 서로 영향을 주고받는 관계에 있다.

넷째, 교육과정 개발기준, 절차, 방법에만 관심을 두기 때문에 교육목표나 교육내용의 선정에 관하여는 직접적인 대답을 제공하지 못하고 있다.

다섯째, 교육목표의 효율적인 달성에만 초점을 두어 개발과정에 눈에 보이지 않으나 개입될 수 있는 정치적인 측면이나 그 결과로 나타날 잠재적인 측면에 대하여는 기술하지 못하고 있다.

그리하여 Kliebard(1970)는 Tyler의 모형은 교육과정을 개발하는 하나의 합리적인 틀은 될 수 있어도 교육과정 개발의 보편적 모형이 되기는 어렵다고까지 하였다.

2) Taba의 교사참여 교육과정 개발 모형

Taba(1962)는 Tyler와 함께 8년 연구를 통해 교육과정에 대한 이론적이고 실제적인 연구개발을 익혔으며, 당시 공교육에 대한 비판적 진단을 기반을 기반으로 『교육과정 개발(*Curriculum Development*)』(1962)을 저술하였다. 이 책에서 Taba는 학교의 사회적 기능을 탐색하고 사회와 문화, 학습자의 발달과 지능, 학습의 성격, 지식의 성격 탐색을 기초로 하는 교육과정 개발과정을 제시하였다.

Taba는 교육과정이 수업을 실제 담당하는 교사에 의해 개발되어야 함을 강조하였는데, 즉 교육과정 개발은 외부전문가에 의해 만들어져 들여보내거나 위에서 아래로 하향식으로 적용되기보다는 현장 교사들에 의해 만들어지는 현장지향적인 것이 되어야 한다고 여겼다. 또한 Tayler가 전체적인 학습자, 사회, 교과의 요구나 의견을 분석한 것에 비해서 Taba는 보다 좁은 의미에서 학습자에게 무엇이 요구되는가를 분석하였다. 이러한 Taba의 교육과정 개발은 다섯 가지 단계로 제시된다.

첫 번째 단계는 시험적인 교수·학습 단원을 교수자가 개발하는 일이다. 그림으로 나타내면 다음 [그림 7-2]와 같다. 여기에는 8가지 하위단계 즉 ① 요구진단, ② 목표 설정, ③ 내용선정, ④ 내용조직, ⑤ 학습경험 선정, ⑥ 학습활동 조직, ⑦ 평가도구 및 준거, ⑧ 균형성 및 계열성 평가가 순차적으로 요구된다고 하였다.

두 번째 단계는 시험단원의 검증단계인데, 이 단계의 목적은 하나 혹은 그 이상의 학년수준과 교과영역으로 확대할 수 있는 교과과정을 창출하는 데 있다. 앞의 첫 번째 단계에서는 시험적인 단원을 자신의 학급이나 교과영역을 대상으로 개발한다면, 여기에서는 시험단원의 교수 가능성과 타당성을 검증하기 위하여 다른 수준의 학년이나 교과영역에 확대·적용해 보는 것이다.

세 번째 단계는 개발된 단원을 수정하고 통합하여 모든 유형의 학급에도 잘 맞는 보편화된 교육과정을 개발하는 것이다.

네 번째 단계는 여러 개의 단원을 구조화하여 전체 범위와 계열성을 검증하는 단계이다.

다섯 번째 단계는 새 단원을 교실의 실제 수업에 투입하여 정착시키고 교사의 현직연수를 통하여 확산시키는 단계이다.

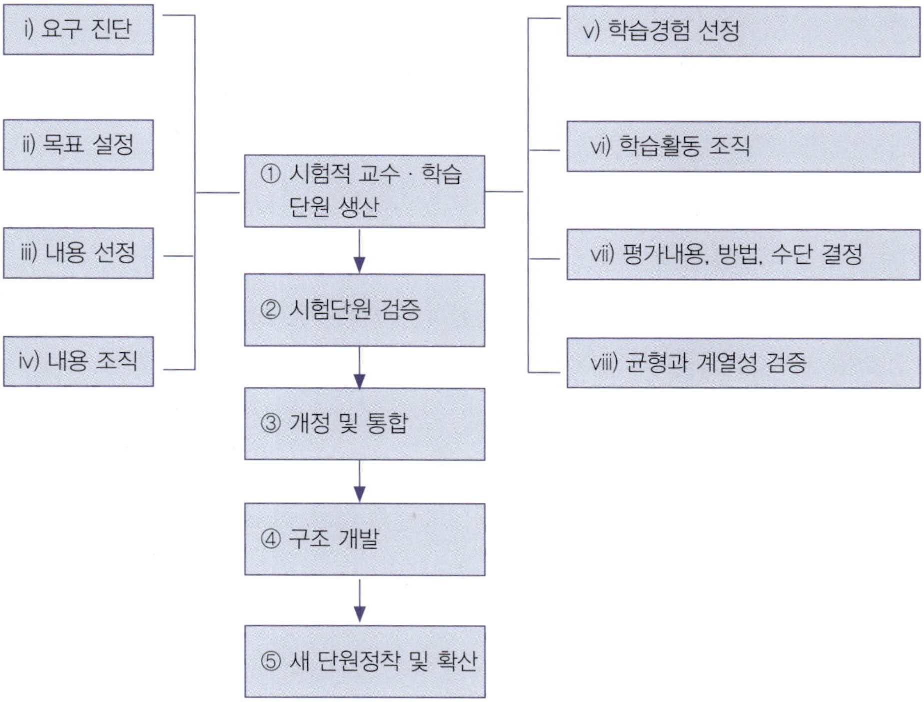

[그림 7-2] Taba의 교육과정 개발 절차

출처: 이성호(2016).

Taba의 교육과정 개발 모형은 개발자들이 따라야 할 절차를 제시한다는 점에서 처방적 모형이고, 계속적인 요구진단을 통하여 교육과정 요소의 상호작용을 강조한 점에서 역동적 모형에 가깝다. 또한 교사들이 각자 교실에서 최선의 프로그램을 개발하도록 한 다음, 각 프로그램들로부터 일반적인 원리를 발견하여 새로운 교육과정을 계획하는 데 이용한다는 점에서 귀납적인 성격을 지닌다. 교육과정은 때로 수업과 분리된 하나의 서류를 의미하는 것으로 해석되어 종종 교육과정 개발은 수업과는 분리된 것으로 생각되어 왔다. 그러나 Taba의 모형은 교육과정과 수업을 함께 고려함으로써 이론과 실제를 결합시키고자 하였다.

3) Saylor & Alexander의 교육과정 계획 모형

Saylor & Alexander(1974)는 교육과정을 하나의 계획행위로 개념규정하고 네 단계로 이루어진 교육과정 계획 모형을 [그림 7-3]과 같이 체제적으로 제시하였다.

교육과정개발은 우선 목적과 목표의 구체화에서 시작한다. 목적과 목표를 구체화하는 이유는 교육과정 영역을 묘사하기 위해서인데, Saylor & Alexander는 교육과정의 주요영역을 개인적 발달, 인간관계, 학습기능, 전문화로 구별하였다. 그러나 이들은 학교가 이 영역에만 제한되어서는 안 된다고 보았다. 선택된 목적, 목표, 영역은 외적 변인, 즉 지역사회 집단의 요구, 법적 요인, 연구결과들 등의 영향을 받아 발전되어 간다.

다음 단계는 교육과정의 설계이다. 여기서 교육과정 의사결정자들은 각 영역별로 적절한 내용을 선정하고 그것을 조직하며, 선정된 내용을 위한 적절한 학습기회를 결정한다. 언제 어떻게 그러한 학습기회를 제공할 것인가? 설계되는 교육과정은 그 학문의 흐름에 비추어 알맞게 되어 있는가? 학습자의 요구와 관심에는 부응하고 있는가? 등의 문제해결을 위한 철학적 시각이 요구된다.

교육과정의 설계가 끝나면, 교사는 수업계획을 세워 교육과정을 시행한다. 교사는 학생이 내용을 배우는 것을 돕기 위해 사용될 수업전략과 자료를 선택한다.

마지막으로 시행된 교육과정에 대한 평가작업이 필요하다. 평가는 교육과정 계획, 수업의 효율성, 학습자의 성취도 등을 포함하여 종합적으로 실시되어야 하고 교육과정의 가치와 수업의 질 그리고 교육과정의 결과를 정확히 드러내 주어야 한다. 포괄적 평가과정을 통해 교육과정개발자는 프로그램을 유지할지, 수정할지 아니면 폐기할지의 여부를 결정하게 된다(강봉규, 박성혜, 2016).

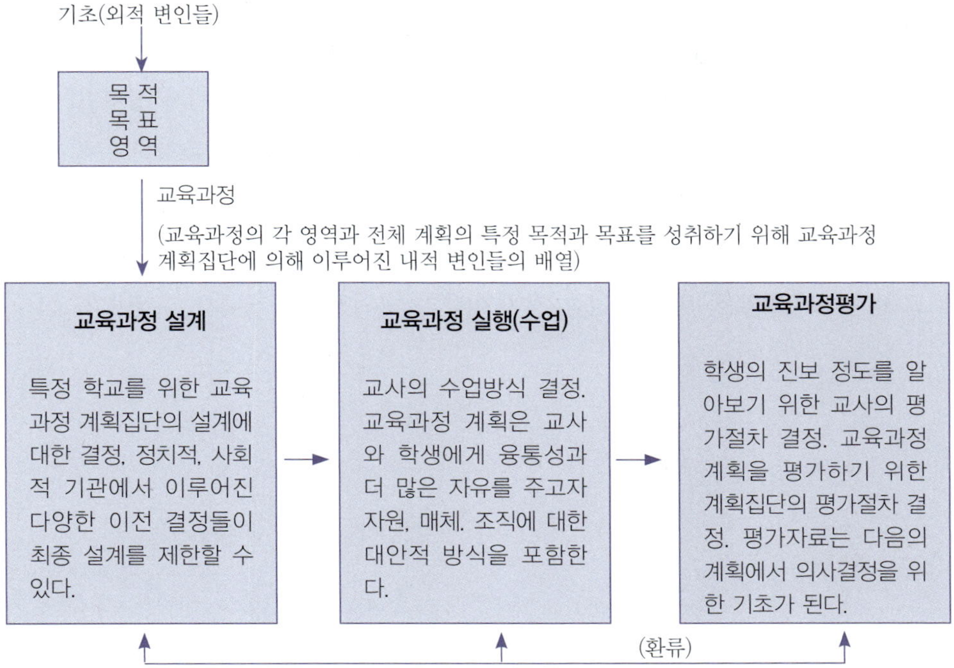

[그림 7-3] Saylor & Alexander의 교육과정 계획 모형

출처: 강봉규, 박성혜(2016).

4) Nicholls & Nicholls의 순환적 교육과정 개발 모형

Nicholls & Nicholls(1976)가 주장한 순환적 모형은 1970년대 영국과 호주를 중심으로 환영을 받았던 교육과정 개발 모형이다. 그들은 『교육과정 개발: 실제적 지침(*Developing a curriculum: A practical guide*)』에서 교육과정의 각 요소들이 상호 관련되어 있고 상호의존적이며 순환적 형태이므로 교육과정 개발자들은 순환적 개발과정을 사용해야 한다고 주장했다.

급속도로 진행되는 사회변화에 교육과정이 대응하기 위해서 교육과정 개발은 새로운 정보나 실제에 따라 항상 변화하는 상황을 지속적으로 반영해야 한다. 이때는 교육과정 개발도 사회의 필요에 따라 반응하고, 끊임없이 수정되어 가게 된다. Nicholls & Nicholls(1976)는 상황의 변화에 따라 새로운 교육과정을 필요로 하는 경우에 상황분석으로부터 표출된 지식과 통찰을 활용하여 전체적 상황을 구성하는 모든 요인들을 진단, 분석할 수 있는 포괄적인 접근방법을 주장하였다. 이들의 모형은 [그림 7-4]에서 보는 바와 같이 교육과정 개발과정을 ① 상황분석, ②목표의 선정, ③ 내용의 선정 및 조직, ④ 방법의 선정 및 조직, ⑤ 평가로 되어 있다. 교육과정 개발은 한 번에 끝나는 것이 아니라 계속적인 과정이라는 것이다.

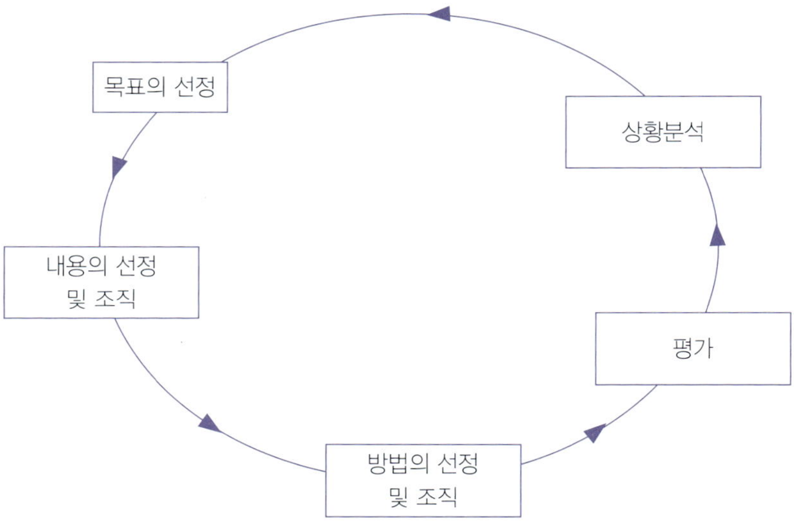

[그림 7-4] Nicholls & Nicholls(1976)의 순환적 교육과정 개발 모형

출처: Nicholls & Nicholls(1976).

이와 같은 순환적 모형은 교육과정 개발과정에서 논리적이며 계열적인 구조를 나타냄으로써 교육과정을 개발하는 데 유용하고 교육과정 개발과정이 효율적이라는 장점을 가지고 있으며, 상황분석을 하나의 출발점으로 삼고 있기 때문에 여기에서 분석된 지식과 통찰을 활용하여 전체적 상황을 구성하는 모든 요인들에 대하여 포괄적으로 접근할 수 있도록 하였다. 또한 교육과정의 요소들을 하나의 연속선상에 나타내어 새로운 상황에 대처하고 변화하는 환경에 끊임없이 반응할 수 있다는 장점도 지니고 있다. 그러나 순환적 모형은 교육과정의 수정이 요구될 때 전체가 수정되기 위해서는 순환 모형 안에 있는 각각의 요소에 영향을 미칠 때까지 계속 순환되어야 한다는 약점이 있으며, 합리적 모형의 장점을 가진 만큼 합리적 모형이 갖고 있는 약점과 순환적 모형의 큰 특징이라 할 수 있는 '상황분석'이 실제 운영에서 상당한 양의 시간을 필요로 한다는 약점이 있다(권낙원 외, 2016).

5) Skilbeck의 학교중심 교육과정 개발 모형

Skilbeck(1976)은 교육과정 개발의 주도권이 국가 등의 상부 기관에 있는 중앙집중적 교육과정 개발에 반대하며 학교중심 교육과정 개발을 주장하였다. 그는 학교중심 교육과정을 학교의 구성원인 학습자의 학습을 위한 프로그램을 개별학교가 계획, 설계, 실행, 평가하는 교육과정이라고 정의하고 있다(김병희 외, 2013).

이 모형은 [그림 7-5]에서와 같이 ① 상황분석, ② 목표 설정, ③ 프로그램 구성, ④ 해석과 실행, ⑤ 모니터링, 피드백, 평가, 재구성의 다섯 단계로 구성되며, 어느 단계에서부터도 계획을 시작할 수 있으며, 어떠한 순서도 허용되며 심지어 서로 다른 단계를 동시에 고려해도 괜찮다고 주장한다. 다만, 교육과정 개발팀에서는 교육과정 구성요소와 개발과정의 여러 측면들을 충분히 고려하고 그 과정을 하나의 유기적 전체로 파악하며 비교적 체계적인 방식으로 작업할 것을 권장하고 있다(Skilbeck, 1976).

이 모형은 학생, 교사, 지역환경, 학부모들의 요구와 필요에 따라 발전적으로 수정할 수 있기 때문에 매우 융통성 있으며, 또한 학교현장을 가장 잘 반영하는 교육과정 개발방식이라고 볼 수 있다. 그러나 현실적이고 실현가능성이 높은 교육과정 개발절차라는 평가에도 불구하고 실제로 이 모형을 적용하는 데에는 다음과 같은 문제점이 있다(권낙원 외, 2016).

첫째, 교육과정 결정을 분권형으로 전환해야 함은 물론이고 실질적인 권한을 학교 수준에 위임해야 하는데, 학교교육은 정치적인 영향을 많이 받고 있기 때문에 학교중심 교육과정 개발은 정치적인 통제를 완전히 벗어나지 않고서는 실행되기 어렵다는 것이다.

둘째, 교육과정 개발자들이 교육과정 결정과정에 얼마나 관심을 가지고 참여하느냐와 교육과정 결정을 위한 기초자료로서 학생들의 요구를 파악할 수 있는 대화기술을 갖고 있느냐가 문제가 된다.

셋째, 교사들이 교육과정 결정에 관한 전문성과 책무성을 어느 정도 발휘할 수 있느냐가 문제가 된다.

넷째, 학교의 지원체제와 관련된 문제로 학교장이나 자문기관의 교육과정 지도성, 의사소통, 교육과정 개발자들의 집단 토의 능력, 교육과정 결정에 필요한 전략의 개발, 교사들이 교육과정을 계획하고 반성하며 개발하는 데 소요되는 시간 확보, 학교조직 구조, 재정지원 등의 문제이다.

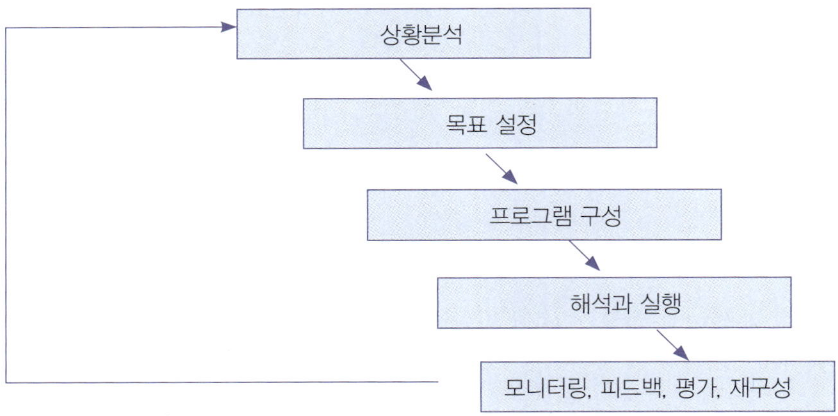

[그림 7-5] Skilbeck의 학교중심 교육과정 개발 모형

출처: Skilbeck(1976).

6) Walker의 실제적 교육과정 개발 모형

Walker(1971)는 어떻게 교육과정이 계획되어야 하는가를 처방하는 다른 접근들과 다르게 교육과정 개발의 합리적인 절차를 제시하지 않고, 교육과정이 실제에서 계획되는 과정을 기술하고자 하였다. 따라서 Walker의 모형은 교육과정 개발자들이 실제로 교육과정 개발과정에서 무엇을 하는가에 대하여 구체적으로 나타내어 주는 특징을 지닌다. 즉 Walker의 모형은 결과보다는 의사결정 과정이나 절차에 초점을 두고 있으며, 이 점에서 과정지향적인 성격을 지닌다.

Walker는 교육과정 개발과정에 대한 관찰과 평가를 통해서 교육과정 개발을 위한 주요 구성요소와 단계를 추출하였고, 이 구성요소를 근거로 하여 [그림 7-6]과 같은 자연주의적 모형을 개발하였다.

첫째, 토대 다지기(platform 형성)의 단계이다. Walker는 교육과정 개발활동에 참여하는 사람들은 저마다 서로 다른 믿음이나 가치를 가지고 접근한다고 본다. 그들은 교육과정 개발에 관한 각기 다른 가치나 신념을 갖고 있으며, 서로 다른 기대 수준이나 문제의식, 주장 및 관여 정도를 가지고 있다고 한다. 따라서 교육과정을 개발하는 시작단계에서는 참여자들이 각자의 다양한 생각이나 아이디어 등을 자유롭게 표현할 수 있어야 하며, 모종의 합의를 도출할 수 있는 의식의 공감대나 인식이 필요하다고 한다. 이를 Walker는 토대 다지기라고 한다. 교육과정개발자는 교육과정에 대한 타당한 결정을 내리기 위하여 토대 다지기와 더불어 새로운 정보를 탐색하게 되며, 이러한 바탕 위에서 숙의의 단계로 들어선다. 물론 토대 다지기 단계와 숙의의 단계를 구분 짓는 명확한 시점은 없다.

둘째, 숙의(deliberation)의 과정이다. 숙의과정은 목표 모형에서처럼 일련의 단계 혹은 엄격한 절차에 따라 진행되는 것이 아니라, 실제 교육과정이 개발되기 전에 기초작업을 거치는 복잡하고 비규칙적인 상호작용의 과정이다. 숙의는 ① 교육과정 개발을 위한 목적과 수단에는 어떠한 것이 필요한지, ② 대안들을 마련하고 이전의 여건이 어떠하였는지를 고려하며, ③ 대안으로부터 생긴 결과를 검토하고, ④ 대안에 필요한 비용과 이 대안들의 결과 간에 비중이 어떠한지, ⑤ 최선의 대안이 무엇인지를 선정하는 단계를 거친다. 숙의의 단계에서 개인들은 자신의 신념과 원칙에 대해 설명, 논쟁, 토론을 거치기도 한다. 숙의는 합의를 도출하기 위한 상황과 여건을 적극적으로 고려하는 일종의 대화 과정인 것이다.

셋째, 설계단계이다. 이 모형의 최종적 단계로 교육과정을 구체적으로 적용하고 실행할 수 있는 조치를 취하는 단계이다. 교육과정 개발에 따른 교과의 선정, 수업방법이나 자료의 확정, 그리고 이들을 효과적으로 실행하기 위한 행·재정적인 지원과 절차 등을 자세하게 계획하는 단계이다.

Walker의 모형은 교육과정 개발자들이 실제로 따르고 있는 절차를 기술하고 있다는 점에서, 기술적(descriptive) 모형이라고 할 수 있으며, 이는 Tyler의 처방적(prescriptive) 모형과 비교될 수 있다. 특히 이 모형은 교육과정 계획 측면을 상세히 제시하여 교육과정 참여 인사들이 처음부터 서로 다른 토대와 입장에서 출발하고 있음을 보여준다. 또한 이 모형은 참여자들이 서로 다른 입장에 반응하고 숙의하기 위해 의견조정에 상당한 시간을 보내고 있음을 보여준다. 이렇게 하여 이 모형은 교육과정을 계획하는 동안 실제로 일어나는 것을 아주 정확하게 묘사해 준다(소경희, 2000).

그러나 이 모형이 가지는 제한점도 있다. Walker의 모형은 거의 전적으로 교육과정 계획에만 초점이 맞추어져 있다는 비판을 받는다. 즉 이 모형은 교육과정 설계가 완성된 뒤에 무슨 일이 어떻게 일어나야 하는지에 대해서는 언급하지 않은 채, 설계가 이루어지기 전까지의 과정에 대해서만 상세하게 제시하고 있다. 따라서 이 모형 역시 Tyler 모형과 마찬가지로 교육내용에 대한 직접적인 답을 제공하지 못한다. 다시 말해서 Walker의 자연주의적 모형은 교육과정에 관한 의사결정을 어떻게 효과적으로 전개할 수 있는가에만 역점을 둘 뿐, 숙의과정과 설계과정에서 왜 이 내용을 가르쳐야 하는지에 대해서는 의문을 제기하지 않는다(이귀윤, 1996).

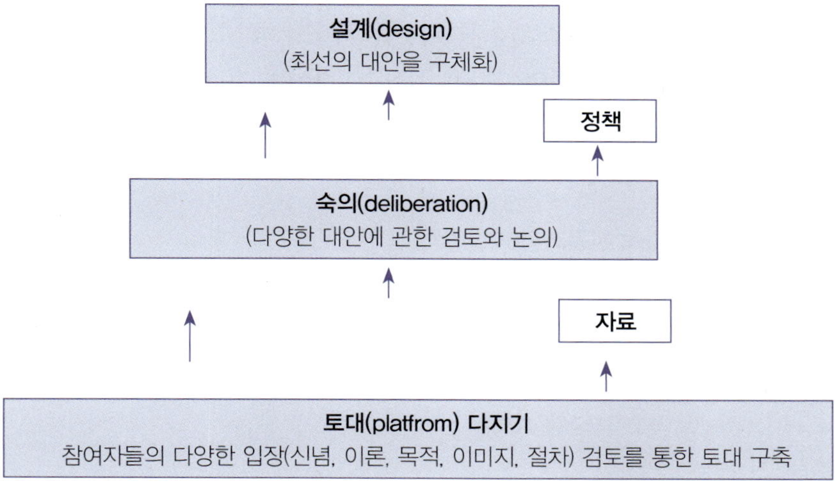

[그림 7-6] Walker의 자연주의적 교육과정 개발 모형

출처: 권낙원 외(2016).

7) Eisner의 예술적 교육과정 개발 모형

Eisner는 과학과 행동주의 위주의 교육학계의 풍토에 이의를 제기하며 심미적 관점과 질적 평가의 관점을 도입한 학자이다. 그는 저명한 교육학자이자 미술교육자이며, '영 교육과정(null curriculum)'과 '교육적 감식안(educational connoisseurship)', '교육비평(educational criticism)'이라는 질적 연구방법론을 제시하고, 심미적 관점에서 교육과정을 재개념화한 대표적인 학자이다(김승호 외, 2019).

그는 기존의 과학적 접근이 미술교육에 맞지 않다고 제기하면서, 1979년에 저술한 『교육적 상상력(*The educational imagination*)』에서 예술교육과 교육과정에 대한 자신의 관심을 질적인 형태로 조합하여 인본주의적이고 심미적인 모형의 교육과정을 개발하였다.

Eisner는 당시 교육과정 개발에서 행동적인 교육목표로 설정하는 것에 대해 비판적 입장에 섰다. 인간의 수업은 복잡하고 역동적이어서 실제 교육내용을 선정하기 이전에 설정하는 것이 부적절하다는 것이다. 그리고 창의성을 중시하는 예술교과에서 행동적 목표로 설정할 경우 창의성을 저해할 수 있어 부정적으로 본 것이다. 이러한 입장은 교육과정 개발에서도 상이한 형태로 전개되었다(박창언, 2018). 즉 그의 교육과정 개발과정은 순환적이며 뒤얽히고 우발적이다.

〈표 7-2〉 Eisner의 예술적 교육과정 개발절차

1. 목표 설정 명백한 교육목표뿐만 아니라 잘 정의되지 않은 목표(목적, 목표, 학습목표 구분)도 고려함 목표의 중요성을 토의하는 과정을 중시함
2. 교육과정의 내용 선정 교육과정 선택 시에 영 교육과정을 고려함
3. 학습기회의 유형 목표와 내용을 학생에게 의미 있는 학습활동으로 변형함
4. 학습기회의 조직 학생들의 다양한 학습기회를 유도할 수 있는 비선형적 접근방법을 강조함
5. 내용영역의 조직 다양한 교과들 사이를 꿰뚫는 내용조직을 강조함
6. 제시양식과 반응양식 학생의 교육기회를 넓혀주는 다양한 의사소통양식을 사용함
7. 다양한 평가절차의 적용 교육과정 개발과정의 다양한 단계에서 종합적인 평가절차를 사용함

출처: 권낙원 외(2016).

Eisner는 교육과정 개발의 예술적 접근을 〈표 7-2〉에서 보는 바와 같이 ① 목표의 설정, ② 교육과정의 내용선정, ③ 학습기회의 유형, ④ 학습기회의 조직, ⑤ 내용영역의 조직, ⑥ 제시양식과 반응양식, ⑦ 평가절차의 적용으로 나타내고 있는데, 구체적인 내용을 살펴보면 다음과 같다.

첫째, 목표의 설정이다. Eisner는 목표(aims), 목표(goals), 학습목표(objectives)를 구별한다. 그에 의하면, '목적'은 일련의 가치와 교육의 일반적인 방향을 제시하는 것이고, '목표'는 어떤 의도에 대한 구체적인 진술이며, '학습목표'는 가장 구체적인 진술이다. 그는 매우 구체적인 학습목표의 설정이 항상 가능한 것이 아니며 행동목표에 대한 보완으로서 학습과정과 학습종료 후에 드러나는 '표출목표(expressive objectives)'를 주장하였다. 교육활동에서 구체적인 목표를 미리 설정하는 것보다는 수업활동이 전개된 이후에 종합적이고 일반적 용어로 표현되는 목표를 설정하는 것이 더 타당하다는 것이다.

둘째, 교육과정의 내용선정이다. Eisner는 교육과정의 선정에서 전통적이고 학문적인 요소만을 교육과정의 내용으로 선정할 것이 아니라 대중문화와 같이 학교 교육과정에서 전통적으로 배제되어 왔던 내용, 즉 '영 교육과정(null curriculum)'에 대하여 고려해야 한다고 주장하였다.

셋째, 학습기회의 유형이다. Eisner는 교사는 학습자가 폭넓은 학습경험을 가질 수 있도록 교육목표와 교육내용을 변형하는 교육적 상상력이 필요하다고 보았다. 교육적 상상력은 예술성에 대한 은유적 용어로서, 교사가 학생에게 의미 있고 만족스러운 학습기회를 제공하도록 교육목표와 교육활동을 적합한 형태로 변형하는 능력을 의미한다. 동일한 교육과정 내용이라 하더라도 학습자에게 적합한 형태로 변형했을 때에는 학습내용을 경험할 수 있는 폭이 넓어지게 되는 것이다.

넷째, 학습기회의 조직이다. 교육과정 개발자인 교사는 학습자의 학습경험의 폭을 넓힐 수 있는 교육자료와 교육활동을 조직해야 한다. 그 조직은 거미줄 모양으로 해서 학생들이 다양한 과제에 자발적 참여를 통해 흥미를 느끼고 필요한 경험을 해야 한다고 주장한다.

다섯째, 내용영역의 조직이다. Eisner는 학문에 근거한 교과를 중심으로 교육과정을 개발하는 것에 비판적이다. 우리가 일상생활에서 부딪히는 문제는 학문적 형태로 나타나는 것이 아니라는 것이다. 그러므로 교육내용은 다양한 방법으로 조직되고 통합되어야 한다는 것이다.

여섯째, 제시양식과 반응양식이다. Eisner는 교육과정 개발에서 학생들이 배운 것을 표현하는 방법과 학생들이 사물을 대하는 양식이 제한적이라고 비판한다. 인쇄된 책이나 글만이 그 사람의 지적 상태를 나타내는 방법이 아니라고 보고, 교육과정개발자는 학생이 알고 있는 것을 표현하는 방식을 다양하게 활용할 수 있도록 허용해야 한다는 것이다.

일곱째, 다양한 평가절차의 적용이다. 평가는 교육과정 개발의 전체 단계에 영향을 미치며, 인간이 '자기와 자기를 둘러싸고 있는 세계를 이해하는 과정'이라 하였다. 학생의 성취에 대한 평가는 양적이기보다는 질적인 작업이고, 교사는 이러한 형태의 학생평가를 위한 새로운 기법이 요구되며, 그것을 '교육적 감식안(educational connoisseurship)'과 '교육비평(educational criticism)'으로 제안하였다. 교육적 감식안은 교육현상의 질을 포착하는 안목을 의미하는 것으로서 교사가 학생들의 수행 사이의 미묘한 차이를 감지하는 것이며, 교육비평은 학생들 수행의 미묘한 차이를 일반인들이 알아볼 수 있도록 언어적으로 표현한 것이다.

Eisner의 예술적 비평 모형은 교육과정 개발과정에서 합리성에 기초해 개발의 순서나 절차를 따라야 하는 것으로 보지 않고, 교육과정, 계획, 개발과정을 끊임없이 계속되는 과정으로 묘사한다. 교육과정 개발은 진지한 숙의가 필요한 과정으로 봄으로써 개방적 형태를 띠고 있다. Eisner가 생각한 숙의는 특정한 문제 상황의 해결책을 모색하는 데 제한되는 것이 아니라, 숙의과정에서 예술성이 계획된 교육과정, 실행된 교육과정, 학생이 경험한 교육과정의 내재적 가치를 어떻게 강화시켜 주는가를 설명하고자 하였다. 그리고 Eisner는 사회적 실재란 단순히 그 자체로서 존재하는 것이 아니라 사회적 실재 안에 살고 있는 사람들에 의하여 끊임없이 재구성되는 것이라 보았다. 여기에서 사회적 실재는 협의된 것이며 사회적 실재를 기술하는 데 사용되는 상징에 의하여 그 의미가 규정된다.

Eisner는 교육과정계획에 대한 지나친 합리주의적 접근방법을 적절히 비판하였다는 측면에서 인정을 받고 있지만, 실제적인 대안을 제시하는 데에는 아직 미흡하다는 단점을 보인다(홍후조, 2002).

교육목표의 설정

CHAPTER 8

교육과정의 전개는 교육목표의 설정부터 시작된다. 교육과정이 어떤 형태로 전개되는가는 곧 교육목표가 어떻게 설정되는가에 달려 있다고 하여도 지나친 표현은 아닐 것이다. 여기서는 교육목표의 기능, 교육목표 설정의 원리, 교육목표의 분류, 교육목표의 진술에 대해서 살펴보고자 한다.

1. 교육목표의 기능

교육목적이나 교육목표는 교육이나 수업을 통하여 의도하는 바람직한 상태를 말하는 것이다. 사용하는 사람에 따라서 교육이념, 교육목적, 교육목표, 명세목표 등으로 구분하여 사용하기도 하지만, 이들 구분은 상대적인 것이다.

교육의 목적, 교육의 일반적 목표, 교육의 구체적 목표 간의 관계를 제시하면 다음 [그림 8-1]과 같다.

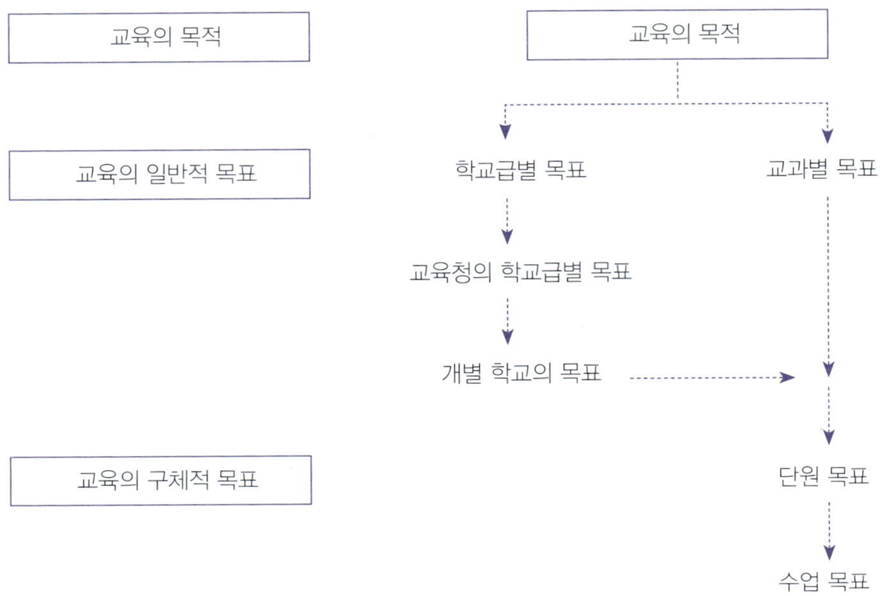

[그림 8-1] 교육의 목적, 일반적 목표, 구체적 목표의 관계

출처: 김대현(2019).

이들 관계에 의하면 교육의 목적은 교육의 일반적 목표를 설정하는 데 그 근거와 기준이 되며, 교육의 일반적 목표는 교육의 구체적 목표를 설정하는 데 근거와 기준이 된다. 이때 상위의 목적이 하위목표의 근거와 기준이 된다는 것은 이들 간에는 논리적 일관성이 있어야 하고 경험적인 관련성이 높아야 한다는 것을 의미한다.

여기서는 교육목적과 관련된 용어는 구체성의 정도에 따라 여러 가지로 구별이 될 수 있다는 것을 전제로 하면서, 이들 용어를 하나로 통일해 교육목표로 사용하고자 한다. 그러나 논의하는 맥락에 따라 교육목적, 명세목표라는 용어를 사용하기도 한다. 교육과정에서 교육목표가 지니는 기능을 정리해 보면 다음과 같다(박창언, 2018).

첫째, 교육과정에 대한 지침을 제공한다. 교육과정은 그 자체가 목적이 아니라 아동의 성장을 위한 하나의 수단이다. 교육과정은 학습자의 학습활동 단위에서 구현하고자 하는 목적에 맞게 교육내용을 선택하고, 조직하게 된다. 교육목표가 어떻게 정해지느냐에 따라 선택하는 내용이 달라지게 되고, 조직하는 방식도 달라지는 것이다. 교육목표가 교육과정의 방향과 조직하는 방법을 인도하여 주는 것이다.

둘째, 교육목표는 교육활동과 그 존립에 대한 정당성을 제공한다. 교육활동은 교육과정에 제시된 내용을 토대로 가르치는 자와 배우는 자가 상호작용함으로써 성립한다. 교육활동을 통해 인간은 성장하게 되고, 교육목표가 어떻게 설정되어 있느냐에 따라 다른 형태의 인간으로 발전하게 된다. 교육목표는 교육이라는 가치활동에 대한 존립 이유와 그 정당화를 위한 중요한 위치를 점하고 있는 것이다.

셋째, 교육의 성과나 효과를 측정하는 기준을 제공한다. 교육을 보는 관점이나 교육과정을 구성하는 견해에 따라 목표의 기능과 역할을 달리 보기도 한다. 그러나 교육목표는 교육의 방향을 결정짓는 중요한 역할을 수행한다. 그리고 그러한 역할은 일정한 교육활동의 전개 뒤에 교사의 수업활동, 교육 프로그램, 학생의 학업성취에 대한 성과를 판정할 수 있는 준거로 작용한다. 교육목표가 없다면 이러한 것을 판정할 수 있는 기준점이 없게 되는 것이다.

2. 교육목표 설정의 원리

교육목표가 교육내용을 제공해 주고 교육활동의 방향을 제시해 주기 때문에 교육목표는 그 설정에 있어서 세심한 주의가 필요하다. 따라서 훌륭한 교육목표 설정을 위한 여러 원리들을 살펴보면 다음과 같다(강봉구, 이종성, 1994).

첫째, 교육목표는 교육을 받을 개인의 내재적 능력과 요구를 토대로 세워져야 한다. 그리고 교육목표는 학생의 활동과 공동 협력을 할 수 있는 방법이 될 수 있어야 할 뿐만 아니라 학생의 여러 가지 능력을 발휘하도록 어떠한 환경이 필요한가를 제시해 주어야 한다.

둘째, 교육목표는 바람직한 교육철학을 바탕으로 설정되어야 한다. 교육의 대상은 인간이므로 인간의 생의 문제나 가치관에 있어서는 교육철학적 문제가 많다. 따라서 교육에 있어서의 철학관이 반영되어야 한다.

셋째, 교육목표는 문화유산, 지역성, 시대성, 현실성에 비추어 타당성이 있어야 할 뿐만 아니라 당시 사회에서의 사회적 요구에 비추어 타당성이 있는 것이라야 한다.

넷째, 교육목표는 학습경험을 선택할 근거를 마련해 줄 뿐만 아니라 학습심리에 비추어 타당성이 인정되어야 한다. 그러므로 교육목표는 학습자의 발달수준에 부합되지 않으면 안 된다.

다섯째, 하나의 교육목표가 달성되면 그 결과에 따라 새로운 목표가 설정되어야 한다. 그리고 각 목적의 하위 목표 간에 서로 모순되고 갈등하는 것이 없이 단계적으로 연속성을 가져야 한다.

여섯째, 교육목표는 교육평가의 근원이며 척도 기준이다. 따라서 교육목표는 학습자에게 중요하다고 여겨지는 지식·기능·태도·행동 유형을 제시해 줄 수 있어야 한다.

일곱째, 교육목표는 신축성이 있어야 하고 경우에 따라서 수정될 수 있어야 한다. 따라서 교육목표는 실제 체험에 의하여 수정·보완되며 지속적으로 발전되어 가는 것이다.

3. 교육목표의 분류

교육목표는 교육을 통하여 기대되는 성과를 의미하는 것으로서 교육활동의 기준과 방향을 제시한다. 따라서 교육목표는 구체적일수록 교육활동의 내용과 달성해야 할 내용을 분명하게 해준다. 그러므로 교육목표를 구체화하거나 상세하게 할 수 있는 방안에 대하여 연구되어 왔다. 이와 같이 수업에서 중요한 기능을 수행하는 교육목표에는 어떠한 유형들이 있는가에 대하여 학자들 간에 여러 의견이 있다.

1) Bloom 등의 교육목표 분류학

전통적인 교육목표 분류학은 Bloom과 그의 동료들에 의해 개발되었다. 그들은 교육목표를 인지적 영역, 정의적 영역, 운동·기능적 영역으로 나눈 다음, 각 영역마다 교육목표에 진술되어 있는 행동을 분류하는 준거를 제시하였다. 교육목표 분류학의 세 영역은 유용한 분류체계를 제시해 주고 있으며 목표의 진술에 있어서 강조되어야 할 점을 나타내고 있다.

(1) 인지적 영역(cognitive domain)

인지적 영역의 교육목표는 해당 목표를 수행하는 데 요구되는 합리적이고 지적인 작용의 복잡성 수준에 따라서 여섯 개의 하위목표들로 구분하고 이를 다시 세분화하였다. Bloom이 규정한 정의와 함께 Gronlund가 소개한 인지적 학습성과를 측정하기 위한 대표적인 동사를 (　　) 속에 제시하면 다음 〈표 8-1〉과 같다.

〈표 8-1〉 교육목표의 인지적 영역 분류의 요약

1.00 지식: 이미 배운 내용, 즉 사실, 개념, 원리, 방법, 유형, 구조 등에 대한 기억으로 한 교과영역 속에 담겨져 있는 특정 요소의 상기나 재생 또는 재인(再認)을 의미한다(찾아내다, 명명하다, 정의하다, 설명하다, 열거하다, 연결하다, 선택하다, 약술하다).

1.10 특수사상에 관한 지식
1.20 특수사항을 다루는 방법과 수단에 관한 지식
1.30 보편적 및 추상적 사상에 관한 지식

2.00 이해: 이미 배운 내용에 관한 의미를 파악하는 능력을 뜻하며, 단순히 자료를 기억하는 수준을 넘어 자료 내용이 다소 치환되어도 그 의미를 파악하고 해석하며 또는 추론하는 능력을 말한다(분류하다, 설명하다, 종합하다, 전환하다, 예측하다, 구별하다).

3.00 적용: 이미 배운 내용, 즉 개념, 규칙, 원리, 이론, 기술, 방법 등을 구체적인 또는 새로운 장면에서 응용하는 능력을 말한다(변환하다, 계산하다, 풀다, 수정하다, 재배열하다, 조직하다, 관계짓다).

4.00 분석: 조직, 구조 및 구성요소의 상호관계를 이해하기 위하여 주어진 자료의 구성 및 내용을 분석하는 능력을 의미한다(변별하다, 도식화하다, 추정하다, 구분하다, 추론하다, 구성하다, 세분하다).

4.10 요소의 분석력
4.20 관계의 분석력
4.30 조직원리의 분석력

5.00 종합: 비교적 새롭고 독창적인 형태, 원리, 관계, 구조 등을 만들어내기 위하여 주어진 자료의 내용 및 요소를 정리하고 조직하는 능력을 뜻한다(종합하다, 창안하다, 고안하다, 설계하다, 합성하다, 구조화하다, 재배열하다, 개정하다).

5.10 독특한 의사소통의 개발
5.20 계획 및 실행절차의 고안
5.30 추상적 관계의 도출

6.00 평가: 어떤 특정한 목적과 의도를 근거로 하여 주어진 자료 또는 방법이 갖고 있는 가치를 판단하는 능력을 말한다(판단하다, 비판하다, 비교하다, 정당화하다, 결론짓다, 판별하다, 지지하다).

6.10 내적 준거에 의한 판단
6.20 외적 준거에 의한 판단

출처: 김병희 외(2013).

(2) 정의적 영역(affective domain)

정의적 영역의 교육목표는 어떤 가치나 신념을 받아들여서 자신의 것으로 내면화해가는 정도에 따라 다섯 개의 하위목표들로 구분하고 이를 다시 세분화하였다. Krathwohl 등이 규정한 정의와 함께 Gronlund가 소개한 정의적 학습성과를 측정하기 위한 대표적인 동사를 ( ) 속에 제시하면 다음 〈표 8-2〉와 같다.

〈표 8-2〉 교육목표의 정의적 영역 분류의 요약

1.0 수용: 어떤 자극이나 활동을 기꺼이 수용하고 자발적으로 주의를 기울이게 되는 것과 같은 민감성을 의미한다(묻다, 가려잡다, 찾아내다, 이름짓다, 지적하다, 선택하다, 대답하다, 사용하다).
- 1.1 감지
- 1.2 자발적인 감수
- 1.3 선택적 주의집중

2.0 반응: 어떤 자극 또는 활동에 적극적으로 참여하고 자발적으로 반응하며 그러한 참여와 반응에서 만족감을 얻게 되는 행동을 말한다(확인하다, 인사하다, 돕다, 실행하다, 제시하다, 암송하다, 보고하다, 선택하다, 말하다, 쓰다).
- 2.1 묵종반응
- 2.2 지발적인 반응
- 2.3 반응에 대한 만족

3.0 가치화: 특정한 활동 또는 행동에 대하여 의의와 가치를 직접 추구하고 행동으로 나타내는 정도를 가리킨다(완성하다, 기술하다, 구분하다, 초대하다, 참가하다, 입증하다, 제안하다, 분담하다, 공부하다, 일하다, 논쟁하다, 항변하다).
- 3.1 가치의 수용
- 3.2 가치의 선호
- 3.3 가치의 확신

4.0 조직화: 일관성 있는 가치체계를 내면화시키는 전초단계로서 서로 다른 수준의 가치를 비교하고 연관시켜 통합하는 것을 뜻한다(주장하다, 정리하다, 결합하다, 비교하다, 완성하다, 변호하다, 일반화하다, 조직하다, 수정하다).

5.0 인격화: 개인의 행동 및 생활의 기준이 되어 가치관이 지속적이고 일관성 있고 또 그것이 그의 행동을 예측할 수 있을 정도로 확고하게 그의 인격의 일부를 내면화된 정도를 의미한다(활동하다, 변별하다, 경청하다, 실천하다, 제안하다, 봉사하다, 해결하다, 개정하다, 사용하다, 증명하다, 실행하다).
- 5.1 일반화된 행동태세
- 5.2 인격화

(3) 운동·기능적 영역(psycho-motor domain)

운동·기능적 영역은 근육이나 운동기능을 강조하는 것으로서 자료나 대상의 조작, 신경근육적 조정 등이 요구되는 행동이다. 이 영역은 Bloom 등이 완성하지 못하고 1972년에 Harrow가 분류·제시하였다. 혹자는 이 용어를 직역하여 '심동적' 혹은 '심체적'으로 표현하기도 한다. 그러나 여기에서는 이 영역에 담긴 의미에 충실하기 위하여 운동·기능적 영역이란 용어를 사용하였다(권낙원 외, 2016).

〈표 8-3〉 교육목표의 운동·기능적 영역 분류의 요약

1.0 반사적 운동: 반사적 운동은 파악 및 무릎반사와 같이 개인의 의지와는 관계없이 나타나는 단순한 반사운동을 말한다. 이러한 반사적 운동은 훈련이나 교육에 의해서 발달하는 것이 아니므로 교수목표로 설정될 수 없는 행동이지만 보다 높은 운동기능의 발달에 기초가 된다.

2.0 초보적 기초동작: 초보적 기초동작은 잡기, 서기, 걷기와 같이 여러 가지 또는 몇 개의 반사적 운동이 함께 발달되고 통합됨으로써 이루어지는 동작을 뜻한다.
- 1.1 소 분절적 반사
- 1.2 중 분절적 반사
- 1.3 초 분절적 반사

3.0 운동지각능력: 운동지각능력은 감각기관을 통하여 자극을 지각하고 해석하여 그것을 토대로 환경에 대처하고 적응하는 기능을 말한다.
- 3.1 근육감각을 통한 변별
- 3.2 시각을 통한 변별
- 3.3 청각을 통한 변별
- 3.4 촉각을 통한 변별
- 3.5 협응운동능력

4.0 신체적 기능: 신체적 기능은 숙달된 운동기능의 발달에 반드시 필요한 부분이며 민첩하고도 유연하게 일련의 숙달된 운동을 연속시켜가는 데 필요한 기초 기능을 가르친다.
- 4.1 지구력
- 4.2 체력
- 4.3 유연성
- 4.4 민첩성

5.0 숙련된 운동기능: 타자 및 기계체조와 같이 비교적 복잡하고 숙련된 기능을 요구하는 운동을 할 때 동작의 능률성, 숙달도, 통합성을 요구하는 운동기능을 뜻한다.
- 5.1 단순 적응기능
- 5.2 혼성적 기능
- 5.3 복합 적응기능

6.0 동작적 의사소통: 동작적 의사소통은 간단한 안면표정을 비롯해서 무용과 같이 신체적 운동 및 동작을 통하여 감정, 흥미, 의사, 욕구 등을 표현하고 그 표현 자체를 창작하는 운동기능을 의미한다.
- 6.1 표현동작
- 6.2 해석동작

출처: 김병희 외(2013).

이와 같은 Bloom의 교육목표 분류학은 교육목표를 체계적으로 설정하고자 할 때 유용한 도구로 사용될 수 있다. 그러나 문제점이 없는 것은 아니다. 먼저 인지, 정서, 신체는 서로 밀접히 연관되어 있기 때문에, 교육목표를 이와 같이 세 가지로 분류하는 것은 상당히 인위적인 것이다. 또한 각 영역 내의 하위 목표들의 위계가 그다지 명확한 것은 아니며, 인지적 영역을 위계화함으로써 인간의 정신작용을 단순화시키는 문제가 있다,

따라서 교육목표 분류학은 교육목표를 설정할 때 세목까지 지켜야 할 지침이 아니라, 교육을 통하여 달성해야 할 영역들이 다양하기 때문에 어느 한 가지만 강조하고 다른 것들을 무시하거나 경시해서는 안 된다는 것을 알려준다. 또한 각 영역 속의 목표도 여러 수준이 있기 때문에 어느 한 가지 수준의 목표달성에 열중한 나머지 다른 수준의 목표들을 간과하는 실수를 범하지 말아야 한다는 의미로 받아들이는 것이 좋다(김대현, 2019).

2) Gagné의 결과분석적 접근

Gagné는 1970년에 출판한 『학습의 조건(*The Conditions of Learning*)』에서 학습

을 통하여 결과적으로 습득되는 인간의 학습능력의 범주를 '지적 기능(intellectual skills)', '언어적 정보(verbal information)', '인지전략(cognitive strategies)', '태도(attitude)', '운동기능(motor skill)' 등 다섯 가지로 구분하였다.

Gagné는 학습은 학습자에게 지속적인 상태이어야 한다고 보았다. 즉 학습결과는 어떤 학습자가 지속적으로 어떠한 행위를 할 수 있는 능력을 의미한다. Gagné는 그것을 대별하여 다섯 가지로 분류하였는데, 여기에는 Bloom 등의 경우처럼 어떠한 복잡성이나 중요성에 비추어 위계적인 순서가 설정되어 있는 것은 아니다(이성호, 2016).

학습결과 가운데, 첫째, 언어정보(verbal information)는 사실이나 사태를 언어로 표현할 수 있는 능력을 말한다. 이와 같은 언어정보는 그 자체가 목적을 갖기보다는 보다 고차적인 학습을 계속하기 위한 보조 도구의 역할을 수행한다. 예컨대 영어 수업에서 단어나 숙어를 공부하는 것에 비유할 수 있다. 단어나 숙어를 외우는 것 자체가 목적이라기보다는 단어나 숙어를 외우지 않고서는 그 다음의 학습을 진행할 수 없는 것과 같은 이치다.

둘째, 지적 기능(intellectual skills)은 앞서의 정보의 내용(what)에 비추어 정보의 방법(how)을 학습하는 것이다. 즉 언어정보를 처리하는 전형적인 기능들이다. 이 지적기능의 하위 기능으로는 변별학습, 개념학습, 규칙학습, 고차적 규칙 학습 등이 있다. 이들 하위 기능은 지적 조작의 복잡성 수준에 따라 계열화되는데, 변별학습이 가장 단순한 수준의 지적 조작을 필요로 하는 학습이라면 고차적 규칙 학습은 가장 복잡한 수준의 지적 조작을 필요로 하는 학습이다.

셋째, 인지전략(cognitive strategies)은 자신의 독특한 방식으로 기억하고 사고하는 능력으로서 자신의 사고과정을 통제하고 관리하는 상위 인지기능을 의미한다. 지적기능이 학습자의 환경, 즉 학습자 외부에서 행동에 대한 작용이라면, 이것은 학습자 자신의 내면적인 행동이다. 인지전략의 유형으로는 리허설 전략, 정교화 전략, 조직화 전략, 정의적 전략 등이 있다.

넷째, 태도(attitude)는 개인적인 행위의 선택에 영향을 미치는 정신적 경향성을 의미한다. 사람이나 사물, 사건 등에 대하여 개인이 취하는 행동의 선택에 영향을 미치는 복잡한 인간의 특성이다.

다섯째, 운동기능(motor skill)은 일상생활의 운동기능적인 활동에 관련된 학습내용이다. 수영이나 골프 등의 운동을 한다든가 컴퓨터 자판을 이용하여 문서를 작성하는 것과 같이 신체의 근육을 활용하여 특정한 동작을 수행하는 능력을 말한다.

4. 교육목표의 진술

교육목표는 그것이 의미하는 바를 명확하게 하기 위해서 어떻게 진술되어야 하는가의 문제가 대두된다. Tyler는 교육목표가 학습내용을 선정하는 데 도움을 줄 수 있을 뿐만 아니라 학습활동을 안내하는 데 도움이 될 수 있어야 한다고 주장한다. 또한 학습 성과를 평가하는 명확한 기준이 되기 위해서도 교육목표가 의미하는 바를 서로 다르게 해석하지 않도록 진술되어야 함을 강조하였다. 주요 학자들의 수업목표 진술방법을 소개하면 다음과 같다.

1) Tyler의 목표 진술

Tyler(1949)는 교육목표가 의미하는 바를 명료하게 하기 위하여 교육목표를 진술할 때 행동목표로 진술할 것을 주장하였다. 행동목표란 학습의 결과인 도착점 행동을 관찰 가능한 용어로 진술하는 것을 말한다. 행동적 수업목표를 진술하는 3가지 방법을 제시하면 다음과 같다(강봉규, 박성혜, 2016).

첫째, 수업목표 진술은 '학생의 행동'으로 진술해야 된다는 것이다. 교육에서 관심을 갖는 것은 학생의 행동변화, 즉 학생의 행동이 교육이 시작되기 전, 더 좁게는 교수·학습이 시작되기 전과 그 후에 어떤 방향으로 어떤 수준까지 변화되었나를 보는 것이고 그것을 평가하는 것이 교육평가다. 따라서 목표의 진술에 있어서도 그것을 가르치는 교사의 행동으로 진술될 것이 아니라 학습자의 행동이라는 차원에서 진술되어야 한다는 것이다. 따라서 종래에 우리가 많이 사용하던 교사가 교실에서 무엇을 어떻게 가르칠 것이냐 하는 교사의 행동으로 진술될 것이 아니라 학습자들의 행동수준으로 진술되어야 한다.

둘째, 학습자의 행동만을 진술할 것이 아니라 그 행동이 나타내는 내용도 함께 진술해야 한다. 학습자들 앞에는 배워야 할 내용이 수없이 많고 그것은 교과서와 그 외의 학습자료에 나타나 있다. 종래에 우리 교사들이 학습지도안을 쓸 때 학습목표의 진술에서 주로 이 교육내용만을 나열했다. 그러나 이 교육내용은 학문구조에 따라 적절하게 세분화시켜서 행동요인과 관련시켜야 한다.

셋째, 학습자의 기대되는 행동은 충분히 세분화되어야 한다. 수업목표 진술에서 학생의 기대되는 행동을 충분하게 세분화시키지 않는다든가 학습과제의 내용구조를 구체적으로 세분화시켜 진술하지 않으면 실제 목표성취를 확인할 수 있는 준거를 자세히 나타낼 수 없게 된다.

이러한 구성요소가 포함된 수업목표의 예시를 나타내면 다음 〈표 8-4〉와 같다.

〈표 8-4〉 Tyler의 수업목표 진술 방법

내용	행동
빛의 성질을	설명할 수 있다.
직육면체의 평면도를	그릴 수 있다.
측우기가 만들어진 까닭을	설명할 수 있다.

Tyler는 교육목표를 내용차원과 행동차원으로 구분하여 제시하면 학습경험을 선정하고, 학습활동을 안내하며, 학습성과를 평가하는 데 도움을 얻을 수 있다고

강조하였다.

2) Mager의 목표 진술

Mager는 교육목표를 진술할 경우에는 진술된 교육목표를 읽고 다른 의미로 해석되는 것을 방지하기 위해서는 그 의미가 분명한 명시적 동사를 사용할 것을 권장하고 있다. 또한 교육목표를 내용과 행동으로 진술하는 것만으로는 충분하지 못하다고 보고 다음과 같은 세 가지 요건을 갖추고 있어야 한다고 하였다.

첫째, 도착점 행동(performance): 학습자가 학습목표에 도달한 증거로 확인할 수 있는 행동

둘째, 상황이나 조건(conditions): 그러한 행동이 일어나는 환경적 조건

셋째, 준거(criterion): 그러한 행동을 학습 성공으로 받아들일 수 있는 기준

Mager가 제시한 이러한 요건들을 반영한 수업목표 진술의 예를 보면 다음 〈표 8-5〉와 같다.

〈표 8-5〉 Mager의 수업목표 진술방법

학생은	10개의 1차 방정식 문제를 주었을 때,	30분 이내에 모든 문제를	정확히 풀 수 있다.
	(조건)	(준거)	(도착점 행동)

이와 같은 Mager의 수업목표 진술방법은 철저하게 조작주의적 입장을 택하고 있다. 도착점 행동이라는 학습자의 목표 행동이 무엇이냐에 대한 철저한 조작적 정의, 그리고 이와 같은 학습자의 행동이 나타나리라고 기대하는 조건을 제시했다는 것과 나타난 학습자의 행동이 목표의 절대수준에 도달했느냐를 판단할 수 있는 절대적 준거의 선정 등은 교수목표를 조작화한 극치로 볼 수 있다(강봉규, 박성혜, 2016).

3) Gagné & Briggs의 목표 진술

Gagné & Briggs(1979)는 목표진술에 있어서, 설계자가 목표에서 나타내고자 하는 학습 성과는 학습될 능력 동사에 따라 유목화된다고 하였다. 목표진술의 애매성을 극복하기 위하여 다음의 5가지 요소를 중심으로 진술할 것을 제안했다.

- 행위: 타인이 관찰할 수 있는 성취 행동을 기술한다(예: 글을 쓰다. 타이핑하다).
- 목적(혹은 대상): 수행한 행동의 결과로서 학습자가 무엇을 달성하였는가를 기술한다. 또한 이는 성취행동의 대상이기도 하다.
- 상황: 학습자의 성취 행동이 표현되는 상황을 기술한다(예: ~이 주어지면).
- 도구와 기타 제약조건: 성취 행동이 어떻게 수행되어야 하는 것으로, 도구와 행동에 가해지는 제한 사항을 기술한다.
- 학습된 능력: 성취행동의 종류나 학습된 능력을 기술한다(예: 창안한다. 분류한다).

〈표 8-6〉 Gagné & Briggs(1979)의 수업목표 진술 방법

자전거를 그린 그림이 주어지면	학습자는 5분 이내에	그림에 명칭을 붙임으로써	자전거의 구성요소를
(상황)	(도구 · 제약)	(행위)	(대상)
확인할 수 있다.			
(능력)			

이상과 같은 Gagné & Briggs의 수업목표 진술방법에 대한 논의는 대체로 너무 조작적이라는 것이다. 수업목표 진술의 요소로 5가지를 제시하고 있어 너무 구체적이고 세분화되어 이에 따라 교수목표를 진술할 수 있는 능력을 갖춘 사람이 드물다. 또 너무 세분화하고 조작적이므로 모든 교과의 내용에 적용되기 어렵다(강봉규, 박성혜, 2016).

4) Eisner의 행동적 목표진술에 대한 비판

Tyler, Mager 및 Gagné & Briggs가 주장한 행동적 목표진술에 대하여 Eisner는 다음과 같은 비판적 견해를 제시하고 있다(김민환, 2004).

첫째, 교육목표의 구체화는 환원주의(還元主義)적 관점으로부터 나온 것이다.

둘째, 사전에 교육목표를 상세하게 규정하는 것은 실제 수업상황과 맞지 않는다. 왜냐하면 실제 수업의 과정은 매우 다양하고 역동적이기 때문이다. 사전에 교육목표를 구체적으로 설정하고 진술할 수 있는 것은 극히 일부의 예측 가능한 것에 지나지 않는다.

셋째, 교육목표의 상세화가 모든 교과에 적합하지 않다. 교육목표를 세분하는 것이 바람직하거나 가능한지 등의 여부는 각 교과의 특성에 따라 다르다. 예컨대 예술분야의 교과에는 교육목표의 상세화가 부적합할 뿐만 아니라 바람직하지도 않다. 미술이나 음악과 같은 교과에서는 예기치 않았던 심미안이나 창의력, 독창성, 그리고 신기성 등이 학습될 가능성이 크기 때문에 이들 교과의 목표를 사전에 세분하는 것은 바람직하지 못한 것이다.

넷째, 교육목표를 교육내용보다 먼저 결정하는 것이 논리적으로 타당할 수 있으나, 심리학적으로는 그렇지 못하며, 또한 학교교육의 실제도 그렇지 않다. 왜냐하면 교사는 종종 수업이 진행되는 과정에서도 목표나 실행 가능한 결과들을 설정할 수 있기 때문이다. 따라서 교육목표를 구체적으로 세분해 진술하는 것은 오히려 수업목표의 달성을 저해할 뿐만 아니라, 이것이 하나의 교리처럼 작용할 위험도 있다.

다섯째, 논리적으로 정의된 행동적 목표는 그 자체의 논리(discourse) 때문에 매우 제한된 범위 내에서만 가치 있을 뿐이다. 우리가 갈망하거나 가르치려고 하는 것의 대부분은 논리적 형태로 표현되지 않는다. 예를 들면, 미묘한 경험이나 인간의 감정 등에 관한 논리는 매우 부족한 실정이다. 그럼에도 불구하고 모든 것을 언어로 기술하거나 측정하려는 사고는 옳지 못하다. 만일 교육의 모든 것을 언어로 기술할 수 있다거나 측정할 수 있으리라고 기대하는 것은 너무 적은 것만을 기대하는 꼴이 되고 만다.

Eisner(1994)는 이러한 행동목표의 문제점을 지적하면서 교육의 구체적 목표를 세 가지로 구분하여 제시하였다. 기능의 학습을 위해서는 행동적 목표가 필요하지만 그 외의 학습에는 문제해결 목표와 표현 활동에 따른 표현적 결과가 중요하다는 것이다.

[그림 8-2]에서 행동적 목표는 어떤 내용을 가지고 어떤 학습활동이 일어나는지를 구체적으로 지시한다. 하지만 학생들에게 필요한 모든 것을 예측하여 준비시킬 수 없기 때문에 수업목표로서 학생들이 해결해야 할 문제를 제시하기도 한다. 이것을 문제해결 목표라고 하는데, 학생들에게 문제해결의 조건을 명시하더라도 그 해결 상태는 제한하지 않는다. 행동목표의 경우처럼 미리 정해진 해결책을 학생들이 탐구해 내도록 요구하는 것이 아니라 학생들로 하여금 다양한 여러 가지 해결책들을 탐구하도록 요구하는 목표이다.

이와는 달리, 표현적 활동은 표현적 결과에 선행하여 이루어진다는 데서 앞의 두 가지 목표와 차이가 있다. 행동적 목표나 문제해결 목표에서는 목표가 활동보다 앞서지만, 여기서는 활동이 결과보다 앞선다. 이 결과가 곧 목표의 의미로 대체되어 해석되어도 좋다(이성호, 2016). 우리가 영화를 볼 때 어떤 목표를 세우고 관람하는 것이 아니라 영화를 보는 중 또는 본 후에 어떤 유익한 결과를 얻게 되는 것처럼, 교육활동에 있어서도 사전에 설정된 행동적 목표 없이도, 우리는 수업의 과정을 거치고 나면, 과거에 묵시적으로 형성된 여러 가지 기준을 바탕으로 수업을 통한 발전에 대하여 평가하게 되는 것이다. 즉, 목표는 반드시 학습활동 이전에 사전 설정되어야 하는 것만은 아니다. 학습활동 도중에도 얼마든지 형성될 수 있다는 것이다. 다시 말해서 Eisner는 교육의 구체적 목표는 교육과정관, 교과의 성격, 교사와 학생의 요구, 학교의 실정 등에 따라 행동적 목표, 문제해결 목표, 표현적 결과가 차지하는 비율이 달라야 하겠지만, 이 목표들 중 어느 것도 무시되어서는 안 된다고 하였다(김대현, 2019).

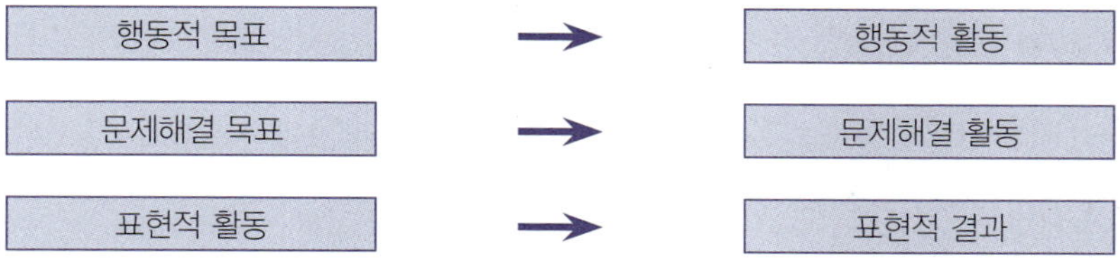

[그림 8-2] Eisner의 교육과정 목표와 교육과정 활동의 관계

교육내용의 선정과 조직

CHAPTER 9

1. 교육내용의 의미

교육목표가 설정되면 그러한 목표를 달성하기 위해서 교육내용을 선정하게 된다. 교육내용이란 교육을 통해서 학생들에게 학습시키고자 하는 '어떤 의도', 즉 교육목표의 구체적 표현인 것이다. 따라서 교육내용은 교육목표와 일관된 내용이 선정되어야 하며 교육목표의 선정 시에 고려되어야 할 요인이 내용의 선정에서도 고려되어야 한다.

전통적으로 교육내용의 선정과 관련하여 가장 논란이 되어 온 것은 교육내용을 지식중심으로 구성할 것인가 아니면 경험중심으로 구성할 것인가 하는 것이다. 대체적으로 볼 때 단순한 문화내용을 전달하는 데만 급급했던 교과중심 교육과정 시대에 있어서는 교육내용을 교과내용으로 보는 견해가 통용되어 왔으며, 이에 대하여 생활적응 능력의 개발에 중점을 두었던 경험중심 교육과정 시대에 있어서는 교육내용을 학습경험으로 보는 견해가 통용되었다. 그 후 학문중심 교육과정 시대에 있어서는 교육내용을 정선된 지식의 구조로 보기에 이르렀다.

1) 교과로 보는 견해

교육내용이라고 할 때 전통적으로 우리의 머리에 떠오르는 것은 교과(subject)이었다. 교과란 문화유산을 체계화한 조직된 지식이다. 그것은 곧 긴 역사를 통하여 인류가 쌓아올린 방대한 경험을 이해하고 새로운 경험을 설명하는 데 도움이 되도록 조직된 지식체계인 것이다(강봉규, 박성혜, 2016). 이리하여 국어, 수학, 물리, 예술 등의 교과목이 생기게 된 것이다. 형식적 학교교육이 시작된 이래 교과는 항상 교육의 내용이 되어 왔다. 그것은 교과중심 학교에서나 경험중심 학교에서나, 학문중심 학교에서나 마찬가지이다. 다만 차이는 교과를 어떻게 보느냐이다. 교과중심 교육과정에서는 교과를 목적 달성의 수단으로 보자는 경향이 짙다는 것이 주된 차이다.

교과목의 분류방식에는 여러 가지가 있다. Smith 등(1957)은 교과를 서술적 교과와 규범적 교과로 구분하고 있다. 전자는 어떤 현상이 생기는 과정과 결과에 대한 사실적, 원리적인 것의 진술로서 역사적인 사건의 기술, 동식물의 구조에 대한 기술, 물리적 법칙 등은 모두 여기에 속한다고 보았고, 후자는 인간이 도덕적, 심미적으로 선택할 수 있는 규범이나 표준으로 이루어진 것으로서 정치·경제의 사회적·도덕적 견지에서 바람직한 가정생활이나 예술의 감상 등에서 교과가 이루어진다고 보았다. 또 다른 경우를 들면 다음과 같이 구분하는 방법도 있다(대학교직과 교재편찬 위원회, 1994).

- 내용교과: 환경의 내용에 관한 교과–사회과, 과학
- 형식교과(기본 보존 혹은 도구교과): 환경의 형식에 관한 교과–언어, 산수
- 표현교과: 심정의 표현에 관한 교과–음악, 미술
- 기능교과: 생명보존의 기능에 관한 교과–체육, 실과

이렇듯 교과를 교육내용으로 보는 견해에 있어서는 이런 교과를 가지고 소기의 교육목표를 달성하려 생각하고 있는 것이다. 그러나 여기에서는 미리 마련된 체계

화된 문화내용을 학생들에게 주입시키는 데만 관심을 두어 결과적으로 단편적인 지식의 전수에만 급급함으로써 현대와 같이 복잡해진 여러 문제를 처리해 나가는 데는 별로 도움을 주지 못한다는 문제점을 안고 있다(구병두 외, 2017).

2) 학습경험으로 보는 견해

교육내용을 학습경험으로 보는 견해는 학교가 학생에게 제공하는 교육내용을 경험으로 보아야 한다는 주장을 나타내고 있으며, 여기에서 학습이란 경험활동을 통해서 이루어지는 것이기 때문에 어떤 경험이나 활동이 행하여지지 않으면 학습도 일어나지 않는다고 생각한다. 그러므로 어떤 교육목표를 달성하려면 실제적인 경험을 통해서 터득해야 하고, 학생 개개인마다 제각기 다를 수 있는 교육과정, 즉 목표·내용 등을 교사가 수업에서 이용할 것들을 문서로 만든 교육과정과 구별하는 것이다.

Tyler는 『교육과정과 수업의 기본원리(*Basic Principles of Curriculum and Instruction*)』에서 교과내용이라는 말 대신 학습경험이라는 표현을 사용하였는데, 그에 의하면 학습경험이란 어느 한 과목에서 취급하는 교과내용이나 교사가 펼치게 되는 지도활동과 같은 것이 아니라, 학습자와 그를 둘러싸고 있는 환경 속의 여러 조건들 사이에 벌어지고 있는 상호작용을 의미하는 것이다(이종승 편역, 1987).

이런 입장에서 Tyler나 정범모는 학습경험에는 그 목표에 따라 다음과 같은 여러 유형이 있다고 지적하고 있다(정범모, 1961).

- 지식·이해의 함양을 위한 학습경험: 이는 필요한 지식이나 이해를 기르기 위한 목표를 달성하기 위해서는 지식내용 자체의 가치보다 기능적 가치에서 선택된 사실, 원리, 법칙, 정의, 이론 등이 중핵이 되는 학습경험이다.
- 사고력 함양을 위한 학습경험: 이는 문제의 해결과정에서 요구되는 사고를 적절히 기능적으로 할 수 있는 학습경험이다.
- 사회적 태도 함양을 위한 학습경험: 이는 다양한 활동에 동기체제의 역할을

할 수 있는 학습경험이다.

- 감상력 함양을 위한 학습경험: 이는 어떤 작품이나 현상을 깊이 있고 폭넓게 음미·평가해 보려는 학습경험이다.
- 기능 함양을 위한 학습경험: 이는 운동적, 정의적, 사회적 또는 지적인 기능을 기르기 위한 학습경험이다.
- 흥미 함양을 위한 학습경험: 이는 다양한 활동에 동기체제의 역할을 할 수 있는 학습경험이다.

교육내용을 학습경험으로 보는 견해는 학생의 생활장면에서 일어나는 문제나 과업을 중심으로 교육과정을 구성하는 데 치중하였기 때문에 체계적인 접근방법의 학습이 불충분하고, 주요 개념이나 원리의 깊이 있는 이해가 부족하기 때문에 실질적인 탐구능력을 배양하는 데 많은 문제점을 지니고 있는 것으로 평가되고 있다.

3) 지식의 구조로 보는 견해

Bruner는 1960년에 출판한 『교육의 과정(*The Process of Education*)』에서 교육의 내용을 지식의 구조라고 규정하고 있다. 그는 『교육의 과정』에서 종래의 미국 교육의 문제점에 대하여 다음과 같이 지적하고 있다. 즉 종래의 교육에서는 교과를 가르칠 때, 학생들로 하여금 학자와 동일한 일(이것이 바로 '학문을 한다'고 할 때의 '학문'이라는 말의 의미이다)을 하지 않고 주로 학자들이 학문적 활동을 한 결과로 얻은 결론을 학생들에게 제시하고 그것을 암기하도록 하였다. 따라서 종래의 교육은 교과를 교과답게 또는 그 교과의 특성에 충실한 형태로 가르치지 않았다는 것이다.

그러면 Bruner가 생각하는 지식의 구조이란 무엇인가? 지식의 구조가 무엇인지에 대하여 그의 설명은 그다지 명확하지 않으며, 『교육의 과정』에서 세 가지의 간접적인 방법으로 설명하고 있다(이홍우, 1988). 첫째, 지식의 구조는 '기본적인 개념과 원리', '일반적인 아이디어'라는 말과 동의어로 쓰이고 있다. 둘째, 지식의 구조를 파악하는 것은 사물이나 현상이 어떻게 관련되어 있는가를 파악하는 것이다. 셋째, 지식의 구조는 기억하기 쉽고, 이해하기 쉽고, 학습 사태에서 배운 내용을 학습 사태 이외의 사태에 적용하기 쉽고, 초등지식과 고등지식 사이의 간격을 좁힐 수 있다는 이점이 있다.

그러나 이와 같은 방식으로는 Bruner가 제시한 지식의 구조를 제대로 알기 어렵다. Bruner는 『교육의 과정』 속에서 '지식의 구조'라는 용어를 많이 사용하였지만, '학문의 구조'라는 용어도 사용했다는 점을 눈여겨볼 필요가 있다. 지식이란 내포와 외연이 막연하여 그 구조를 밝히기는 어렵지만, 학문의 경우에는 가능하다. 특히 초·중·고등학교에서 가르치는 교과를 구성하는 학문을 생각하면 그 수가 많지 않으며, 당시에 개혁의 초점이 되었던 수학이나 과학과 같은 교과를 구성하는 학문의 경우에는 구조를 밝히려는 시도가 가능하다.

이런 점에서 Bruner가 관심을 가진 것이 막연한 지식의 구조가 아니라 특정한 학문의 구조, 특히 초·중등학교의 교과를 구성하는 특정 학문들의 구조라고 한다면 그 구조는 일반적으로 다음과 같이 설명할 수 있다. 즉, 학문은 크게 지식의 체계와 탐구의 방법으로 구성된다. 학문을 구성하는 지식 체계를 분석하면 여러 수준의 지식이 있다. 가장 초보적인 수준의 지식은 사실 정보다. 이들을 묶어서 설명해 주는 것이 개념이며, 개념들의 논리적·경험적 관계를 통하여 원리나 법칙이 형성된다. 또한 이러한 원리나 법칙들이 결합되어 이론을 형성하며, 이론 속에서 원리나 법칙은 통합된다. 예를 들어 사회학이라는 학문 속에 포함되는 지식들의 수준은 〈표 9-1〉과 같이 나타낼 수 있다.

〈표 9-1〉 이론, 법칙, 개념, 사실의 관계

이론: 뒤르켐의 「자살론」 법칙: 모든 사회 집단에서 자살률은 개인주의의 정도에 따라 달라진다. 개념: 자살률, 개인주의 사실: 1965년에 스페인에서는 인구 10만 명당 7.6명이 자살했는데, 미국에서는 16.3명이 자살했다.

출처: 최병모 외 공역(1987).

한편, 학문은 탐구방법을 통해서 지식의 체계들이 형성되는 관계에 있다. 학문을 중심으로 교과를 구성해야 한다는 것은 학문의 구조를 그 학문의 성격에 맞는 탐구방법에 의하여 배울 수 있도록 교육과정을 구성해야 한다는 것을 가리킨다. 교과로서의 지식의 구조가 주장되는 것과 동시에 그 방법상의 원리로 강조된 '탐구학습' 또는 '발견학습'이라는 것은 학생 자신이 탐구하고 발견해야 한다는 것을 말하는 원리이다.

학문중심 교육과정 개혁이 어느 정도의 교육성과를 거두었는지에 대해서는 회의적인 시각이 많다. 먼저 동일한 학문분야에 종사하는 사람들도 해당 학문의 구조에 대한 생각이 달라서 보편적 구조가 있는지에 대해서 의문이 제기되었으며, 학문의 구조에 대한 이해를 지나치게 강조하여 학습자의 정의적 측면과 사회 문제해결력을 길러주지 못했고, 지적능력과 경험이 부족한 학습자는 내용이 너무 어려워 수업을 따라가지 못했으며(Tanner & Tanner, 2006), 교사를 배제하고 교재와 수업자료를 외부에서 제작하여 교사를 교육과정의 전달자로 간주함으로써 그들의 참여를 제대로 이끌어내지 못하여 운영에 실패했다는 지적을 받았다(김대현, 2019).

2. 교육내용 선정의 기준

1) 교육내용 선정의 원리

교육내용을 선정하는 데 있어서 고려되어야 할 점은 학교에 다니는 기간은 한정되어 있는데 배워야 할 내용이 너무 많다는 데 있다. 따라서 교육과정 개발에 참여하는 사람들의 관심은 가치 있는 교육내용을 어떻게 선정하고 교과를 정하느냐에 대한 것이다. 교육내용 선정의 원리는 대략 다음과 같은 사항을 들 수 있다.

(1) 유의미성

교육과정 내용 선정에서 유의미성은 1960년대의 학문중심 교육과정의 출현과 더불어 내용선정에 있어 가장 합리적인 기준으로 부상하였다. 내용의 유의미성은 그 내용이 그 학문분야에서 얼마나 본질적이며 또는 기본적이냐 하는 문제이다. 이때 기본적인 내용은 그 학문분야 내에만 국한되는 것이 아니라, 그러한 기본적인 내용은 다른 학문, 다른 지식들을 학습함에 있어 선수 기초요건이 되는 경우도 포함하는 것이다. 그래야만 교수·학습하는 의미를 찾을 수 있는 것이다.

그렇다면, 무엇이 기본적이고 본질적인 내용이냐에 대한 합의가 선행되어야만 할 것이다. 어느 학문에서든 본질적인 내용이 되는 것은 아마도 그 학문의 지속성 있는 기본 개념이라고 표현할 수 있겠다. 기본개념은 그 학문의 여러 가지 다른 하위개념들을 그것에서부터 끌어낼 수 있는 원천적 역할을 수행한다. 즉 보다 많은 하위 개념들을 포섭하고 설명해 낼 수 있는 설명력을 지니고 있는 것이 기본 개념이다. 이러한 기본개념은 대체로 논리적 의미를 지니고 있어야 하며, 그것은 곧 학습자 개개인에게 개별적인 현상학적 의미를 줄 수 있어야 한다. 또한 그런 기본 개념을 교수·학습할 때, 교수자나 학습자 모두 높은 수준의 현상학적 의미를 느끼게 되는 것이다.

(2) 타당성

타당성의 기준은 교육과정 내용선정에 있어서 우리가 반드시 가르치고 배워야 할 모든 내용을 고르게 포함시키고 있느냐의 문제이다. 타당성의 기준은 두 가지 측면에서 생각할 수 있다. 하나는 그 내용 자체의 타당성이다. 이는 그 내용이 얼마나 많은 전문가들이 입증하고 확신하는 내용이냐 하는 문제로서 진정한 확신성이 있어야 한다. 다른 하나의 타당성은 그 선정되는 내용의 깊이와 폭에 있어서 균형이 확보되어야 함을 의미한다. 깊이의 문제는 심층적인 연구의 내용이고, 폭의 문제는 내용의 광범위한 개관이다.

(3) 유용성

내용의 유용성은 교육과정 내용선정의 또 다른 중요한 기준이다. 넓은 뜻에서의 내용의 유용성은 학교 밖의 현실 세계와의 관련성을 의미한다. 즉 교육과정 내용이 얼마나 실제세계에서 활용하기에 적합한 것인가? 즉 내용의 사회적 효능성이라고 볼 수 있다. 학습자와 사회의 요구에 적절한 교육과정 내용의 선택은 곧 유용성을 확보하는 한 가지 방법이다. 또한 학습자의 흥미와 필요에 따라 내용이 얼마나 적합하도록 이루어지느냐는 곧 그 내용의 유용성을 결정하는 또 다른 관건이 된다. 이는 학습자의 흥미에 불을 붙일 수 있는 내용, 학습자가 갖게 될 잠재적 흥미를 고려하는 내용으로 교육과정을 구성하여야 함을 의미한다. 결국 이 두 가지를 합쳐 보면 내용은 학습자의 삶에 의미를 가져다주고, 학습자의 훗날의 삶에서 지속적으로 가치 있는 도움을 줄 수 있는 내용이 되어야 한다는 것이다.

(4) 학습가능성

내용의 학습가능성은 교육과정의 내용을 선정하는 중요한 지침이 된다. 내용은 교수자에게는 가르칠 수 있는 내용이어야 하고, 학습자에게는 학습이 가능한 내용이어야 한다. 즉 학습자의 지적발달, 신체적 발달, 정서적·사회적 발달 등에 적합한 수준과 양의 내용이어야 한다. 흔히, 학습자가 배울 수 없는 내용을 놓고, 열심히 가르치려고 헛수고하는 교수자를 우리는 본다. 그것이 바로 교육과정 내용선정에 있어서 내용의 학습가능성을 무시해 버렸기 때문에 나타나는 현상이다. 반드시 조기에 학습시킬수록 좋다는 맹신이 교육과정 내용선정의 원칙이 되어서는 안 될 것이다.

(5) 경제성

교육과정의 내용이 학습자로 하여금 가장 경제적인 방식으로 최대한 성취를 하는 데 도움을 줄 수 있는 내용으로 선정되어야 함을 의미한다. 이를테면, 학습자의 노력의 경제성, 교수자의 노력과 교수·학습 자원의 경제성, 교과내용의 일반화 범위의 경제성 등을 포함한다. 허락된 시간에 가용한 인적·물적 자원을 활용하여 최대한의 교수·학습효과를 거둘 수 있는 비용–효과적인 맥락에서 교육과정 내용이 엄격하게 선정되어야 함을 강조하는 것이다.

(6) 내적·외적 관련성

교육내용은 그 학문분야 내에서 다른 내용들과의 유기적 관계를 형성하고 있는 내용이어야 한다. 교육과정에서 선정되는 내용은 위계적인 구조와 체계 속에서 종적이나 횡적으로 그 학문분야의 다른 내용과 관련성을 지녀야 한다. 또한 다른 학문분야의 내용과도 관련을 지을 수 있는 잠재가능성을 지니고 있어야 한다. 교과 간에 내용상의 의미 있는 상관적 관련성을 높이기 위한 노력이 내용선정의 과정에서 고려되어야 한다.

(7) 균형성

교육과정 내용이 무조건적으로 학습자의 요구에만 치우쳐서도 안 되고, 사회의 요구, 성인들의 요구, 또는 여러 집단의 요구가 함께 균형 있게 고려되어야 함을 의미한다. 이러한 균형성은 사회변화를 위한 요구와 사회안정을 위한 요구 간에서도 마찬가지로 필요하다. 또한 시간적으로 현재를 위한 내용뿐만 아니라 미래를 위한 내용에서의 균형, 민족이나 자국민의 관점과 세계시민으로서의 관점에서의 균형도 고려하여 선정되어야 한다. 문화적 다양성과 복수성을 지닌 현대사회에 개개인의 가치를 존중하는 다양성을 교육내용의 선정에 포함시키며 아울러 사회통합을 위한 가치와 관련된 균형성과 학습경험의 범위와 깊이의 균형성을 교육내용의 선정에 포함시킨다.

(8) 사회가치 적합성

이 기준은 '민주주의적 가치지향', '사회적 가치', '사회개발' 등으로 다양하게 표현된다. 학교는 사회의지를 반영하는 것과 함께 개인의 변화와 동시에 사회변화의 방향을 제시해야 한다. 이 기준에 기초하여 선정된 교육내용은 인간의 도덕적 가치와 이상, 사회문제, 인간의 감정, 효율적인 사고과정 등에 대한 탐구를 내용으로 한다. 사회적 가치에 적합한 교육내용은 어떤 정형화된 가치나 사고의 틀을 교화시키는 것이 아니라, 인간의 존재의미에 대한 사회적인 가치를 고려하는 것이다.

(9) 동목표 다경험

동일한 목표를 달성하는 데에 다양한 학습경험을 사용할 수 있다고 하는 원칙이다. 특정한 교육목표는 일정한 범위 내의 교육내용을 요구하지만 그 범위 내에서 효과적인 학습을 보장하는 교육내용이라면 어떠한 교육내용이라도 교육목표를 달성하기 위하여 사용될 수 있다. 어떻게 생각하면 특정의 수업목표를 달성하는 데에는 거의 한도가 없을 정도의 다양한 학습경험이 있을 수 있다.

(10) 동경험 다성과

한 가지의 교육내용이 반드시 한 가지의 교육목표를 달성하는 데 유용하거나 한 가지만의 학습성과를 가져오는 것은 아니며, 동시에 여러 가지 목표를 달성하게 하거나 여러 가지의 학습성과를 가져온다는 원칙이다.

2) 교육내용 선정방법

교육목표가 설정되면 그 목표를 달성하기 위하여 교육내용을 선정하게 된다. 교육내용을 선정하는 방법으로는 교과담당 전문가에 의하여 필요하다고 생각되는 지식을 논리적이고 체계적으로 선정되던 종래의 방법에서 벗어나서 다양한 방법으로 선정된다. Smith 등(1957)이 제시하는 교육내용의 선정방법은 다음과 같다.

(1) 판단적 방법

이 방법은 앞에서 제시한 여러 계층의 교육내용 구성자들이 독자적인 판단을 통하여 올바른 교육내용을 찾아내도록 하는 방안을 말한다. 그렇게 하기 위해서는 판단하는 사람들의 이념과 지식이 건전해야 하는 것은 물론이며, 만일 사회적 전망이 너무 협소하고 지나치게 과거 지향적이어서 관심, 흥미, 욕망, 선입감 등이 민주적 이념에 무감각하거나 어떤 특수한 사회집단, 노동조합, 전문 학술단체 등에만 쏠린다면 그 판단은 좋은 교육내용 선정의 기반이 될 수 없을 것이다.

(2) 실험적 방법

실험적 방법이란 내용선정에 있어서 어떤 교육내용이 달성하고자 하는 목표나 충족시키고자 하는 원칙을 충분히 만족시킬 수 있는가 하는 점을 실제 실험을 통해서 결정하는 방법을 말한다. 이런 실험에서 이 교육내용은 민주적 생활태도의 함양이란 목표를 달성할 수 있는가, 유용성의 원칙, 만족의 원칙 또는 가능성의 원칙을 충족시킬 수 있는가 등 우리가 실험해 보고자 하는 광범위한 문제에 대해서 과학적인 근거를 마련해 준다. 물론 이런 교육내용의 실험은 규정된 조건 아래에서 가능한 한 엄격한 기술로서 이루어져야 하며 그럼으로써 개인적, 집단적인 편견이나 잘못된 판단 또는 다른 요인에 의한 오류를 최소한도로 줄일 수 있는 것이다.

(3) 분석적 방법

분석적 방법은 널리 알려진 내용선정 방법의 하나로서 여러 가지 목적 또는 원칙을 확인하기 위해서 사용되나, 특히 유용성과 밀접한 관계가 있다. 일반적으로 이 방법은 어떤 활동에 기능적으로 공헌할 수 있는 교육내용을 발견하기 위해서 인간이 하는 활동을 분석하는 것이다. 활동분석으로서 이것은 어떤 국가 또는 지역 내의 사람들이 종사하고 있는 활동의 일반 유형을 발견해보자는 데 목적이 있다. 다음으로는 직업분석으로서 앞에서 말한 활동분석을 직업분야에 적용한 것이다. 마지막으로는 일반적으로 유용한 지식, 기능의 분석이다.

(4) 합의적 방법

합의적 방법은 교육과정이란 어떤 것이어야 한다고 믿는 여러 사람들의 의견을 수집하는 방법이다. 이 방법의 결과는 어떠한 것을 학교에서 가르쳐야 된다고 믿는 사람들의 수, 백분율 또는 특수집단 등으로 표현된다. 또한 이 방법은 과정이 매우 간단하기 때문에 연구가 또는 실천가들이 많이 사용하고 있다.

3. 교육내용의 조직

1) 교육내용 조직의 원리

교육내용의 조직은 수평적 조직과 수직적 조직으로 나누어 고찰할 수 있는데, 수평적 조직은 같은 시간대에 교육내용들을 배치하는 것을 의미하며, 수직적 조직은 시간의 연속성을 토대로 교육내용을 배치하는 것을 말한다.

(1) 계속성의 원리

계속성(continuity)의 원리는 교육내용의 종적 관계에 관한 문제로서, 교육내용을 조직할 때 중요한 개념, 원리, 사실 등의 학습이 어느 정도 계속해서 반복되도록 하기 위한 수직적인 조직원리이다. 학습자가 동일한 개념이나 지식을 계속적으로 경험함으로써 누적되는 지적인 효과를 기대할 수 있다. 즉 이 원리는 학습심리면에서 지각의 법칙이 근거가 되는 것으로 학습자가 학습한 내용을 망각되지 않을 정도까지 학습되게 하기 위해서는 학습목표와 직결된 지식이나 과정 또는 행동양식이 어느 기간 동안 계속 반복학습이 되도록 조직해야 한다는 것이다.

계속성의 계획은 대체로 첫째는, 교과내용 분야에서의 계속성을 기하는 일과, 둘째는 각급 학교 수준 간에, 그리고 동일한 수준에서의 교과목 상호 간에 연계성(articulation)을 기하는 일, 셋째는 개개 학습자의 경험 속에서 계속성을 기하는 세 가지 방식으로 전개될 수 있다(이성호, 2009).

(2) 계열성의 원리

계열성(sequence)은 교육과정 내용이 제시되는 시간적 순서(time order)이다. 즉 학습자가 어떤 내용을 먼저 배우고 어떤 내용을 나중에 배우는가를 결정하는 것이다. 따라서 계열성에서는 선행학습과 후행학습의 순서를 정하는 데 있어 선행학습의 내용을 기초로 하여 다음 내용은 학습량이 보다 많아지고 그 수준도 높아지도록 조직해야 한다는 원리이다.

일반적으로 교육내용을 계열화하기 위하여 자주 사용되는 일곱 가지 방법은 다음과 같다(김대현, 2019).

- 연대순 방법: 이 방법은 다루게 될 교과의 내용이 시간의 흐름과 관련 있을 때 의의가 있다. 그 순서는 과거에서 현재 혹은 그 반대로 조직될 수 있다. 연대순 방법은 역사 교과에서 많이 사용되지만 문학이나 예술 장르의 발전과정을 가르치기 위하여 국어 교과나 예술 교과에서 사용되기도 한다.

- 주제별 방법: 이 방법은 내용을 여러 단원들로 묶지만, 단원들이 상호 독립적이어서 학습자가 새로운 단원을 학습하기 전에 이전 단원에서 배운 정보를 활용할 필요가 없을 때 사용된다. 예를 들어, 중학교 1학년 과학 교과에서 '생물의 구성' 단원과 '지구의 구조' 단원은 서로 관련이 없기 때문에 어떤 것을 먼저 배치해도 상관없다.

- 단순에서 복잡으로의 방법: 이 방법은 기초적인 내용이 보다 복잡한 내용의 앞에 오도록 순서 짓는 것을 말한다. 이런 배열은 영어 교과의 구성에 종종

사용된다. 영어 교과는 과거나 완료 시제를 배우기 전에 현재 시제를 먼저 배운다. 이 방법은 영어 교과에 한정된 것이 아니라, 과학이나 사회과를 포함하여 복잡한 내용을 하위부분으로 나눌 수 있는 모든 교과에서 사용될 수 있다.

- 전체에서 부분으로의 방법: 이 방법은 전체에 대한 이해가 부분들을 이해하는 데 필수적일 때 사용된다. 전체에서 부분으로의 설계는 학습자에게 배울 내용의 개요를 먼저 소개하고, 학습자가 이 개요를 학습한 후에 전체의 더 작은 부분인 구체적인 정보를 배우게 된다. 이런 방식으로 조직된 지리 교과는 학습자에게 대륙 전체를 가르친 다음 각 나라와 나라 안의 도시를 소개한다.

- 논리적 선행 요건 방법: 이 방법은 어떤 내용을 학습하기 위해서 반드시 배워야 할 내용이 있을 때 사용된다. 수학 교과에서는 이차 방정식 문제를 풀기에 앞서 일차 방정식 문제를 풀도록 되어 있다. 이러한 방법은 수학의 경우에 한정되는 것이 아니라, 논리적 구조가 선명한 물리학이나 화학 등의 자연과학 관련 교과에 널리 사용된다.

- 추상성의 증가에 의한 방법: 이 방법은 학습자가 친숙한 교육내용으로부터 시작하여 점차 낯선 교육내용으로 안내되도록 배치한다. 예를 들어, 초등학교의 도덕과는 개인생활, 가정·이웃·학교생활, 사회생활, 국가·민족 생활의 순으로 교육내용을 배열한다.

- 학생들의 발달에 의한 방법: 학생들은 인지, 정서, 신체 등에서 일정한 단계를 거쳐 발달한다고 생각하고 이 단계에 맞추어 교육내용을 배열한다. 예를 들어, Piaget의 인지발달이론, Erickson의 성격발달이론, Havighurst의 발달과업이론 등은 교육내용을 배열하는 데 도움을 준다.

(3) 통합성의 원리

통합성(integration)의 원리는 한 영역의 한 가지 내용이나 경험, 능력들이 다른 여러 영역의 그것들과 어떻게 상호관련을 시키도록 하느냐의 문제로서 극단적으로 말하면 교과와 교과 간, 또는 경험과 경험 간의 조직관계의 일이다. 이는 여러 교과의 여러 학습 상황에서 얻어진 내용이나 경험들이 서로 독립적으로 관계없이 단절되어 있는 것이 아니라, 개개의 경험들이 상호 연결되어 통합됨으로써 보다 효율적인 학습과 성장·발달을 촉진할 수 있도록 조직하자는 것이다. 이를테면 수학과에서 가감승제, 즉 사칙연산을 학습한다면 그것은 비단 수학과에서만 국한된 학습에 그치지 않고 사회과나 자연과, 그리고 실과와 같은 교과에서도 효과적으로 활용될 수 있어야 할 것이다. 마찬가지로 자연과에서 다룬 개념은 자연과 이외의 여러 교과와도 관련지어 그 개념에 대한 더욱 폭넓은 이해와 통합된 의미가 학습되도록 해야 할 것이다. 교육과정 조직의 통합성에 대한 관심은 1960년대 이후 교육과정 개혁운동이 많은 새로운 지식의 영역을 끌어들이기 시작한 이후에 더욱 높아졌다. 새로운 지식의 영역을 자주 넓혀서 늘어놓는 데 열중한 나머지 통합화의 목적을 경시하게 된 것이다. 교육과정이 자꾸만 분과주의로 되면서, 그 내면적인 통합이 이루어지지 못하게 된 것이다. 지난 1981년 4차 개정에서 나타난 우리나라 교육과정이 지니고 있는 장점 중의 하나가 바로 이러한 통합성의 원리를 신중하게 반영시킨 데서 찾아볼 수 있다.

(4) 범위의 원리

범위(scope)는 교육과정 내용의 수평적 조직으로, 교육과정에서 다루어 줄 내용의 폭(breadth)과 깊이(depth)를 말한다. 많은 교과들을 그냥 쭉 옆으로 나열해 놓는다고 교육과정이 조직되는 것은 아니다. 그렇다고 해서 아주 소수의 제한된 과목만을 갖고 한없이 파고 들어갈 수도 없는 것이다. 폭이 넓어질수록 깊이는 얕아지고, 깊이가 깊어질수록 폭은 좁아질 수밖에 없다. 이러한 폭과 깊이의 딜레마는 교육과정 조직에서 언제나 그 의사결정이 어려운 문제 중의 하나이다.

우리나라는 국가 교육과정에서 교육현장에서 배울 교과를 중심으로 내용의 범위를 정해 주고, 지역 교육과정에서도 초등학교 일부 사회과 단원에서 범위를 결정한다. 교육과정 실천은 교사에 의해 이루어지기 때문에, 교사에 의해 어느 정도 조정이 되는 과정을 거친다.

(5) 균형성의 원리

균형성(balance)은 특정한 교육과정 내용이 우세한 비중이 주어져 교육과정 내용에서의 왜곡현상이 일어나지 않도록 하는 것이다. 교육과정과 수업 및 학습에 대한 특정한 관점을 토대로 교육과정 내용이 조직되면 다른 부분이 제외되어 학습자를 위한 교육과정 내용이 합리적으로 결정이 되지 않게 되는 것이다.

균형성과 관련된 문제는 여러 가지 측면에서 제기된다. 학문의 지적 체계를 중시하는 입장과 학습자를 중시하는 입장, 개인적 요구와 사회적 요구, 일반교육과 전문교육, 인지적 영역과 정의적 영역 및 운동·기능적 영역, 논리적 측면과 심리적 측면, 동일 학문 내에서의 하위 영역의 비중 문제 등이 그것이다. 균형성은 교육과정 설계의 모든 측면과 관련해 균형을 이루어야 한다는 것이지만, 현실적으로 쉽지 않은 일이다. 교육과정에 종사하는 전공자와 현장교원은 교육과정의 균형을 위해 지속적인 점검과 조정의 노력을 기울여야 한다.

2) 교육내용의 조직방법

교육과정의 구성은 우선 교육목표를 설정하고 그 목표에 따라 선택된 교육내용을 일정한 원칙에 따라 배열함으로써 학습순서를 정해야 한다. 교육내용의 조직방법으로 널리 쓰이는 방법으로는 논리적 방법, 심리적 방법, 절충적 방법이 있다. 논리적 방법은 교육내용의 논리적 구조에 따라 배열하는 방법이고, 심리적 방법은 학습자들의 심리적인 특성에 따라 교육내용을 배열하는 것이다. 어떤 교육내용을 불문하고 실제 학습의 전개는 심리적 요인과 논리적 성격이 상존하므로 논리적이거나 심리적이라는 일방적 방법만의 배열로는 기대할 만한 교육과정이 될 수 없다. 따라서 절충적 방법은 위의 두 가지 방법을 절충한 것으로 학습자의 흥미를 중심으로 하면서도 교재의 논리적 순서와 그 발전이 보장되도록 배열하는 방법이다. 학습자의 활동에는 논리적인 발전의 순서가 있으며, 또한 논리적인 교과나 교재에도 그 학습의 특유한 심리적 요소가 개재되었다는 것을 인정하고 학습자의 발달순서와 교재의 논리적 발전으로 절충을 취하는 방법이다.

교육내용 조직방법의 유형을 제시하면 다음과 같다(강봉규, 박성혜, 2016).

(1) 기본적인 조직의 방법

학습경험은 가까운 것에서 먼 것으로, 쉬운 것에서 어려운 것으로, 구체적인 것에서 추상적인 것으로 조직되어야 한다. 그것은 학생이란 신체적·지적으로 성장·발달해감에 따라 점차 추상적인 개념을 갖추게 되기 때문이다.

(2) 시간적인 발전에 의한 주제 배열

학생의 시간의식의 발달에 따라 조직하는 방법이다. 예컨대, 초등학교에서 고학년이 되면 지난날의 의식이 명료해지기 때문에 과거와 현재를 비교할 수 있는 단계로서 주제가 배열된다. 다시 중학교에 가면 미래의식이 명료해지므로, 어떤 계열에서나 중학교의 고학년 교과내용에서는 장차 사회개혁이나 사회계획의 주제가 배열되고 있다.

(3) 생활환경 확대에 의한 주제 배열

학생의 공간의식 발달에 따라 조직하는 방법이다. 초등학교 저학년의 학습주제는 직접적인 생활환경을 중심으로 하며, 고학년으로 갈수록 점차 생활환경이 확대되는 주제가 된다. 예를 들면, 가정, 학교, 지역사회, 국가에서 다시 세계로 생활환경을 확대시켜 가는 형식의 주제 배열이다.

(4) 사회문화의 복잡성에 의한 주제 배열

학생의 정신적 발달 순서에 따라 단순한 것에서 복잡한 것으로 조직하는 방식이다. 예를 들면, 단순한 사회제도에서 복잡한 경제조직이나 정치제도로 발전되어 가는 식의 배열이다.

(5) 사회이상의 실현으로 발전하는 주제 배열

학생의 사회적 이해의 발달에 따라 조직하는 방법이다. 학생들이 사회의 제반 모습이나 기구를 이해함에 따라 사회질서의 개선에 참가하려는 욕구를 갖는다는 관점에서 주제를 배열한다. 예컨대 우선 현재의 사회조직을 분석하는 주제 배열로 사회개선의 필요를 이해시키고, 다시 바람직한 사회건설의 욕구를 갖도록 주제를 배열한다.

(6) 계통적 순서에 의한 주제의 배열

각 교과 속에 포함되어 있는 교재는 제각기 논리적인 체계에 따라 전후관계가 있는 것이 많다. 그러므로 교재는 이 논리적인 전후관계에 따라 계통적·체계적으로 조직해야 한다는 논리적 배열법이다.

4. 단원의 구성

1) 단원의 개념

교육과정의 구성작업 중 마지막 단계에서 단원을 구성한다. 교육과정을 구성하는 요소로서의 교재의 단위, 즉 학습단위를 구성하는 것이다. 따라서 단원은 교육과정 개발에 있어서 가장 기초적이며 최저단위로 구성되는 것이다. 단원(unit)이란 원래 단일성, 전체성, 통일성, 통합성을 뜻하는 것이다. 이를 바탕으로 단원을 정의하면, "통일된(단일된) 어떤 자원을 중심으로 한 학습내용의 하나의 조직"이라고 할 수 있다(강봉규, 박성혜, 2016).

이러한 단원은 통일성 있는 학습활동을 전개시킬 학습자료로서 대체적으로 교재단원(subject matter unit)과 경험단원(experience unit)으로 나누어진다. 교재단원은 교과중심 교육과정에서 교과 또는 문화를 학습내용의 전체라 보고 이것을 자원으로 해서 이론적으로 그 내용을 분절하여 통일성 있고 단일성 있게 조직한 학습의 최저단위를 의미한다. 이에 반해서 경험단원은 경험중심 교육과정에서 학생들의 흥미나 필요 또는 사회문제나 사회기능 등을 자원으로 하여 학습의 최저단위인 하나하나의 경험을 전체의 경험과 유기적으로 관련·분절하여 조직하고 전개하는 일련의 활동을 의미한다.

한편 단원은 그 구성의 과정상 사전준비로 이루어지는 자료단원(resource unit)과 학급에서 전개되는 학습단원(learning unit)으로 나눌 수 있다. 자료단원이란 교사가 학습단원을 계획하고 전개하고, 평가하는 데 도움이 될 수 있는 여러 가지 자원(문제, 활동, 참고서적 등)을 체계적·포괄적으로 조사, 분석, 조직한 것을 말한다. 다시 말해서 학생들로 하여금 단원학습을 이끌어 나가도록 하는 데 필요한 여러 가지 기준이나 자료를 제시할 수 있는 하나의 참고역할을 하는 것이다. 학습단원이란 교사가 지도하려고 하는 특정한 학습집단을 위해서 자료단원과 학습경험을 근거로 학생의 필요와 욕구, 사회적인 문제와 욕구 등을 참고하여 학습활동을 계획한 도표(chart), 개요(outline) 혹은 안내서(prospectus)인 것이다. 즉, 자료단원을 참고로 하여 교사가 지역사회의 실태, 학교의 시설, 학습자의 특성 등을 고려하여 자기 학급에 알맞도록 계획한 단원과 이 단원을 학습하는 학생활동을 의미한다.

전통적으로 교육과정의 구성에는 과나 주제 등의 용어보다는 단원이라는 용어를 널리 사용해 왔다. 교과중심 교육과정이나 학문중심 교육과정에서는 교육과정을 교과영역이나 지식영역으로 구분하고 각 교과나 영역을 다시 몇 개의 단원으로 구분한다. 그런데 각 교과는 그 교과내용에 차이가 있기 때문에 단원이라는 용어보다는 과나 주제라는 용어를 사용하는 것이 더 어울릴 때가 있다. 일반적으로 국어나 외국어 과목 등 언어 과목에서는 단원이라는 용어 대신 과(課)라는 용어를 사용하며, 수학, 과학, 사회 등의 교과에서는 단원이라는 용어보다는 주제나 내용이라는 용어를 주로 많이 사용하고 있다. 현행 우리나라의 유치원 교육과정에서는 단원이라는 용어를 사용하지 않고 주제라는 용어를 사용하고 있다.

2) 단원의 계획과 전개

(1) 단원의 계획

단원계획이란 교사가 학급에서 전개하고자 하는 학습단원에 대한 계획이다. 즉 한 단원에 대하여 실제로 경험이 일어날 수 있도록 세우는 구체적인 수업계획을 말한다. 보통 단원전개안, 교수전개안(교안), 교수·학습지도안, 교수·학습과정안 등으로 불리고 있으며 교육과정에 대한 최종적인 전개계획이다.

단원의 계획은 교사가 단원계획의 기초를 확정하면서 시작된다. 단원계획의 기초가 밝혀지면 단원을 선정한다. 여기서 선정하는 단원이란 학습단원을 말하는 것이 아니라 실제 학습단원을 구성할 문제를 선정하는 것이다. 바꾸어 말하면 학습단원계획의 사전준비로 이루어지는 자료단원을 뜻한다. 교사의 사전계획은 문제의 선정만으로 그치지 않고, 단원전개의 기본적인 방향을 설정해야 한다. 단원전개를 계획할 때 다음의 내용을 공통적으로 갖추어야 한다.

- 단원의 목표를 설정한다.
- 단원의 요점을 제시한다.
- 단원접근법을 계획한다.
- 작업단계를 계획하고 전개한다.
- 평가기술을 제시한다.
- 기타 참고문헌이나 지역사회의 자료를 조사한다.

(2) 단원의 전개

교사의 사전계획으로 마련된 단원은 단원의 구성 그 자체가 목적이 아니라 계획된 단원을 실제로 전개함으로써 바람직한 교육성과에 도달하는 것에 그 목적을 둔다. 단원전개에 적용되는 절차는 다음과 같다.

① 도입단계

계획된 단원에 대해 학생이 흥미를 갖게 하고 학습의욕을 고무시킴으로써 학생이 주체적으로 학습에 참가하도록 하는 단계이다. 따라서 도입단계에서는 학습의욕을 유발시키는 동기유발 기술이 필요하다. 학습동기의 유발은 학습의 첫 출발이면서 학습활동의 기초이다. 따라서 교사는 학습동기 유발에 대한 전문적인 지식과 방법을 갖고 있어야 한다.

② 전개단계

전개단계는 계획된 단원을 여러 가지 활동방법으로 전개하는 단계이다. 단원전개에는 여러 가지 활동 방법이 있으므로 교사는 사전계획에서 미리 활동의 성격에 따라 분류하는 것이 효과적이다. Diedrich는 188종목의 활동을 시각활동, 구술활동, 청각활동, 작문활동, 회화활동, 동작활동, 정신적 활동, 정의적 활동의 8개 분야로 분류·제시하였다. 이들 8개 분야의 학습활동은 실제로 전개되는 경우 한 가지만 나타나는 것이 아니고, 서로 중복·연합되어 나타난다.

③ 정리단계

학습성과를 정리하고 개관하는 단계이다. 모든 학습결과를 종합하고, 결론이나 원리를 끄집어내고 검토하는 일종의 종합 및 완결의 단계인 것이다.

④ 평가단계

학습결과를 평가하는 단계로서, 정리단계에 포함시키기도 한다. 처음에 설정한 학습목표에 얼마나 접근하였나, 학생들은 어떠한 행동변화를 초래하였나를 살핀다. 만족하지 못한 결과로 그쳤으면 그 원인을 규명해야 한다. 학생들의 학습성과뿐만 아니라 교사 자신이나 선정된 단원에 대한 평가도 필요하다.

교수·학습 과정

CHAPTER 10

1. 교수·학습의 의미

교수와 학습의 관계는 교사가 가르친 것을 학생이 배우는 것으로 상호 의존적 특성을 지닌다. 교수는 학습행위를 유발시키려는 체계로서, 교육과정에 내포된 내용을 가르치는 일이며, 학습이란 학습자의 지식, 행동, 태도의 변화를 말한다. 그런데 학습은 교수한 것과 일치하지 않을 수 있으며, 교사의 가르침이 없이도 일어날 수 있다. 가장 이상적인 관계는 교육과정에 명시된 목표와 내용을 교사가 가르칠 때 학습자가 그것을 완전히 학습하는 상태이다. 여기에는 교사, 학습자, 학습과제(목표와 내용), 교수조건 및 교수방법 변인이 영향을 미친다(한국교육심리학회, 2000).

교수(teaching)란 '가르치다'의 뜻을 가진 라틴어 'docere'에서 유래하였으며 상호 교류하는 과정인 교수학습을 뜻한다(장성화 외, 2014). 교사가 교육적 의도를 가지고 하는 일체의 활동. 그러나 여기서 '교육적 의도'를 어떻게 보는가에 따라 교수에 포함되는 활동이 어떤 것인가가 규정된다. 흔히 교수에 포함되는 활동들을 성격상, 수업(授業, instruction), 위교(僞敎, indoctrination), 훈련(訓練, training), 조건화(條件化, conditioning) 등으로 구분하고, 그중에서 교수의 핵심적인 의미에 가장 가까운 것은 '수업'이라는 점이 지적된다. 즉, 수업은 훈련이나 조건화가 행동과 습관을 바꾸는 일인 것과는 달리 지식과 신념을 바꾸는 일이며, 그중에서도 '근거 있는 지식과 신념'을 가지도록 한다는 점에서 위교와 구별된다(서울대학교 교육연구소, 2011).

우리나라에서 'teaching'이 교수 또는 수업으로 번역되기도 하고, 'instruction'도 마찬가지로 번역되고 있다. 그러나 교수와 수업을 구분해 보면 교수는 학습자에게 전달하려는 '내용의 성질'이나, 자극하려는 '학습자의 제 특성'의 종류면에서 수업보다 포괄적인 개념이다. 즉, 수업은 학습자의 지적·탐구적 특성을 주로 자극하는 내용을 전달하는 데 적용되는 용어임에 반해 교수는 학습자의 모든 능력을 자극하는 포괄적인 내용의 전달을 의미한다(박아청, 최성열, 2019).

학습이란 ① 행동의 변화이며, ② 이러한 변화는 연습·훈련, 또는 경험에 의한 변화로서 성숙에 의한 변화 학습으로 간주되지 않으며, ③ 이러한 변화는 비교적 영속적이어야 한다. 따라서 동기·피로·감각적 순응 또는 유기체의 감수성의 변화 등은 제외된다. ④ 한편 순수심리학적인 견해는 진보적 또는 퇴보적인 행동의 변화를 모두 학습으로 간주하나, 교육적인 견해로는 바람직한, 진보적인 행동의 변화만을 학습으로 간주한다. 학습이란 유기체 내에서 일어나는 내재적인 변화과정으로 직접 관찰 가능한 것이 아니고, 수행(performance)으로 표현될 따름이다. 따라서 학습이란 수행과 그 선행조건을 통해서 추리할 따름이다. 한편 이상에서 언급한 학습의 형식적인 개념규정과는 달리 실질적인 면에서 학습 또는 행동변화의 내용이 무엇인가에 대한 견해는 실로 다양하다(서울대학교 교육연구소, 2011).

2. 학습이론

1) 고전적 조건화

러시아의 의사 Pavlov에 의해 실시된 일련의 실험으로 고전적 조건화(classical conditioning)에 대한 연구가 시작되었다. Pavlov는 1849년 러시아에서 태어나서 1936년 러시아에서 죽었다. 그의 아버지는 목사였으며, 원래는 Pavlov 자신도 목사가 되기 위하여 공부하였다. 그러나 그는 마음을 돌려서 그의 일생의 대부분을 생리학을 공부하면서 보냈다. 1904년에는 소화생리학을 연구한 공로로 노벨상을 받았다.

Pavlov는 배고픈 개에게 고기를 주면서 동시에 종소리를 들려주었다. 그는 실험을 통해 개가 침을 흘리는 여러 가지 상황을 관찰하였다. 그는 개가 침을 흘리는 데 일정한 법칙이 있음을 발견하였으며, 이러한 결과는 학습을 설명하는 데 중요한 전환을 가져왔다. 물론, 인간의 경우 보다 복잡한 양상을 보이는 것이 사실이지만, 학습자가 환경에 반응한다는 사실은 환경을 적절히 조작함으로써 원하는 학습을 성취할 수 있다는 단서를 제공하였기 때문이다.

고전적 조건화가 어떻게 일어나는지 이해하기 위해 연합의 과정과 함께 다음의 네 개념을 이해해야 한다.

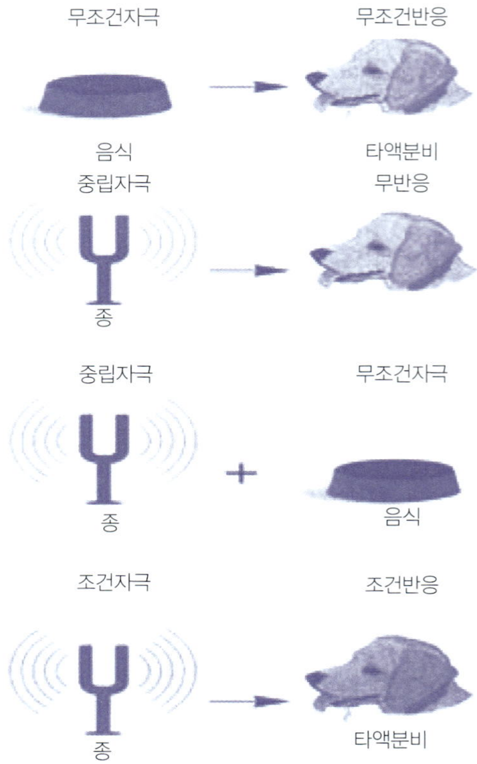

[그림 10-1] Pavlov의 고전적 조건형성 실험

출처: 이인학 외(2013).

- 무조건자극(unconditioned stimulus: UCS)은 본능적 또는 반사적 생리반응 또는 정서 반응을 일으키는 사물이나 사건이다. 파블로프의 실험에서 무조건 자극은 고기이다.
- 무조건반응(unconditioned response: UCR)은 무조건 자극에 의한 본능적 또는 반사적 생리 반응 또는 정서 반응이다. 고기가 주어졌을 때 무조건 반응은 개의 침 분비였다.
- 조건자극(conditioned stimulus: CS)은 무조건 자극과 연합된 사물이나 사건이다. 파블로프의 실험에서 조건자극은 종소리이다.

- 조건반응(conditioned response: CR)은 무조건 반응과 동일하지만 학습된 생리 반응 또는 정서 반응이다. 고기가 없는데도 종소리에 침을 분비하는 것이 조건반응이다.

Pavlov에 의하면 모든 무조건반사는 무조건자극(고기, UCS)과 무조건반응(타액분비, UCR) 간의 선천적인 연결에 기초를 둔다. 조건반사에서 대응되는 용어는 조건자극(종소리, CS)과 조건반응(타액분비, CR)이다. 조건자극은 애초에는 중성적인 자극 즉, 사전에 조건형성이 없으면 조건반응을 유발하지 않는 어떤 자극이다. 여기에서는 종소리이다. 조건반응은 조건자극과 무조건자극이 짝지어진 후에 조건자극(타액분비, CS)에 의해 유발되는 반응이다. 이런 관계가 고전적 조건형성이다.

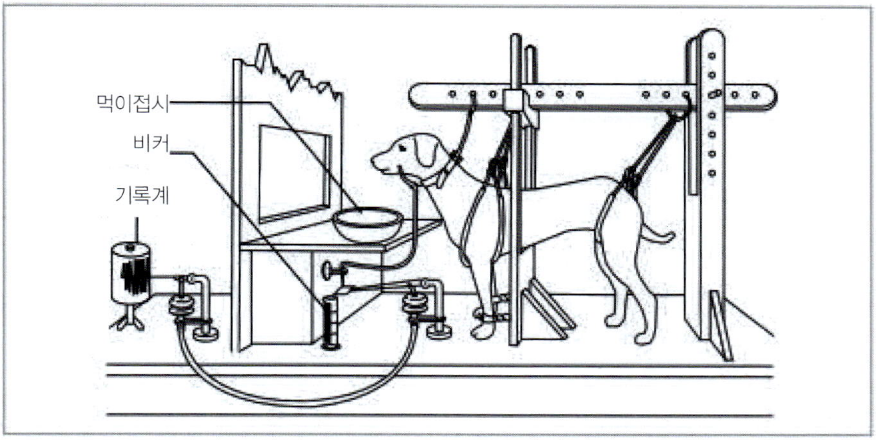

[그림 10-2] Pavlov의 실험

출처: 이인학 외(2013).

고전적 조건형성은 자극들의 짝짓기를 필요로 한다. 학습이 얼마만큼 일어나는가는 두 자극이 연합되는 방식에 따라 크게 달라진다. 자극들을 짝짓는 데에는 네 가지 기본적인 방식이 있다.

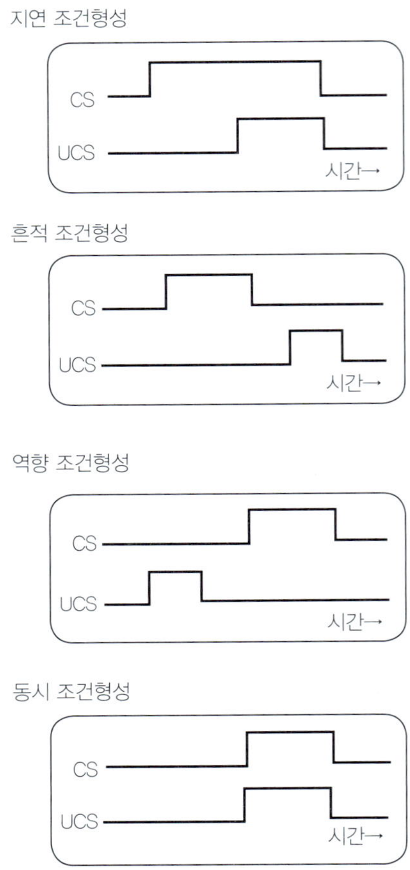

[그림 10-3] 조건자극과 무조건자극의 짝짓기 방식

출처: 이인학 외(2013).

지연 조건형성(delayed conditioning)에서는 CS와 UCS가 중첩된다. 즉 CS가 사라지기 전에 UCS가 나타난다. 지연 조건형성 절차를 눈꺼풀 조건형성에 적용하면, 예를 들어 버저를 5초 동안 울리면서 그 마지막 2초쯤에 사람의 눈에 공기를 분사할 수 있다.

흔적 조건형성(trace conditioning)에서는 CS가 시작되어서는 UCS가 제시되기 전에 끝난다. 실험실에서 사람의 눈꺼풀 조건형성을 연구하기 위해 흔적 조건형성을 사용하기도 한다. 전형적인 실험을 예로 들면, 버저가 5초 동안 울리고 난 지 0.5초 후에 사람의 눈에 공기를 훅 불어넣어 그 사람이 눈을 깜박이게 만든다. 이렇게 버저와 공기 분사를 여러 번 짝 지어 제시하고 나면 그 사람은 버저 소리에 눈을 깜박인다.

역향 조건형성(backward conditioning)에서는 CS가 UCS를 뒤따르는 상황이다. 예를 들면, 어떤 사람의 눈에 공기를 분사하고 나서 버저를 울릴 수도 있다.

동시 조건형성(simultaneous conditioning)에서는 CS와 UCS가 정확히 동시에 일어난다. 예를 들면, 버저를 울리는 동시에 어떤 사람의 눈에 공기를 훅 불어넣을 수 있다. 두 자극이 모두 정확히 같은 시각에 시작하고 끝난다.

2) 조작적 조건화

Skinner의 이론인 조작적 조건화(operant conditioning)는 동물이나 인간의 다양한 자발적 반응이 강화되었을 때는 강해지고, 무시당하거나 벌을 받을 때는 약해지는 것을 의미한다. 조작적 조건화란 용어는 유기체가 특유한 결과를 획득하거나 회피하기 위해 환경을 조작하도록 학습되는 사실을 의미한다.

(1) 정적강화와 부적강화

- 정적강화(positive reinforcement): 정적강화는 강화물(reinforcer)이 제공된 뒤에 행동의 빈도나 강도가 증가되는 과정이다. 교실에서는 교사의 발언과 같이 바람직하고 가치 있는 것이 보통 정적 강화물이 될 수 있다. 행동한 결과가 어떤 것이든 상관없이 행동을 증가시키는 결과를 초래하면 정적강화이다.

- 부적강화(negative reinforcement): 부적강화는 어떤 자극이라도 그것을 제거하는 것만으로 행동을 증가시킨다면 부적강화이다. 부적강화에서 '부적'이라는 용어는 정서적으로 사용되는 것이 아니라 수학적으로 사용되는 것으로 '제거한다'는 의미를 가진다.

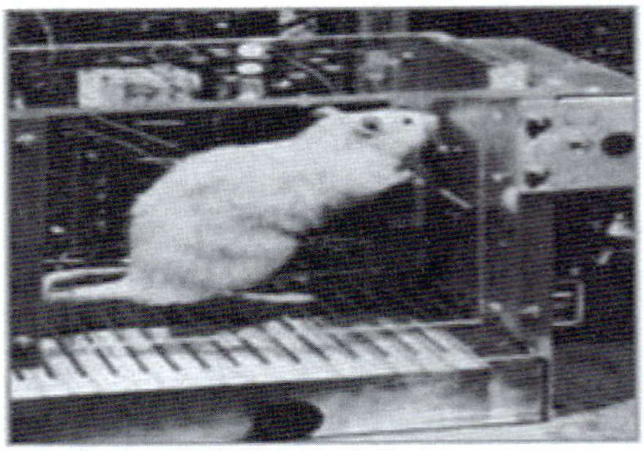

[그림 10-4] Skinner의 실험

출처: 이인학 외(2013).

(2) 강화계획

강화계획(schedules of reinforcement)은 크게 계속적 강화계획과 간헐적 강화계획으로 분류할 수 있다. 계속적 강화계획은 반응이 나타날 때마다 그 반응을 강화하는 상황을 말하며, 간헐적 강화계획은 다음과 같이 나눌 수 있다.

- 고정비율계획(fixed-ratio schedule): 고정비율 강화계획이란 강화물이 미리 정해진 횟수에 근거하여 제시되는 것을 의미한다. 예를 들어, 교사가 "칠판에 적힌 5문제를 모두 푼 사람은 나가서 놀아도 좋아요!"라고 한다면 학생들은 문제를 푸는 데 걸린 시간에 관계없이 5문제를 푸는 즉시 나가서 노는 강화물을 받게 된다.
- 고정간격계획(fixed-interval schedule): 고정간격 강화계획이란 강화가 어떠한 고정된 시간을 기준으로 제시되는 것을 의미한다. 예를 들어, 수학문제를 풀 때, 5분마다 한 번씩 고정적으로 강화를 주는 경우이다.
- 변동비율계획(variable-ratio schedule): 변동비율 강화계획은 학생들이 강화물을 획득하기 위해 수행하여야 하는 수행 횟수를 예측하지 못하도록 강화물을 제시하는 방법이다. 도박이 대표적인 예다.
- 변동간격계획(variable-interval schedule): 변동간격 강화계획은 어떠한 시점에

서 강화가 주어지는지 예측할 수 없도록 설정되어 있는 경우이다. 예를 들어, 수학문제를 풀 때, 5분 안에 아무 때나 한 번의 강화를 주는 경우이다.

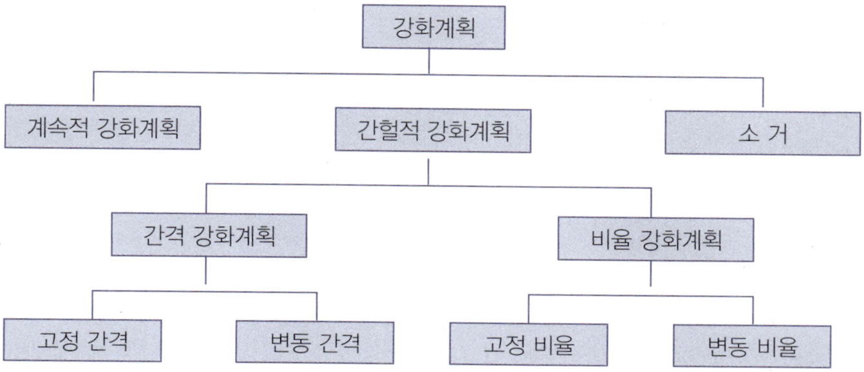

[그림 10-5] 강화계획의 종류

출처: 임규혁, 임웅(2007).

3) 사회학습

Bandura는 Skinner 학파 학자들이 행동의 결과가 미치는 영향을 강조하는 데 있어 모델링(modeling) 현상과 대리적 강화(vicarious reinforcement)를 거의 무시하였다는 데 주목하였다. 행동주의 이론은 요소적이고 구체적인 인간의 행동에 관하여 잘 설명하고 있다. 반면에 인지이론은 사고나 문제해결과 같은 고등정신 기능에 관한 학습에 대하여 잘 설명해 준다. 그러나 이들은 인간 학습의 일면만을 강조하는 편견적인 면도 있다. 따라서 두 이론의 절충적 입장에서 학습을 설명하는 사회학습이론(social learning theory)이 대두되었다.

신행동주의자(neo-behaviorist)로 일컬어지는 Bandura는 조건형성과 인지이론을 통합하여 사회학습이론을 제시하였다. 인간은 자신의 경험에서뿐 아니라 다른 사람의 행위에 대한 관찰에서 자신이 학습해 간다. 타인의 행동을 관찰하는 것은 곧 인간으로서의 사회화 과정을 밟고 있는 것을 의미한다. 사회학습이론에 대한 Bandura의 분석은 다음과 같은 네 단계를 포함한다.

- 주의 단계: 관찰학습의 첫 단계는 모델에게 주의를 기울이는 것이다. 일반적으로 학생들은 매력적이고, 성공적이고, 재미있고, 인기 있는 역할 모델에 주의를 기울인다.
- 파지 단계: 교사들이 학생들의 주의를 끌면 그 다음에는 학생들에게 따라 하기 바라는 행동을 모델로 보여주고 학생들이 모방하거나 연습할 기회를 주어야 한다.
- 운동 재생: 운동 재생 단계 동안에 학생들은 그들의 행동을 모델의 행동과 같게 하기 위해 노력한다.
- 동기화 단계: 관찰학습의 마지막 단계는 동기이다. 학생들은 자신도 모델처럼 행동하면 강화를 받을 수 있는 기회가 증가한다고 믿기 때문에 모델을 모방한다. 개인이 모델의 형태를 보고 그 행동을 모방할 때, 또는 강화를 받을 때 직접 강화(direct reinforcement)를 통하여 모방이 강화되거나 대리적 강화(vicarious reinforcement)를 통해서도 모방은 증가한다.

4) 구성주의

(1) 구성주의 개념

구성주의 학습이론은 1980년대 이후 교육현장에서 나타나는 문제점을 해결하기 위한 대안적 교수-학습체제로 제기되었다. 구성주의 학습이론은 행동주의나 인지주의 학습이론과는 다른 학습관을 갖고 있다. 구성주의에서 학습은 개인적 경험과 흥미에 따라 지식의 가치가 판단되며, 구성주의에서 구성은 활동의 결과가 아니라 학습자 스스로 설계해 나가는 구성과정을 의미한다. 즉, 구성주의에서 학습은 학습자 개인의 경험과 흥미에 따라 정한 학습내용을 스스로 구성해 나가는 과정이며, 결과는 그 과정을 수행할 수 있는 능력을 갖추었는가에 대한 확인으로 평가된다(백영균 외, 2015).

(2) 인지적 도제이론

전통적인 도제이론의 원리를 인지적 영역에 적용한 것으로, 교수자의 사고과정을 학습자가 직접 볼 수 있도록 하는 교수학습방법이며 Collins와 Brown이 구체화하였다. 도제식 방법은 가장 오래된 학습방법이자 가장 자연스럽게 학습하는 방법 중 하나다. 오늘날과 같은 형식적인 학교교육제도가 갖추어지지 않았던 시기에는 지식과 기술을 전수하는 방법으로 활용되었다. 모국어 학습부터 국가통치방법에 이르기까지 통용되었다. 이러한 도제제도를 현대사회에 알맞은 교수법 형태로 적용한 것이 인지적 도제방식이다. 고전적 도제학습은 전문가가 도제에게 일하는 방법을 보여 주고 도제는 그 일이 수행되는 것을 지켜보고 난 뒤, 점점 더 일에 대한 책임을 지면서 마침내 독립적으로 일을 완수하는 것이다. 반면 인지적 도제학습은 특정 사회집단의 전문가가 지닌 지식과 사고과정을 학습하는 것을 의미한다.

학습자는 교수자와 토론하면서 사회적 학습행동을 습득하고, 자신의 인지적 활동을 통제하면서 인지능력을 계발해 나간다. 고차원적인 인지적 기술을 습득하고 단련하기 위한 방법으로 학습자의 내부 인지작용과 활동을 자극하는 지속적인 자아성찰을 강조한다. 학습자가 처음에는 문제해결의 주변적 참여로 시작하지만 결국에는 완전한 참여와 주도로 학습이 이루어진다는 관점에 근거한다. 단순한 지식의 습득을 넘어 교수자의 문제해결능력, 과제수행과정, 관련 지식, 사고력, 고차원적 인지기능 등을 습득할 수 있게 하며, 그 과정은 다음의 일곱 가지 교수방법으로 구성되어 있다(김춘경 외, 2016).

첫째, 모델링(modeling)은 교수자가 직접적으로 혹은 컴퓨터와 같은 매체를 활용하여 실제 수행상황과 유사한 상황에서 시범과 설명을 통해 과제를 수행하는 과정을 보여 주고 학습자는 그 과정을 관찰하는 것이다. 교수자의 시범과 학습자의 관찰로 학습자가 학습과제에 대한 인지적 틀을 구성한다. 학습자가 과제를 수행하는데 필요한 과정을 관찰하거나 개념적 모델을 세울 수 있도록 교수자가 조력한다. 학습내용과 관련된 문제를 살피고 개념적 모형을 제공받아 그에 대한 교수자의 시연과 그 활동을 보고 학습한다. 예를 들면, 교사가 학생들에게 간단한 사물을 데생하는 시범을 보이고 학생들은 그 모습을 관찰한다. 이때 교사는 데생을 하면서 추가적으로 설명을 해 준다.

둘째, 코칭(coaching)은 교수자의 지도를 포함한 구체적인 힌트와 피드백을 제공하는 것이다. 학습자가 과제를 수행하는 동안 교수자가 직접적으로 혹은 컴퓨터와 같은 매체가 이를 관찰하고 필요에 따라 힌트와 피드백 등 외부적으로 도움을 준다. 교수자가 학습자에게 특정한 모형을 발달시키고 이에 대해 전문적인 지원과 안내를 해 준다. 또 학습자가 과제를 수행하는 것을 관찰하고 힌트를 주며 피드백이나 조언 등 새로운 과제를 제시하며, 학습자가 이전에 알지 못했던 측면에 대해 주의를 주거나 회상하도록 해 준다.

학습자가 학습과정을 수행하면서 그에 대한 문제를 탐색하고 연구할 때 교수자는 조력자로서 피드백을 주며 인지모델(mental model)을 구조화하는 데 도움을 준다. 예를 들면, 교사는 학생에게 질문을 하는 형식으로 학생이 잘못 관찰한 것에 대해 다시 설명을 해 준다. 사물의 음영표현과 그림자의 위치를 보여 주면서 학생이 데생작업에 대해 확실하게 이해하고 인지할 수 있도록 도움을 준다.

셋째, 비계설정(scaffolding)은 힌트, 유도질문, 제안 등의 간접적인 방법으로 학습자를 돕는 것이다. 교수자가 공급하는 지원체제에 관한 것으로 제안이나 도움의 형태라고 할 수 있다. 학습자가 인지모델을 보다 본격적으로 구조화할 수 있도록 교수자가 인지적 측면에서 적절한 발판이 되어 주며, 학습자가 아이디어를 형성하는 데 특정한 전략을 제시한다. 예를 들면, 집단 내 모든 학습자가 동일한 대상을 데생하는 장면에서 교사가 각각의 학습자에게 잘못된 음영의 표현이나 그림자의 위치를 바로잡아 줌으로써 모든 학습자에게 개별적인 피드백을 제공한다.

넷째, 페이딩(fading)은 학습자가 교수자의 도움 없이 스스로 과제를 수행해 나갈 수 있는 수준에 도달할 수 있도록 교수자의 도움을 점차 줄이는 것을 뜻한다. 학습자가 과제수행에 익숙해짐에 따라 스스로 문제해결전략을 구성할 수 있도록 이러한 전략에 대한 힌트를 점진적으로 제거해 간다. 그 결과 학습자는 통합적인 인지적 기술을 습득하게 된다.

다섯째, 명료화(articulation)는 학습자가 학습한 지식, 문제해결과정, 전략 등을 분명하게 정리하여 정교한 언어로 표현하도록 격려하는 것이다. 학습자로 하여금 학습자료에 대해 자신이 구성한 지식과 이해, 그리고 수행에 대해 시범을 보이거나 명료하게 설명하도록 요구한다. 학습자가 스스로 전문가의 활동을 구성해 보면서 사고해 보고 표현한다. 학습자는 습득한 내용을 자신만의 언어로 이야기하는데, 이러한 과정을 통해 명료화한 생각에 대한 인지모델을 구조화한다. 예를 들면, 공통적으로 정해진 간단한 사물의 데생이 끝나면, 이제는 각기 다른 몇 가지 사물을 제시하여 데생을 하도록 지시한다. 각 학습자가 스스로 그 사물이 빛을 어떻게 받고 그 음영을 어떻게 표현해야 하는지를 인식하도록 한다.

여섯째, 반성적 사고(reflection)는 학습한 내용을 다른 분야나 상황에 적용하거나 일반화하는 단계로, 이를 통해 학습자는 점차 독립적인 전문가가 된다. 학습자는 자신의 과제수행과정을 되돌아보고 자신의 수행을 분석한다. 또 자신의 문제해결과정과 전문가 및 다른 학습자의 내적 인지모델을 비교한다. 자신이 정립한 문제해결전략 모델을 여러 가지 비교와 평가를 통해서 재검토하고, 미처 생각하지 못한 점을 보완하고 수정하며 다양한 수행방법을 고안해 본다. 예를 들면, 학생에게 정해진 몇 가지 사물의 올바른 데생 완성본을 보여 주면서 학생 스스로 자신의 데생에서 어떤 부분이 잘못되었는지를 인지하도록 한다.

일곱째, 탐구(exploration)는 학습한 지식과 기능을 새로운 방식으로 활용하는 방법이나 가설 등을 탐색하는 것이다. 새로운 문제를 풀어 보면서, 그것을 조직하고 탐구해 보는 단계다. 이전 단계를 통해 인지적 유연성을 갖추게 된 학습자는 이제 단순한 이론적 상황에서 벗어나 다양한 실생활에 자신의 도식을 적용해 봄으로써 각종 원리를 응용해 나간다. 예를 들면, 이제는 사물의 위치를 바꾸어 빛을 받는 각도를 변화시켜서 새로운 방식의 데생을 한다. 혹은 좀 더 복잡한 사물의 데생을 하도록 하여 확실하게 문제해결을 한다. 인지적 도제에서 학습자는 처음에는 문제해결의 주변적 참여로 시작하지만 결국에는 완전한 참여와 주도로 학습이 이루어진다.

3. 수업이론

1) Bruner의 발견식 수업이론

Bruner에 의하면, 수업이론은 처방적(處方的, prescriptive)이고 규범적인 성격을 지니며, 학습이론은 기술적(記述的, descriptive)이고 간접적인 성격을 띤다. 지식이나 기술을 가르치는 데 가장 효과적인 방법이 무엇인가를 제시해야 한다는 점에서 수업이론은 처방적이며, 이미 제기된 여러 가지 형태의 수업이론을 평가하거나 새로운 수업이론을 구성하는 지침이 되어야 한다는 점에서도 처방적이다(서울대학교 교육연구소, 2011).

Bruner 수업이론의 네 가지 특성을 살펴보면 다음과 같다.

첫째, 선행경향성(predisposition)이란 학습자가 학습하고자 하는 의욕과 태세를 뜻하는 말로서 학습 동기나 준비성과 유사한 개념이다. 학습자가 의욕을 가지고 과제에 도전하도록 하기 위해서는 과제수행에 포함된 위험을 극소화시키고, 오류가 지니는 교육적 유익성을 최대한 활용한다. 또한 학습경향성을 학생들에게 가장 효과적으로 심어 줄 수 있는 구체적인 경험들을 명백하게 제시할 수 있어야 한다.

둘째, 지식의 구조는 학문의 진전을 이루고 있는 일반적인 아이디어, 즉 개념과 원리를 뜻한다. 이에 Bruner는 지식의 구조화를 어떤 관념이나 문제 또는 지식을 특정학습자가 충분히 이해할 수 있도록 단순화시켜 제시할 수 있다. 지식구조의 특징은 표상양식, 표상의 경제성, 표상의 생성력을 지닌다는 점이다. 표상양식은 사물의 활동을 통해 표상하는 작동적 표상과 상징적 표상이 있는데, 언어를 통해 표상하는 상징적 표상이 보다 효율적이며, 표상의 경제성은 어떤 문제를 해결하기 위해 학습자가 소유해야 할 정보의 양을 가르친다. 마지막으로 표상의 생성력은 일련의 명제나 지식이 그와 관계되는 다른 명제나 지식을 찾아내기 쉬운 정도를 말한다.

셋째, 학습의 계열화는 학습자 스스로 학습내용을 이해, 변형, 전이하는 능력을 발휘할 수 있도록 조직된 학습과제의 제시순서를 의미한다. 따라서 학습계열화에는 학습자의 학습동기를 자극시킬 수 있을 정도의 적당한 모호성이 있어야 하고, 학습과제의 특성과 학습자의 개인차를 고려하여 학습과제의 제시순서를 달리한다. 학습의 최적계열은 학습속도, 망각에 대한 저항력, 이전에 학습된 것의 새로운 사례에 대한 전이성, 표상양식, 학습된 내용의 경제성, 새로운 가설의 일반화 및 조합이라는 관점에 입각하여 조직되어야 한다.

넷째, 강화는 교수와 학습의 과정에서 적용될 상과 벌의 성격과 그 적용방법을 명시해 줄 수 있어야 한다. 즉, 학습의 증진을 위해 강화가 필요하다. Bruner는 강화를 외적인 보상이 강하면 성취 자체로부터 받는 보상은 줄어들며, 실패는 다음의 성공을 위한 기초가 된다고 말하였다. 이에 따라 외적인 벌은 행동을 와해시킬 수 있으므로 시정과 향상의 기반으로 작용하기 어려우며, 내적 보상과 외적 보상은 균형을 유지해야 한다.

2) Carroll의 학교학습 모형

Carroll의 학교학습 모형은 학교학습의 현상을 설명하기 위해 착안한 이론적 모형이다. 이는 학교학습의 상황에서 나타나는 학생들의 학업성취도에서의 개인차를, 학습에 필요한 시간량과 학습에 투입한 시간량의 비율로 설명하고 있다는 점이다. 즉, 학습에서의 사용 시간도 크기도 역시 여러 변인의 작용에 의해서 결정될 것이며, 이들 변인 중의 일부는 필요한 시간을 결정하는 변량과 다른 것일 수도 있다.

$$\text{학습의 정도} = f\frac{\text{학습에 투입한 시간량}}{\text{학습에 필요한 시간}}$$

[그림 10-6] Carroll의 명제 방정식

학습에 필요한 시간을 결정하는 변인은 적성과 수업이해력 및 수업의 질이고, 분자에 해당하는 학습에 사용한 시간을 결정하는 변인은 학습기회와 지구력이다. 이와 같은 방정식의 분모와 분자에 대한 변인을 이용하여 학습의 정도는 [그림 10-7]과 같다.

$$\text{학습의 정도} = f\frac{\text{학습기회, 지구력}}{\text{적성, 수업이해력, 수업의질}}$$

[그림 10-7] 학습에 필요한 시간

따라서 학습의 정도를 높이기 위해 학습자의 적성, 수업이해력, 수업의 질, 학습기회, 지구력을 효과적으로 조정할 것을 다섯 가지로 제안한다.

첫째, 적성(aptitude)은 최적의 학습조건하에서 주어진 특정 학습과제를 일정한 수준으로 성취하는 능력이다. 따라서 학습 성취를 결정한다는 이른바 적성, 학습 인과설을 믿었으나, 그는 적성이 학습에 소요되는 시간 양을 결정할 뿐이라고 본다. 이는 학습과제의 종류와 성질에 따라 달라지는 특수한 능력변인이다.

둘째, 수업이해력(ability to under-stand instruction)은 학생이 수업내용이나 교사의 설명을 이해하는 능력을 수업이해력이라 한다. 이에 캐롤은 수업이해력은 일반지능으로 학습할 교재 속에 내재하는 여러 개념과 그 관계를 남의 도움 없이 스스로 인지하고 추리하는 것이며, 언어능력은 한 교수에서 사용하는 언어가 학습자의 이해 관계를 넘어설 때 요구되는 능력이다.

셋째, 수업의 질(quality of instruction)은 학습자에 대한 학습과제의 적절성과 학습과제의 제시, 설명, 구성방법의 적절성 등을 의미한다. 따라서 학습의 정도를 높이기 위해 분모를 줄이는 데 있어서 담당교사가 할 수 있는 방법은 수업의 질을 높이는 것이다. 한 교사가 그렇게 하면 학습자들의 적성, 수업이해력이 향상되므로 후임교사들은 그 교사의 덕택으로 보다 쉽게 학습의 정도를 높일 수 있다. 즉, 교수단계, 교수방법, 교수자료의 적절성이 포함된다.

넷째, 학습기회(opportunity)는 학습자들이 주어진 학습과제를 일정한 수준까지 학습할 수 있도록 그들에게 실제로 주어진 시간을 뜻한다. 학습자들은 각기 학습적성에 개인차가 있기 때문에 각각 학습기회를 다르게 제공해야 한다.

다섯째, 학습지구력(perseverance)은 학습자 내부에서 우러나오는 변인으로서 학습자가 얼마만큼의 시간을 학습에 투입하기를 원하느냐와 관계있다. 즉, 학습자가 학습을 위해 사용하는 시간을 의미하며, 학습동기와 인내력이 영향을 미친다.

3) Gagné의 학습위계이론

(1) 학습의 조건

Gagné는 학습이 이루어지는 데는 내적 조건과 외적 조건이 동등하게 중요하다는 점을 강조하였다. 내적 조건은 학습자가 과거 학습을 통해 이미 가지고 있는 정보, 지적 기능, 인지 전략과 같은 선행 학습력과 학습동기, 자아개념을 의미하며, 외적 조건은 학습자의 새로운 학습을 위해서 외부로부터 제공되는 강화, 근접, 반복, 연습 등을 의미한다. 이들은 서로 상호 작용하여 학습에 영향을 미친다.

(2) 학습의 능력

Gagné는 학습의 결과로 획득한 능력을 학습법이라고 하고, 학습에 영향을 미치는 변인은 언어적 정보, 지적기능, 인지전략, 운동기능, 태도 등의 다섯 가지로 제시하였다. 첫째, 언어적 정보(verbal information)는 자신의 생각을 말할 수 있는 학습된 능력이다. 학습자의 행위적 목적 중의 하나는 정보에 대해 올바르게 진술하고 표현하는 것이다. 이에 언어적 정보는 학습에 매우 중요한 요소이다. 둘째, 지적 기능(intellectual skill)은 아는 것으로 절차 지식이라 한다. 학습자는 각자 자신만의 독특한 학습방법, 기억방법, 사고 방법을 갖고 있다. 셋째, 인지전략(cognitive strategy)은 개념이나 원리를 이용하는 지적 기능의 특수한 영역으로 개인 자신의 행동을 조절하는 전략적인 기능이며, 개인에 따라 독특한 내적 기능으로 새로이 직면하는 문제를 해결하는 데 필수적인 능력이다. 넷째, 운동기능(psycho-motor skill)은 비교적 단순한 운동반응 계열이 보다 복잡한 운동으로 통합된 신체적 기능이다. 즉 종합적인 활동과 밀접한 관련이 있는 부분적 형태로서의 행위인 단위적 활동을 말한다. 이러한 운동기능은 속도, 정확성, 힘, 유연성에 따라 그 수준이 판별된다. 다섯째, 태도(attitude)는 일반적으로 인지적, 정의적, 행동적 속성들로 구성된다. 인지적 속성이란 어떤 대상에 대한 아이디어를 의미하며, 정의적 속성은 인지적 속성에 수반되는 감정 즉, '좋다 혹은 싫다'는 느낌을 말한다. 끝으로 행동적 속성은 그 대상에 대하여 어떤 행위를 하려는 의미이다.

(3) 학습위계 8단계

학교학습에서 가장 중요한 위치를 차지하고 있는 지적기능의 영역은 8가지 유형으로 나누어진다. 이러한 8가지 유형은 위계를 형성하고, 신호학습이 가장 낮은 차원의 학습 유형이고 문제해결학습이 가장 높은 차원의 학습유형으로 제시하였다. 첫째, 신호학습(signal learning)은 특정한 동물에 대한 공포반응과 같이 고전적 조건형성에 의한 반응으로 이루어진 학습이다. 둘째, 자극-반응학습(stimulus-response learning)은 자극과 반응을 연결하는 학습으로 반응이 학습자에 의해 능동적으로 나타나야 한다는 점에서 신호학습과 구별된다. 셋째, 운동연쇄학습

(motor chaining learning)은 현미경을 조절할 때와 같이 일련의 반응이 정해진 순서에 따라 연결되는 학습이다. 넷째, 언어연합학습(verbal association learning)은 화학 기호를 외우는 것과 같이 언어를 사용한 연합학습 활동을 의미한다. 다섯째, 중다변별학습(multiple discrimination learning)은 음악의 악보를 보고 음계나 음표를 구별하거나, 철자는 같으나 발음이 다른 두 단어를 가려내는 것이다. 여섯째, 개념학습(concept learning)은 공통된 속성을 이해하고 그것을 기준으로 하여 사물을 분류한다. 일곱째, 원리학습(rule learning)은 이미 학습한 개념이나 법칙을 사용할 수 있게 되는 학습을 뜻한다. 여덟째, 문제해결학습(problem solving learning)은 여러 개의 법칙 중에서 주어진 문제해결에 가장 적합한 법칙을 선택하여 그 문제해결에 적용하는 것이다.

(4) 9가지 수업사태

Gagné는 다양한 학습상황에서 학습의 외적 조건을 제공하는 일련의 절차를 수업 절차(Event of Instruction)라고 지칭하였다. 이는 교수 절차라고 불리기도 한다. Gagné가 제시한 9가지 수업 절차는 앞에서 살펴보았듯이 학습자의 내적 인지 처리 과정에 기초한 외적 조건을 제공할 수 있도록 한다. 따라서 수업 절차는 수업을 계획하거나 교육, 훈련 프로그램을 개발하는 교수설계 담당자에게 설계를 위한 처방을 제공해 줄 수 있다. 학습상황에서 필요한 수업 절차의 9가지 단계는 다음과 같다.

첫째, 주위 획득하기: 모든 교수활동에서 실시할 첫 번째 일로써 학습자의 주의를 획득하여 후속 학습활동, 즉 수업 절차가 원만하게 이루어지도록 하는 일이다.

둘째, 학습자들에게 수업목표 제시하기: 수업목표를 제시하여 학습자가 수업이 끝난 후 자신이 학습한 내용을 확인할 수 있고 학습자가 지니고 있는 수업에 대한 기대에 부응할 수 있다.

셋째, 사전 지식 재생 촉진하기: 본 학습에 필수적인 능력인 선수학습능력은 새로운 학습을 실시하기 전에 재생되어야 한다.

넷째, 자극자료 제시하기: 학습자들에게 제시되는 자극은 학습을 위한 수행에 포함된다. 즉, 수업에서 다룰 내용의 범위라고 할 수 있다.

다섯째, 학습안내 제공하기: 학습안내의 본질은 알고 있어야 하는 것과 알아야 하는 것들 간에 연결하도록 학습자를 지원해주는 것이다. 학습안내의 또 다른 용어는 비계(scaffolding)라고 할 수 있다. 비계는 학습자들의 인지적 구성작업을 지원해주는 것이다.

여섯째, 수행 유도하기: 충분한 학습안내를 하게 되면 학습자들은 실질적인 학습절차의 통합이 일어나는 시점에 와 있게 된다. 따라서 이 절차에서 학습자들은 수행방법에 대한 지식을 보여주도록 요구된다.

일곱째, 수행의 정확성에 대한 피드백을 제공하기: 학습결과에 대한 정보로서 피드백의 제공은 수업 절차로서 꼭 필요하다. 최소한 학습자 수행의 정확성과 정확성 정도를 확인해주는 피드백이 필요하다.

여덟째, 수행 평가하기: 학습자가 설정한 학습목표를 달성하였는지 여부를 확인하는 것과 의도한 기능을 일관성 있게 수행하는지의 여부를 확인하는 것이 이 절차에 해당한다.

아홉째, 파지와 전이를 촉진하기: 이 시점에서는 지식이나 기술은 이미 배웠기 때문에 망각을 방지하는 방법과 지식과 기술을 제때에 재생하도록 하는 학습자의 능력을 어떻게 향상시킬 것인가와 관련된 문제를 다룬다.

4) Glaser의 수업 모형

Glaser(1962)는 수업이 진행되는 과정을 하나의 체제로 전제하기 위해 수업목표의 설정, 출발점 행동의 진단, 수업 절차, 성취도 평가 등의 4단계로 구분하고 있다. 그리고 각 단계에 대한 환류(feedback)가 이루어져 각 단계에서 얻어진 정보는 앞 단계를 조정 및 수정하는 자료로 쓰인다.

수업목표 → 출발행동 → 수업 절차 → 성취도 평가

환 류 (feedback)

[그림 10-8] Glaser의 수업 모형

첫째, 수업목표의 설정은 교육과정을 교사에 의한 계속적인 의사결정과정으로 보고 있다. 이러한 수업목표는 추상적인 진술보다는 관찰할 수 있고, 측정할 수 있는 소위 행동목표로 세분화한다. 이러한 수업목표를 도착점 행동이란 용어로 바꾸어 사용하기도 한다. 즉, 도착점 행동이란 특정한 수업 절차가 이루어졌을 때 학생이 보여 줄 수 있는 성취행동(performance)을 의미한다.

둘째, 출발점 행동의 진단은 특정 도착점 행동을 달성하기 위하여 새로운 학습 사태에 들어가기 전에 이미 습득하고 있어야 할 행동을 가리킨다. 즉, 수업이 시작되기 전의 학생 수준을 말하는 것으로서 그가 이전에 학습한 것, 지적 능력과 발달, 동기 상태 그리고 학습능력에 관계되는 사회적, 문화적 요소들이 모두 포함된다. 즉, 수업 절차에 앞서 출발점 행동은 이를 어떻게 규정하는가에 따라서 다르지만 보통은 수업이 실시되기 전에 해당 내용을 학습하기 위해서 반드시 갖추고 있어야 할 지적능력이나 기능인 선수학습능력이다. 또한 가르치려고 하는 수업목표들 중에서 수업이 시작되기 전에 학습자 개인이 이미 알고 있거나 가지고 있는 사전학습능력이다. 또 특정한 수업전략이나 수업방법에 관련 있을 것으로 생각되는 학습자의 흥미, 성격, 경험, 자아개념, 자신감 등 정의적 특성이다.

셋째, 수업 절차는 실제로 학습자의 행동을 변화시키기 위하여 마련되는 절차이다. 이 단계는 Glaser의 수업 절차 중 여러 가지로 매우 중요한 단계이다. 자신이 세운 계획에 따라 다양한 시청각 매체와 학습보조 자료를 활용하여 수업을 전개한다. 따라서 투입행동을 가장 효과적으로 수업목표에 도달시킬 것인가를 결정하며, 수업 절차를 도입–전개–정리 단계로 세분화한다.

넷째, 성취도 평가는 최초에 설정된 수업목표가 수업활동을 통해서 어느 정도 달성했는지를 알아보는 것이다. 이 단계의 평가활동을 형성평가와 구별하여 종합평가라고 부르는 것이 보통이다. 평가의 결과는 피드백되어 이전 각 단계의 적절성 여부에 대한 정보를 제공한다. 따라서 성취도 평가와 수업목표는 가장 밀접한 관계를 맺고 있으며, 수업 절차와 수업자료의 적합성에 대해서도 중요한 정보를 제공한다.

5) Ausubel의 유의미학습

인지심리학에서 유의미 자료의 기억 연구에 관심을 기울인 Ausubel은 학교 학습이 기계적 암기학습이 아닌 유의미학습(meaningful learning)이 되어야 한다는 이론을 전개하고 있다. 이에 Ausubel은 인지구조와 학습과제 두 변인을 상호 관련짓고 있다. 인지구조란 지각하는 현상을 통합적–위계적으로 조직한 것을 의미한다. 즉 학습자가 지닌 조직화된 개념이나 관념의 집합체가 인지구조인 것이다.

Ausubel은 어떤 학습과제가 실사성(substantiveness)과 구속성(nonarbitrariness)을 동시에 갖고 있을 때 그것은 논리적 유의미성을 갖는다고 하였다. 첫째, 실사성은 비축어적(nonverbatimness) 특성으로 그 구조와 내용을 어떻게 표현하더라도 그 의미와 본성이 변하지 않는 불변적이고 절대적인 특성이다. 즉, 힘, 가속도, 질량 등의 개념과 어떤 수학적인 부호나 기호 등을 사용하더라도 그 의미가 변화되지 않는 개념을 뜻한다. 둘째, 구속성은 무임의성(nonrandomness)의 특성으로 학습자가 자신의 의미를 통해서 어느 정도 깨달을 수 있는 추상적 용어로 인지구조에 연결될 수 있는 학습과제의 성질(가능성과 잠재력)을 의미한다.

논리적 의미성(logical meaning-fulness)은 가진 과제는 인지구조에 있는 관련지식과 관계를 맺을 때 의미 있는 학습이 이루어진다. 새로운 과제를 흡수할 수 있는 지식을 관련정착지식(relevant anchoring idea)이라고 한다. 따라서 학습과제가 학습자에 대하여 잠재적 유의미를 지니고 있어도 학습자가 학습태세를 갖추고 있지 않으면 유의미학습이 일어나지 않는다. 학습태도는 특정한 학습방법을 통해서 학습과제를 인지구조에 연결하려는 학습자의 성향 또는 의도를 의미하며, 이러한 학습태도인 유의미학습태세가 요구된다.

선행조직자(advanced organizer)는 학습되어야 할 과제가 학습자의 인지구조에 있는 관련정착 지식에 잘 포섭될 수 있도록, 교사가 수업의 도입 단계에서 학습과제 제시에 앞서 제공하는 교사의 언어적 설명이다(권건일, 송경애, 2006). 이는 추상성, 일반성, 포괄성의 정도가 높은 자료를 새로운 학습과제에 앞서 제시하는 것이다. 선행조직자의 역할은 새로운 정보를 인지구조 내에 포함시키기 위한 발판을 마련하는 것이며, 학습자가 이미 알고 있는 자료와 새 자료를 연결시켜 주는 역할을 하는 것으로 이해된다. 따라서 Ausubel의 수업이론은 〈표 10-1〉과 같다.

〈표 10-1〉 Ausubel의 수업이론

제1단계 선행조직자 제시	• 수업목표를 분명히 한다. • 조직자를 제시한다(정의적, 예제, 배경, 반복). • 학습자 자신의 지식과 경험을 의식한다.
제2단계 학습과제 및 자료제시	• 조직을 분명히 한다. • 학습 자료의 논리적 조직을 명백히 한다. • 자료를 제시한다.
제3단계 인지조직의 강화	• 통합적 조화의 원칙을 이용한다. • 적극적 수용학습을 조장한다. • 교과목에 대하여 비판적 접근을 하도록 한다. • 명료화한다.

6) 교수-학습지도 방법

(1) 강의법(lecture method)

강의법은 가장 오래된 전통적인 교수방법이며, 이는 주로 언어를 통한 설명과 해설에 의해 학생을 지도해 나가는 교육방법이다. 이 방법은 오늘날에도 학교현장에서 가장 빈번히 활용되고 있음은 주지의 사실이다. 대체로 강의법은 교사가 교재나 교과서와 같은 교육내용을 직접 선정하고, 계획하여 이것을 학생에게 강의하면 학생들은 이것을 듣고 생각하고, 때로는 필기도 하면서 학습해 가는 방법이다. 강의법은 다량의 지식을 습득할 수 있으며, 많은 학생들에게 동시에 짧은 시간에 교수할 수 있어서 경제적이고 유능한 교사가 강의를 하는 경우는 학생들에게 감명 깊은 경험을 줄 수 있다. 하지만, 획일적인 일제 학습으로 인하여 학습자의 개인차를 고려한 수업을 하기에는 다소 어려움이 있다. 또한 교재위주의 수업이므로 현실생활과 동떨어지는 지식 위주의 언어주의에 빠지기 쉬운 단점이 있다. 그러나 강의식 교수-학습 방법은 아직은 교과서에 쓰여 있지 않은 새로운 정보, 자료, 사고를 설명할 때, 전체 내용을 개괄하거나 요약하거나 또는 다른 교수-학습 방법을 도입하기 이전의 사전 해설단계로서도 많이 활용된다.

강의법은 선별적으로 적절히 활용되어야 하며, 공학매체와 함께 하면 높은 효과를 낼 수 있다고 세 가지로 보고하였다. 첫째, 교수-학습의 목적 면에서 어떠한 특정 태도나 가치를 고취하기 위하여 설득력 있는 웅변적 교수가 필요할 때 효과적이다. 또한 사실적 정보나 개념들을 논리적이고 객관적으로 분명하게 제한된 짧은 시간 안에 효율적으로 전달하고자 할 때 매우 효과적이다. 둘째, 교수-학습의 내용 면에서 전체 내용을 개괄 요약하거나 또는 다른 교수방법을 적용하기 전 사전해설을 할 때도 그 진가를 발휘한다. 셋째, 교수-학습의 학습자의 특성 면에서 모호성을 견디지 못하는 학습자나 내성적인 학습자, 심리적으로 경직되어 있고 융통성이 없으며 근심·걱정이 많은 학습자, 순응형의 학습자에게 효과적이다.

따라서 강의법에 관한 위와 같은 형태를 적당한 시기에 알맞게 활용한다면 매우 효과적일 것이고, 그것은 교사의 능력에 따라 가능하다. 따라서 강의법의 진행과정은 [그림 10-9]와 같다.

형식적인 강화 ⇒ 예시적인 강화 ⇒ 교재나 교과서의 낭독 ⇒ 학생을 참여시키는 수정식 강화 ⇒ 대화식의 비형식적 강화 ⇒ 비형식적인 대화식 강화

[그림 10-9] 강의법의 진행과정

(2) 토의법(discussion method)

토의법은 공동학습의 한 가지 형태로서 학생 상호 간의 의견교환을 통하여 학습활동을 이끌어 나감과 동시에 학습의 사회화를 이루는 민주적인 학습지도법이다. 토론에는 교사가 참여하는 경우도 있지만 주로 학생들끼리 토론하고, 교사는 토론을 이끌어 나가는 중재자의 역할을 수행하는 것이 보통이다. 토의법은 지식의 전달을 목표로 하는 것이 아니라 주어진 과제를 집단 속에서 구성원 상호 간의 의견 교환을 통해 스스로 해결해 나가도록 한다.

학습효과를 기대하는 토의법에도 토의에 참가하는 사람 수나 의제 등에 따라서 다음과 같은 형식으로 분류된다. 첫째, 원탁식 토의(round table discussion)는 10명 내지 14~15명의 인원이 형식에 구애받지 않고 참가자 전원이 원탁에 둘러앉아 자유롭게 토의하는 것이다. 둘째, 배심 토의(panel discussion)는 4~6명의 대표자가 선정된 인원과 다수의 청중으로 구성된다. 토의가 시작되면 의장은 배심원을 소개하고 문제와 논점을 소개함으로써 토의를 시작한다. 한편 의장이 필요에 의해 청중을 논의에 참가시켜서 질문이나 발언의 기회를 준다. 셋째, 공개 토의(forum discussion)는 1~2명의 연사가 공개연설을 한 후 의장의 사회로 내용을 중심으로 연사와 청중 사이에 질문과 답변을 한다. 넷째, 심포지엄(symposium)은 3명 이상의 연사가 같은 문제를 가지고 서로의 다른 입장에서 자기 의견을 미리 준비해 가지고 사회자의 안내로 강연을 하게 된다. 미리 강연 내용이나 통계자료를 인쇄하여 청중에게 배포한다. 다섯째, 대화식 토의(dialogue discussion)는 전문가나 권위자를 학

교에 초빙하거나 혹은 현장을 방문하여 면접을 통해서 문제에 대한 의견이나 질의 응답을 하는 것이다.

(3) 질문법(question and answer method)

질문법은 질문과 대답에 의해서 교수활동이 전개되는 방법으로서, 강의법과 함께 오래전부터 활용되어 온 전통적인 교수방법의 한 형태인데, 이를 질문법 또는 문답법이라고도 한다. 고대의 학자들은 한결같이 질문법에 의하여 자기의 사상을 제자들에게 전수하였으며, Socrates는 질문법을 두 가지로 체계화하여 진리탐구 및 학문전수 방법으로 발전시켰다. 첫째, 대화법으로 여러 가지 질문을 하여 상대방으로 하여금 자신의 그릇됨을 스스로 깨우쳐주는 방법이다. 둘째, 산파술로 상대방의 기지에서 출발하여 미지로 이르게 하여 상대방으로 하여금 적극적으로 새로운 지식을 얻게 하는 방법이다.

교수방법에서 질문법을 추구하는 목적은 학생들의 사고를 촉진하는 데 있다. 그래서 질문법의 목적을 달성하기 위해서 질문은 항상 명확하여야 하며, 계속 문제를 제기하고 토론할 수 있도록 지적 호기심을 자극할 수 있어야 한다. 따라서 질문하는 교수자와 학습자들 상호 간의 문답을 통해서 학습자들이 곧 스스로 탐구하는 능력을 키우거나 방법을 배워 습득한다는 점에서 질문법의 가치는 매우 높게 평가받는다. 또 개인차를 고려하여 질문함으로써 능력이 낮은 학생들에게도 성취감을 느끼도록 하는 것이 매우 중요하다.

(4) 문제해결법(problem solving method)과 구안법(project method)

문제해결법은 학생들이 생활하고 있는 현실적인 생활에서 당면하는 문제들을 스스로 해결해 나가는 과정에서 지식, 기능, 태도, 기술 등을 종합적으로 획득하도록 하는 방법이다. 이는 Dewey의 『사고하는 방법(*How we think*)』(1910)이라는 저서에서 강조한 '반성적 사고'에 의하여 체계화되었다. 그에 의하면 인간의 행위는 주어진 상황적 조건을 문제해결수단의 원천으로 하여 목표를 세워 그것을 추구하는 과정이다. 그런데 이 과정에서 방해를 받는 상황을 문제 상황이라고 한다.

문제해결법의 특징을 다섯 가지로 정리하면 첫째, 학생의 현실생활과 관련 있는 문제들을 대상으로 한다는 점이다. 둘째, 학생들의 능동적인 협동적 집단 활동에 의해 진행된다는 점이다. 셋째, 학생들의 주체적인 실천능력이 중심이 되는 점이다. 넷째, 교사의 적절한 조력이 요청된다는 점이다. 다섯째, 학생들의 심리적 특성을 고려하여 학습내용을 조직하기 때문에 심리적 조직이 중시된다는 점이다(주영흠, 박진규, 오만록, 2002).

구안법은 구안학습이라고 하며, Kilpatrick이 대표적 이론가이다. 이 방법은 문제법의 발전적인 형태인데, 원래 'project'라는 말은 '내던지다', '앞으로 내 놓는다', '연구한다', '구상한다'는 뜻으로 마음속에 생각하고 있는 바를 밖으로 내놓고, 객관화시켜서 구체적으로 실현하려는 활동을 의미한다. 따라서 구안법은 학습자 스스로가 어떤 목적을 가지고 자기 힘으로 계획을 세워서 실천함으로써 자발적이고 창의적인 학습의 효과를 거두고자 하는 현대적인 학습지도의 한 방법이다.

구안법과 문제해결법은 기본성격은 같으나 몇 가지 차이점이 있다. 첫째, 문제해결법은 반성적인 사고과정이며, 구안법은 구체적인 결과를 만들어내는 실천적인 면에 중점을 두었다. 둘째, 문제해결법은 이론적, 추리적으로 문제를 해결해 가는 과정이며, 구안법은 현실적, 구체적으로 문제를 해결하는 경우가 많다. 셋째, 구안법은 문제해결법에서 발전되었으며, 구안법의 의미에는 문제해결법이 포함된다.

(5) 팀티칭 법(team teaching)

팀티칭은 1957년 미국에서 처음 시도되어 다양하게 시험되어 온 방법이다. 이 경우는 교수인원의 재조직을 통하여 교수의 효과를 올려보자는 시도이며 두 명 이상의 교사가 동일한 학습 집단의 학습지도 주요부분을 책임지기 위해서 협동적으로 계획하고 교수해 나가는 것이다. 처음 시작된 것은 Anderson과 Shaplin 두 교수가 제창하고 연구했다. 교사조직은 교장을 정점으로 하여 team leader와 상급교사 그리고 일반교사 세 그룹으로 구성된다. 경우에 따라서는 이를 주임교사, 협력교사 및 보조교사로 구분하기도 한다.

(6) 프로그램 학습(program learning)

프로그램 학습은 미국의 행동주의 심리학자 Skinner의 강화이론에 바탕을 둔 학습지도법이다. 학습 형태적으로 볼 때 학생이 스스로 학습할 수 있도록 꾸며 줌으로써 기계장치 또는 책의 형태로 되어 있는 프로그램 내용을 학생에게 학습시켜 목표에 쉽고 명확하게 도달하게 하는 방법이다.

프로그램 학습내용을 담아서 제작된 기술적 학습과정의 원리를 살펴보면 첫째, 점진접근의 원리는 하나의 과정을 학습할 때 쉬운 것에서부터 점차 어려운 것으로 진행한다. 둘째, 적극적 반응의 원리는 개개인의 학생이 교재에 대하여 능동적으로 참여하고 활동함으로써 학습이 잘 이루어진다. 셋째, 즉시 확인의 원리는 좋은 학습이 일어나는 것으로 학습의 결과에 대한 반응의 옳고 그름이 즉시 확인된다. 넷째, 학습자 검증의 원리는 학습자 개개인이 스스로 학습 반응에 대한 정확한 검증을 한다. 다섯째, 자기 속도의 원리는 학습은 개별적으로 각자의 속도에 맞는 학습이 되도록 한다.

(7) 모바일 러닝(mobile learning)

모바일 러닝은 보통 m-러닝(m-Learning), 스마트 러닝(Smart Learning), 쿼터스 학습(Ubiquitous learning, U-learning) 등의 용어로 혼재되어 사용되고 있고, 이 중 모바일을 활용한 언어 학습을 특히 MALL(Mobile Assisted Language Learning)이라는 용어로 통용되고 있다.

학자들마다 모바일 러닝의 정의는 조금씩 다르지만 공통적으로 무선인터넷이 가능하며 이동성이 있는 모바일 기기를 사용하는 학습법으로 볼 수 있다. Attewell, Savil-Smith와 Douch 등(2009)은 모바일 러닝을 '손에 들고 사용할 수 있는 기기로 무선 접속이 가능하며 교수 학습을 확장하며 강화할 수 있는 학습'으로 정의하였다.

기술적 개념은 모바일 러닝 구현이 가능한 기술적 요소나 매체적 특징을 강조하는 개념, 교육적 개념은 모바일 러닝을 원격교육(d-러닝, Distance Learning)의 관점으로 이해하면서 전자학습(e-러닝, Electronic Learning)이 모바일 기기의 등장으로 발전하게 된 것을 모바일 러닝으로 파악하는 관점이다.

확장적 개념은 유비쿼터스 컴퓨터 사용 기술의 초기 단계로서 모바일 러닝을 바라보는 입장이다. McCarty, Sato와 Obari(2017)는 모바일 러닝을 교육, 교육공학, 교육기관 및 문화, 기술적 관점에서 개념을 정리했다.

교육기관 및 문화적 관점은 기술을 활용한 교육을 바라보는 대학 및 학교기관의 관점 및 교육기관에서 구현 가능한 기술적 환경을 뜻한다. 스마트 러닝은 이러닝과 상보적인 개념으로 사용되고 있음을 알 수 있다.

모바일 러닝이 지닌 장점에 대해 McCarty, Sato, & Obari(2017)는 편리한 휴대성으로 친밀한 학습 작용이 이루어질 수 있고, 시간과 공간의 제약이 없으며, 학습자 개인의 수준에 맞게 학습자 주도적으로 교육과정이 실현될 수 있다고 하였다. 또한 목표 언어를 사용하는 사람들이나 정보에 온라인으로 접속할 수 있고 학습을 위한 다양한 애플리케이션의 사용이 가능하다고 하였다.

모바일 러닝의 장점은 학습자가 모바일 기기를 소유하고 있으며, 이동성이 편리하고, 모바일 기기가 첨단 기술의 집합체라 다양한 활동에 적합하다는 점이다. 따라서 모바일 러닝은 한국어 노출 시간이나 의사소통 기회가 부족한 해외 한국어 학습 환경의 문제점을 극복하는 데 상당한 도움이 될 것이다.

모바일 러닝의 문제점은 기기의 문제와 교수-학습의 문제로 나눠 살펴볼 수 있다. 모바일 기기의 문제점으로는 한 화면에 담을 수 있는 학습 내용의 길이가 제한적이 고 입력에 비해 출력의 기회가 적다는 점 등을 들 수 있다.

(8) 협동학습(cooperative learning)

협동학습은 Lewin과 Deutsch의 현장 이론에서 파생하여 협력이론에 기반을 두고 Lewin의 변화 모형이론에 기초하여 Deutsch가 1940년대에 협동학습의 이론적 기초를 형성하면서 미국의 공과대학인 MIT 대학의 심리학 교실연구결과에 뿌리를 두고 있다. 하지만, 교실적용에 대한 구체적인 연구는 1970년대부터 시작되었다.

1970년대 협동학습에 대한 연구가 다시 관심을 받기 시작하면서 협동학습에 대해서 많은 학자들이 다양하게 정의하고 있다.

Aronson(1978)은 협동학습에 대해 소집단 구성원들이 공동으로 노력하여 주어진 학습과제나 학습목표에 도달하는 하나의 수업방법이라고 정의하였다. 그러나 Cohen(1994)은 모든 학습자가 주어진 공동 과제에 참여할 수 있는 소집단 수업형태라고 보았다.

Slavin(1991)은 공동의 목표를 성취하기 위해 동료들과 함께 하는 구조화된 수업기법이라고 정의하였고, Johnson 등(1992)은 학습효과 증진을 위하여 학생들 서로가 함께 학습할 수 있도록 소그룹형태로 된 수업전략이라고 하였다.

이상의 협동학습의 개념들을 정리하자면 협동학습은 학생들 간에 서로 협력하면서 상호작용으로 학습효과를 증진시키기 위한 소그룹 형태로 된 하나의 수업방법으로 이해할 수 있다. 나아가 협동학습이 다문화 사회에서 다양성의 공존을 추구하는 종의 사회화 훈련과정이라고 할 수 있다.

협동학습의 구성요소를 살펴보기 위해 교실에서 흔히 수행되는 학습구조를 세 가지 유형으로 구분할 필요가 있다.

첫 번째 유형의 경우 학습목표보다는 누가 더 잘하는가에 초점을 두는 경쟁학습구조이다. 두 번째 유형은 다른 학습자에 신경 쓰지 않고 자신만의 속도에 맞추면서 완성된 과제는 자신이 평가하고 노력에 대한 책임도 자신이 져야 하는 개별학습구조다. 세 번째 유형은 그룹으로 구성된 집단 구성원들이 자신은 물론이고 집단 구성원의 학습에 대해서도 책임을 져야 하기 때문에 서로 공유하고 도와주면서 상호작용을 하는 협동학습구조가 있다.

개별학습구조나 경쟁학습구조보다는 협동학습에서 학생들은 배운 지식을 서로 공유하면서 반복학습과 체험학습이 일어날 가능성이 많기 때문에 더 효과적이다. 또한 개인은 새로운 아이디어를 제공하는 할 때에도 개인은 한계가 있으며, 협동하는 팀에서는 '우리는 모두 함께 하고 있다'라는 사실에 도움받을 가능성이 훨씬 높다.

협동학습에서 필요한 구성요소는 개인 간의 상호교류와 개인적 책무성, 구성원들 간의 긍정적인 상호의존성, 대인관계 및 사회기술, 집단평가 등 크게 다섯 가지로 구분되는 데 구체적으로 다음과 같다.

첫째, 긍정적인 상호의존성은 집단구성원 개개인이 집단성공을 위하여 자신뿐만 아니라 구성원들도 함께 목표를 이루어야 하기 때문에 서로 돕는 관계를 의미한다.

둘째, 개인적 책무성은 과제를 숙달해야 하는 책임이 개인에게 있으며, 집단구성원으로서 개인들의 수행에 대한 평가 결과가 그 개인이 속해 있는 집단과 자신에게 적용될 때 개별책무성이 존재한다.

셋째, 개인 간 상호교류는 집단 구성원이 집단의 목표 성취를 위해 다른 구성원들의 노력을 격려하고 촉진시켜 주는 것을 의미한다.

넷째, 소집단 및 사회 기술에서는 집단 내 협동적 노력으로 성공하기 위해 요구되는 기술이다.

다섯째, 집단평가는 구성원 각자가 공동의 목표를 달성하기 위해 얼마나 노력하고 협력했는지에 대한 토론과 평가가 적절히 이루어져야 한다.

(9) 하브루타 학습(chavruta learning)

하브루타 학습법은 유대인의 종교학교 예쉬바 등에서만 다루는 독특한 대화식 방법이다. '하브루타'라는 말은 '친구끼리(friendship) 또는 동료끼리(companionship)'라는 뜻을 의미하는 아랍어로서 전통적으로 두 명의 친구가 짝을 이루어 탈무드 교재(text)를 함께 공부한다는 뜻에서 나온 용어이다.

이 하브루타 학습법은 지금 대학에서 사용하는 대부분의 수업 구조와는 본질적으로 다르게 접근한다. 즉 배움이 교사에게서 나온다고 하는 전제를 유보하고 배움이 학생에게서 이루어진다고 전제한다. 특히 학생과 학생 사이의 질문과 대화, 토론과 논쟁, 다양한 답변의 탐색 과정을 통해 이루어진다는 사실에 기초한다.

이는 기존의 교수-학습 체제를 부정한다기보다 학습자참여 중심의 수업을 이끌어 나가는 데 효과적이라는 것을 보여준다.

18세기 이탈리아 학자인 Luzzatto가 설정한 탈무드 토론의 7가지 원리를 제시했는데, 이 탈무드 토론의 원리는 질문과 대답을 반복적으로 진행하면서 각자의 주장이나 논리를 발전시켜 나간다는 데 의미가 있다. 이를 정리하면 다음 〈표 10-2〉와 같다.

〈표 10-2〉 탈무드 토론의 7가지 원리

원 리	설 명
진술(Statement)	말하는 사람이 사실적으로 이야기한다. 사실을 있는 그대로 간략하게 언급한다.
질문(Question)	진술한 사람의 정보를 듣고 상대방이 그것에 대해 날카로운 질문을 한다.
대답(Answer)	진술한 사람이 질문에 대해 답변을 한다.
반박(Contradiction)	대답에 대해 반박하거나 반대 의견을 댄다. 반박은 싸우는 것, 말다툼하는 것이다. 날카로운 반박일수록 좋다.
증거(Proof)	원래 말한 사람이 자신의 주장에 대해 논리적으로 증거를 대고 증명을 한다.
갈등(Difficulty)	다시 증거를 댄 것들에 대해 사실이나 진실이 아닌 것들을 현명하게 찾아내어 지적한다.
해결(Resolution)	결론짓기, 파트너와 함께 갈등 상황에 대한 해결책을 찾고 바람직한 방향을 모색하면서 마무리한다.

하브루타 교육은 유대인의 전통적 토론학습방식에서 기초하며, 특히 탈무드 토론의 7가지 원리를 학교나 가정교육에서 자연스럽게 습득할 수 있는 환경에 있기 때문에 하브루타 수업 방법이 발전할 수 있었다.

탈무드 교육의 철학적 원리는 모든 사람들이 신 앞에 평등하며 각 사람은 서로가 다른 재능을 가졌으므로 상호 존재의 가치를 인정한다는 것이다. 이는 하브루타 학습에도 그대로 반영되어 있다.

교육과정평가

CHAPTER 11

1. 교육평가의 개념

교육의 목적이 인간의 행동을 변화시키는 것이라면 교육평가의 목적은 교육이 행동변화를 가져왔느냐를 판단하는 행위라고 간단히 정의할 수 있다. Tyler는 교육평가(educational evaluation)란 용어를 1930년부터 사용되었으며, Tyler는 교육목표의 달성 여부를 판단하는 행위를 교육평가라 정의하였다.

Tyler는 교육평가란 교육과정과 수업활동을 통해 교육목표가 실제로 도달된 정도를 결정하는 과정으로 정의하였다. Cronbach는 교육평가란 교육 프로그램에 관한 의사결정을 내리는 데 필요한 정보를 수집하고 사용하는 과정으로 정의하였으며, Stufflebeam은 평가란 의사결정 과정에 필요한 정보를 기술, 수집, 제공하는 과정으로 정의하였다. 한편, Nevo는 의사결정 과정에서 가치판단을 배제한다는 것은 현실적으로 있을 수 없는 일이라고 반박하면서 교육평가를 교육의 과정 또는 성과에 관해 어떤 결정을 내릴 목적으로 교육의 과정과 성과에 대한 가치와 장점을 체계적으로 조사·활용하는 과정과 활동이라고 정의하였다. 이러한 정의를 종합하면, 교육평가란 교육과 관련된 모든 것의 양, 정도, 질, 가치, 장·단점 등을 체계적으로 측정하여 판단하는 주관적 행위라고 할 수 있다.

1) 평가기준에 따른 교육평가 유형

교육평가는 대상의 특성에 대한 가치를 판단하는 것이므로 판단을 위한 기준이 필요하다. 어떤 평가기준을 사용하느냐에 따라 규준참조평가와 준거참조평가로 구분되며, 규준참조평가는 상대적 서열에 따라서 판단한 것이고, 준거참조평가는 준거를 기준으로 하여 판단한 것이다.

(1) 규준참조평가(norm-referenced evaluation)

규준참조평가(norm-referenced evaluation)란 개인이 얻은 점수나 측정치를 비교집단의 규준에 비추어 상대적인 서열에 의하여 판단하는 평가를 말하며, 상대비교평가라고도 한다. 대학수학능력시험에서 제공되는 백분위(percentile), T 점수, 9등급 점수(stanine) 등은 모두 상대적인 서열에 따른 규준참조평가에 해당된다. 규준(norm)이란 원점수의 상대적인 위치를 설명하기 위해 쓰이는 자(scale)로서, 평가대상의 모집단을 잘 대표하도록 표집된 규준집단에서 얻은 점수를 기초로 만들어진다. 예를 들어, 규준집단의 영어점수 평균이 60점이고 표준편차가 10점일 때, 어떤 학생의 점수가 70이면, 그 학생은 84.13 백분위에 해당되고 표준적인 z 점수는 1, T 점수는 60이 된다.

규준참조평가는 진화론에 입각하여 학생들 간에 현저한 개인차가 있고, 그것은 교육의 힘으로도 도저히 극복 불가능하다고 믿는다. 바꾸어 말하면, 학생들의 학습능력에는 교육을 통해서도 좁힐 수 없는 상당한 분산(分散)이 있다는 것이다. 그러므로 규준참조평가는 개개 학생들의 성취도를 최대한 정밀하게 변별하여 특정 교육 프로그램을 이수할 수 있는 학생을 선정한 다음 각자의 능력에 맞는 내용 또는 수준의 교육을 해야 한다는 선발적 교육관(selective mode of education)에 기초를 두고 있다. 선발적 교육관이라 함은 교육을 통해서 달성하고자 하는 어떤 교육목적이나 일정한 교육 수준에 도달할 수 있는 사람은 어떤 교육방법을 동원하든지

간에 다수 중의 일부이거나 소수에 지나지 않는다는 신념을 가진 교육관이다. 이러한 선발적 교육관에서는 교육평가가 주로 일정한 교육 수준이나 교육목표에 도달할 가능성이 있는 소수의 우수자를 선발하기 위한 것과 일정한 학습 후에 어느 학생이 보다 많은 학업성취를 이루었는가의 개인차 변별에 보다 더 많은 관심을 둔다.

규준참조평가의 장점은 첫째, 개인차의 변별이 가능하다. 여러 개인의 상대적인 비교를 기초로 하는 객관성을 강조하고 엄밀한 성적 표시방법을 채택함으로써 개인차를 변별할 수 있다. 둘째, 객관적인 검사의 제작 기술을 통해 성적을 표시하고 있기 때문에 교사의 편견을 배제할 수 있다. 셋째, 학습자들의 경쟁을 통하여 동기를 유발하는 데 유리하다. 특히, 등급이나 당락을 결정할 경우의 평가는 보다 강력한 동기유발을 촉진할 수 있다. 한편, 단점은 첫째, 교수-학습 이론에 부적절하다. 즉, 무엇을 얼마만큼 알고 있는지에 관심을 두지 않기 때문에 교육목표, 교육과정, 교수방법, 학습효과 등을 경시하는 경향이 있다. 둘째, 규준참조평가에서는 참다운 의미의 학력평가가 불가능하다. 예컨대, 학습자의 성취도가 집단 내에서는 상대적 비교로 판정되기 때문에, 학습내용을 완전히 이해한 학습자라도 집단 전체가 우수하다면 학업성취도가 낮은 것으로 분석될 수 있다. 셋째, 학습자 간에 학력의 상대적 위치나 순위를 결정하기 때문에 과다한 경쟁심리가 조장되며, 이로 인해 인성교육을 방해할 우려가 있다.

(2) 준거참조평가(criterion-referenced evaluation)

의사나 간호사 자격시험에서 상대적 서열에 의하여 자격증을 부여한다면 매년 일정 수준 이상의 높은 의료인의 수준을 유지하기 어려울 것이다. 그러므로 자격증을 부여하는 검사에서는 일정 점수 이상을 획득한 대상에게 자격증을 부여하는데, 이와 같은 평가를 준거참조평가(criterion-referenced evaluation), 또 쉽게는 절대평가라고 한다. 준거참조평가는 학습자가 학습해야 할 학습과제의 영역에 대해 얼마만큼 알고 있는지를 준거에 비추어 판단하는 평가다. 준거참조평가에서 가장 중요한 요소는 과제의 영역(domain)과 준거(criterion, standard, cut-off, cut score)이다.

영역은 측정하고자 하는 교육내용이며, 준거는 피험자가 어떤 일을 수행할 수 있다고 대중이 확신하는 지식이나 기술 수준을 말한다. 그러므로 준거는 교육목표를 달성하기 위해 도달해야 하는 최저기준(minimum competency level)이며, 준거점수는 성패나 당락을 구분하기 위해 기준이 되는 점수라고 할 수 있다. 예를 들어, 간호사 자격시험에서 준거점수가 70점이라면 이 준거점수 이상을 받은 응시자에게는 간호사 자격증을 부여한다. 이러한 준거점수를 타당하게 설정하기 위한 다양한 방법들이 소개되었다.

준거참조평가는 충분한 학습시간과 학습조건만 제공하면 거의 모든 학생이 주어진 학습목표에 도달할 수 있고, 그것이 바로 교육의 목적이라는 발달적 교육관(development mode of education)에 기초를 두고 있고 완전학습(mastery learning) 이론과 맥락을 같이 한다. 발달적 교육관이라 함은 모든 학생에게 각각 적절한 교육방법만 활용될 수 있다면 누구나 의도하는 바의 주어진 교육목표를 달성할 수 있다는 가정과 신념을 가진 교육관이다. 이러한 발달적 교육관에서의 교육평가는 학생의 선발이나 개인차를 밝히기 위한 평가에 관심을 갖는 것이 아니라 모든 학생이 가능한 한 의도한 바의 목표에 도달할 수 있도록 교수방법의 평가와 목표도달의 평가에 그 관심이 집중된다. 발달적 교육관을 바탕으로 한 교육평가관은 규준참조평가가 아닌 목표지향평가를, 등위중심이 아닌 능력중심의 평가를, 그리고 암기 위주의 평가가 아닌 사고력 중심의 평가 상황을 취하게 된다.

준거참조평가의 장점은 첫째, 교수-학습 이론에 적합하다. 즉, 무엇을 알고 무엇을 모르는지를 직접적으로 제공하므로 무엇을 어떻게 가르쳐야 할 것인지에 대한 시사점을 제시해 준다. 둘째, 교육목표, 교육과정, 교수방법 등의 개선에 용이하다. 셋째, 상대평가에 치중하지 않으므로 이해, 비교, 분석, 종합 등의 고등정신능력을 배양할 수 있다. 한편, 단점은 첫째, 개인차의 변별이 쉽지 않다. 즉, 준거참조평가는 학습자 개인 간의 비교 및 우열을 판정하기 어렵다. 둘째, 준거의 설정 기준이 문제가 될 수 있다. 다시 말해, 교육에서의 절대 기준은 교수목표이지만 이러한 교수목표를 누가 정하느냐 혹은 어떻게 정하느냐는 고도의 전문성이 요구되는 문제이다. 셋째, 검사 점수의 통계적 활용이 불가능하다. 준거지향평가에서는 검사 점수의 정상분포를 부정하기 때문에 점수를 통계적으로 활용하기 어렵다.

2) 평가기능에 따른 교육평가 유형

수업이 진행되는 단계에 따라 평가는 수업이 시작되기 전에 실시되는 진단평가(diagnostic evaluation), 수업이 진행되는 과정에서 실시되는 형성평가(formative evaluation), 그리고 수업이 끝난 시점에서 실시되는 총합평가(summative evaluation, 총괄평가라고도 함)로 구분된다.

(1) 진단평가(diagnostic evaluation)

의사가 처방을 위하여 환자에게 질문하고 진찰을 하는 것과 마찬가지로 교사도 교수·학습을 시작하기 전에 학생의 학습에 대한 심리상태와 무엇을 얼마만큼 알고 있는가를 파악해야 할 필요가 있다. 이와 같이 진단평가(diagnostic evaluation)란 교수·학습이 시작되기 전에 학생이 소유하고 있는 특성을 체계적으로 관찰·측정하여 진단하는 평가로서 사전학습 정도, 적성, 흥미, 동기, 지능 등을 측정한다. 진단평가는 학습자에게 적절한 수업전략을 투입하기 위한 목적으로 시행된다.

진단평가의 기능은 예진적 기능과 학습 실패의 교육 외적인 원인을 알아보는 기능으로 구분할 수 있다. 첫째, 학습의 예진적 기능은 학습자들의 기본적인 학습능력, 학습동기, 그리고 선수학습의 정도를 확인하는 것을 말한다. 다시 말해, 학교교육 현장에서 새로운 단원에 대한 수업을 진행할 때, 학급 내 개개 학습자의 선수학습과 사전학습 정도를 정확하게 파악하여 이를 학습지도에 활용할 수 있다. 둘째, 학습 실패의 교육 외적 원인의 파악이란 수업과 직접적인 관련성이 없으면서도 학습 실패의 원인이 되고 있는 여러 가지 학습장애 요인을 밝히는 것이다. 즉, 학습자가 학습에서 나타내는 지속적인 학습장애의 원인과 학습자의 학습 환경에 관한 정보를 수집하여 적절한 의사결정을 할 수 있다.

(2) 형성평가(diagnostic evaluation)

우리가 시험이나 퀴즈를 내는 목적이 점수를 부여하는 데 있다고 생각하지만,

더 중요한 기능은 학습의 진척이 얼마나 일어났는지 교사와 학생에게 피드백을 제공하는 것이다. 어떤 경우에는 퀴즈나 시험을 보고 채점하고 토의할 뿐, 성적을 매기는 목적으로 사용되지 않는다. 이런 방식으로 평가를 사용하는 것을 형성평가(diagnostic evaluation)라고 하는데, 이는 가르치는 동안 평가가 일어나고, 학생들에게 피드백을 제공하고 그들의 성장을 지켜보기 위해 평가를 사용하기 때문이다. 이러한 피드백은 학생들의 수행을 증진시키고 이것은 결국 배우고자 하는 동기를 증가시키기 때문에 중요하다.

형성평가의 기능은 첫째, 정보의 송환(feedback)과 교정이다. 학교학습이 성공하기 위한 길은 학생과 교사에게 어떤 오류나 곤란이 발생했을 때 즉시 알려주는 송환 작용과 필요한 때 적절한 교정을 제공해 줌으로써 학급의 수업체제를 자아수정체제(self-corrective system)로 만드는 일이다. 둘째, 형성평가는 교수와 학습이 유동적인 시기에 교과내용, 교수-학습의 개선을 위해 실시하는 평가이다. 셋째, 형성평가는 교수-학습과정을 제일차적으로 이끌어가고 개선해야 가야 할 교사가 제작하는 것이 원칙이다. 넷째, 수업목표에 기초한 평가, 즉 목표지향평가를 한다는 것이 형성평가의 중요한 특징의 하나로 지적할 수 있다. 따라서 형성평가의 목표 진술에는 각 목표에 대해 수락할 수 있는 최저 성취기준을 설정해야 한다.

(3) 종합평가(summative evaluation)

종합평가(summative evaluation)는 교수·학습이 완료된 시점에서 교육목표의 달성 여부나 정도를 종합적으로 판정하는 평가로서 총괄평가라고도 한다. Scriven은 이를 교수·학습을 통해서 성장이 이루어졌는가를 확인하고 교육목표를 성취했는가를 판정하는 결과라고 정의하였다.

종합평가의 구체적인 기능은 첫째, 학습자들의 성적을 결정한다. 즉, 전체 과목이나 중요한 학습내용에 대한 교수 효과가 어느 정도인지를 판단하고, 그 결과에 의해 성적을 내고 평점을 주어 서열을 결정하는 일을 한다. 둘째, 학습자의 미래의 학업성적을 예측하는 데 도움을 준다. 셋째, 집단 간의 성적을 비교할 수 있는 정보를 제공해 준다. 넷째, 학습자의 자격을 인정하고 판단의 역할을 한다.

3) 대안적 평가로서의 수행평가

수행평가(performance assessment)란 수행 사정이라고도 하며, 학생이 해답을 찾거나 무엇을 만들어 냄으로써 능력이나 지식을 나타내 보일 것을 요구하는 여러 종류의 검사방법을 말한다. 이것은 좁은 의미로는 비언어적인 검사방법만을 의미하기도 하지만, 넓은 의미로는 논문형 문항에 답하는 것부터 구어적 담화, 실험을 하거나 시범을 보이는 것, 장기간에 걸친 학생의 노력과 발전 정도를 보여주는 포트폴리오(portfolio)에 이르기까지 다양하다.

포트폴리오 평가는 작업 결과나 작품 혹은 어떤 수행의 결과를 모아 놓은 자료집이나 서류철을 보고 평가하는 방법으로, 하나 이상의 분야에서 학습자의 관심, 능력, 노력, 진보, 성취, 성장을 보여주는 학생들의 작품을 의도적으로 모아 둔 작품집 혹은 모음집을 의미하는 수행평가 전략의 하나이다.

최근에는 학생들의 수행과제 평가의 공정성과 정확성을 위해 루브릭(rubric)을 이용한다. 루브릭은 채점의 기준을 기술하는 채점 척도이다. 루브릭은 평가단계에서 유용하게 사용될 수 있다. 루브릭은 교사들에게 구체적인 채점 틀을 제공하고 채점의 일관성과 신뢰도를 증가시킬 수 있다.

2. 교육과정평가의 개념

교육과정평가란 특정 교육과정의 장점, 가치, 중요성에 관하여 체계적으로 기술 및 판단하는 일이라고 정의할 수 있다. 일반적으로 국가, 지방 교육청, 단위학교에서는 학교교육의 방향(목표)과 내용 및 방법을 규정하고 있는 교육과정을 지속적으로 평가하는 체제를 갖출 필요가 있다. 교육과정평가는 교육과정 자체가 의도한 바를 제대로 달성하고 있는가, 투입하여 적용하고 있는 교육과정이 제대로 시행되고 있는가를 파악하기 위한 목적을 포함하여, 사회변화에 부응할 수 있는 양질의 교육과정이 되기 위하여 요구되는 교육과정에 대한 부단한 질 관리의 목적, 교원을 포함한 교육과정 운영 담당자들이 교육과정을 계획한 대로 운영하고 있는가를 확인·점검하기 위한 목적 등을 추구하기 위하여 지속적으로 실시되어야 한다(한국교육평가학회, 2004).

교육과정평가는 어떤 입장(주체)에서 평가를 어떤 목적으로 활용하고자 하는가에 따라 각기 다른 관점과 대상(내용) 및 초점을 가지고 다양하게 접근할 수 있다는 특징을 지니고 있다. 따라서 다양한 평가 모형이나 평가 전략과 방법을 적용할 수 있으므로 매우 복잡하고 역동적인 활동으로 인식되고 있다. 특히, 교육과정을 개발한 입장, 교육과정을 운영하는 입장, 교육과정에 참여하는 학습자 입장, 교육과정 시행을 확인·점검하는 행정가 입장 등에서 평가결과를 어떤 목적으로 어떻게 활용하려고 하는가에 따라 평가의 초점이나 내용(준거)과 방법이 달라질 수 있다는 역동성을 지니고 있다. 또한, 교육과정에 대한 인식이나 정의방식에 따라 평가 대상 및 준거나 평가방법이 달라질 수 있다는 점에도 유의할 필요가 있다. 이 경우에 주로 거론되는 교육과정 차원으로는, 교과과정으로서 문서화된 교육과정 차원, 교육현장에서 실제로 실천·운영되는 교육과정 차원, 학생이 경험하고 성취한 교육과정 차원 등에 대한 종합적인 안목이 요구되며, 교육과정을 정의하는 방식을 막론하고 교육활동의 목표, 그를 달성하기 위한 방법 및 내용과 그를 달성한 경우에 나타나는 효과(영향) 등에 관한 포괄적인 관점에서 교육과정평가를 설계하고 실천할 필요가 있다.

전형적인 교육과정평가 모형은 Tyler의 목표중심 모형이며, 이 평가 모형에 따라 교육목표 달성도를 확인하는 실용적인 평가가 교육현장에 정착하게 되었다. 이후 Tyler 모형에 대한 비판적 안목에 입각하여 다양한 대안적 평가 모형들이 제안되었다. 대표적인 교육과정평가 모형으로는, 의사결정중심 모형(CIPP 모형), 판단중심 모형, 자연주의적 모형, 평가인증 모형, 비평 및 전문가중심 모형, 권한부여 모형, 모니터링 모형, 요구분석 모형, 체제분석 모형 등이 활용되어 왔다. 그리고 참여협동 중심의 평가적 방법들과 컨설팅 모형 등이 상황에 따라 적절하게 적용되어 왔다.

다양한 평가 모형과 더불어 평가 전략으로 ① 평가준거 중심 전략, ② 학습자 중심 전략, ③ 현장연구적 전략, ④ 쟁점 중심 전략 등이 활용된다. 학교현장에서 특정 평가 모형에 구애받지 않고 평가목적에 적절한 질문을 제시하고 그에 대한 답변을 강구하는 접근방법도 활용되고 있다. 학교현장에서 주로 활용되는 질문은 ① 교과내용의 난이도 수준은 적절한가? ② 학습내용 분량은 적절한가? ③ 교육목표 및 내용은 미래사회에 적절한가? ④ 교육목표를 어느 정도 달성하고 있는가? ⑤ 의도한 바대로 행동변화, 태도변화가 일어나는가? ⑥ 정상적인 교육과정 운영을 방해하는 요인은 무엇인가? 등이다.

이들 질문에 따라 분석적인 절차를 적용하여 준거와 기준을 설정하고 그에 적절한 근거자료와 지표를 수집하여 종합·판단하는 과정을 거치는 것이 일반적이지만 결국에는 제기된 질문에 대하여 종합적인 관점에서 타당하고 신뢰할 수 있는 답변을 강구하는 데 중점을 두어야 한다. 평가 기능(역할)면에서 보면, 교육과정 개발 단계에서는 형성적 기능을 강조하고, 교육과정 효과 및 목표달성도를 파악하기 위해서는 총괄적 기능을 중시할 필요가 있다. 또한, 교육과정 투입 시의 맥락과 상황을 파악하기 위한 평가에서는 진단적 기능을 중시할 필요가 있다.

교육과정의 장점(및 단점)과 가치 및 효과에 대한 판단을 위하여 평가 모형이나 전략에 따라 적절한 평가준거를 설정하고 그에 관련된 판단근거자료를 수집하게 되는데, 이 경우에 널리 적용되는 준거(항목 및 영역)로는 교육과정 내용상의 계열성, 체계성, 전체성, 시행의 충실성, 실천가능성(교수가능성), 계획과 실천의 일치성, 운영상의 융통성 등과 더불어 학생 요구에의 적절성, 성과 및 효과(영향) 등이 있다. 또한, 판단근거자료로 어떤 종류의 자료를 수집해야 할 것인가에 따라서 질적 방법과 양적 방법의 활용이 병행될 필요가 있다. 또한 교육과정평가를 위한 주된 출처로는 교육과정 개발 및 실천운영 관련자들을 비롯한 교원, 학생, 직원, 학부모, 졸업생, 지역사회 인사, 기록물 등이다. 이들을 대상으로 근거자료를 수집하는 방법(및 도구)은 정량적인 방법과 정성적 방법으로 분류될 수 있다. 교육과정은 일종의 프로그램이라면 학교에서 이루어지는 모든 교육활동은 교육프로그램으로 간주될 수 있다. 이러한 프로그램 평가적 방법론을 교육과정평가에 적용할 수 있다.

교육과정의 계획, 실천, 성과 전반에 걸쳐 작동되는 인과적 메커니즘인 프로그램 논리(programtheory)를 파악, 개발, 설정하고 그에 입각하여 적절한 평가적 방법을 적용함으로써 교육과정평가의 타당성을 제고시킬 수 있는 동시에 그 유용성을 크게 향상시킬 수 있다는 관점에서 교육과정평가 설계상의 개선에 관심을 둘 필요가 있다.

교육과정평가의 개념은 크게 세 가지 차원에서 구분하여 제시할 수 있다(강현석, 2019).

첫째, 교육과정의 기본적 관심사에 비추어 본 개념이다. 일반적으로 교육과정의 문제를 교육목표의 설정, 교육내용과 학습경험의 선정과 조직, 교육평가라고 한다면 이 문제들을 평가하는 것을 교육과정평가라고 볼 수 있다.

둘째, 교육평가의 개념을 확장하여 본 개념이다. 지금까지 교육평가는 주로 교사에 의한 학생의 평가만을 강조하여 왔다. 이러한 논리로 본다면 교육평가에는 학생의 평가뿐만 아니라 교사의 평가, 학교평가, 교육과정평가 등이 있어야 한다. 학생의 평가가 주로 학생의 행동평가이거나 학업성취도 평가를 말하며, 교사의 평가는 주로 교사가 행하는 수업평가를 의미한다.

셋째, 교육과정의 영역이나 혹은 개발 과정에 비추어 본 개념이다. 일반적으로 교육과정 개발 과정을 교육과정 구상 및 설계–교육과정 개발–교육과정 실행 및 운영–교육과정 성과의 산출로 본다면 교육과정평가는 구상 및 설계의 평가, 개발의 평가, 실행 및 운영의 평가, 성과의 평가로 볼 수 있다.

3. 교육과정평가의 목적

교육과정을 평가하는 것은 교육과정이나 교육과정의 운영이 교육의 성패에 결정적인 영향을 줄 만큼 중요하기 때문이며, 또한 평가를 통하여 교육과정이나 교육과정의 운영을 개선할 수 있다는 믿음 때문이다. 만일 교육과정이 교육의 성패에 미치는 영향력이 미미하고, 그 어떠한 노력으로도 교육과정이나 교육과정 운영의 과정을 개선할 수 없다면 교육과정을 평가할 이유가 없다. 즉, 교육과정을 평가하는 것은 교육의 성패를 결정하는 중요한 요인이 되는 교육과정이나 교육과정 운영의 질을 개선하기 위한 정보를 얻는 데 목적을 둔다(김대현, 2017).

교육평가 분야를 주도해 온 여러 학자들은 교육과정을 평가하는 목적을 다음과 같이 세 가지로 제시하였다(진영은, 2003).

첫째, 교육과정평가는 교육의 목표 달성 정도를 확인하는 데 목적이 있다. 교육목표의 달성은 교육과정과 교육과정 운영이 성공적으로 이루어진 것을 의미하는 반면에, 목표에의 미달은 교육과정이나 교육과정 운영에 실패했다는 것을 의미한다. 이러한 입장에서 교육과정평가는 교육과정의 목표를 확인하고, 목표 달성을 측정할 수 있는 지표를 설정하며, 지표에 대한 자료를 수집하고, 자료를 분석하는 과정으로 이루어진다.

둘째, 교육과정평가는 전문적인 지식과 기술을 바탕으로 교육과정의 가치를 체계적으로 조사하고 판단하는 데 목적이 있다. 이러한 입장에서 교육과정평가는 교육과정에서의 평가 대상과 평가질문을 결정하고, 평가의 준거와 기준을 설정하며, 준거관련 자료를 수집하고, 기준에 비추어 수집된 준거 자료를 가치 판단하는 과정으로 이루어진다.

셋째, 교육과정평가는 교육과정과 관련된 유용한 정보를 기술하고 획득하여 의사결정자에게 제공함으로써 합리적인 의사결정을 돕는 데 목적이 있다. 이러한 입장에서 교육과정평가는 평가 정보가 필요한 의사결정 영역을 확인하고, 대안을 평가하는 준거를 선택하며, 자료를 수집, 분석 및 조직하고, 평가 정보를 보고하는 과정으로 이루어진다.

평가자들은 평가를 실시하는 이유나 평가가 이루어지는 맥락이 어떠한가에 따라 위의 세 가지 목적 중에서 어느 한 가지를 선택할 수 있다. 예를 들면, 교육과정 질 관리 차원에서 이루어지는 국가 시행의 전국 학업성취도 검사는 교육의 목표 달성 정도를 확인하는 데 중점을 주지만, 국가 차원의 검정을 거친 교과서를 학교에서 채택할 때는 교과서들 간의 교육적 가치를 체계적으로 조사하는 것에 목적을 둔다.

교육의 질, 구체적으로는 교육과정의 내용과 운영의 질을 관리하기 위한 평가를 통해 다음과 같은 효과를 기대할 수 있다(김재춘, 조덕주, 노국향, 1998).

첫째, 교육과정의 개정을 위한 체계적인 정보 및 개선책을 제공받을 수 있다. 지금까지 교육과정 개정 때마다 문제점으로 지적된 것 중의 하나는 교육과정에 대한 심층적이고도 체계적인 검토 없이 단기간 내에 개정이 진행되어 왔다는 것이다. 그리고 이처럼 기존 교육과정에 대한 평가가 없이 이루어진 개정은 총론과 각론의 괴리, 현실에 부적합한 교육내용의 선정 등의 비판을 불러 일으켰으며, 이러한 지적 또한 교육과정 개정 때다마 계속 되풀이되어 왔다. 사실, 교육과정을 개정하려 할 때, 기존의 교육과정에 대한 검토가 전혀 없었던 것은 아니다. 대부분의 경우, 기존 교육과정에 대한 검토는 매우 형식적이고 피상적인 수준에서 부분적으로 또는 간헐적으로 이루어져 왔다. 그러나 중앙에서 국가 교육과정을 개발하는 우리나라에서는 교육과정에 대한 보다 체계적인 평가를 실시할 필요가 있다.

둘째, 교육과정의 적용과정에 대한 정보 및 개선책을 제시해 줄 수 있다. 우리나라의 경우, 일단 중앙에서 교육과정이 개발되면 중앙의 의도대로 그 교육과정이 자연스럽게 교실 현장에 적용되리라는 믿음으로, 교육과정의 적용과정이나 이행 정도에 대한 체계적인 검토가 거의 이루어지지 않았다. 그 결과, 중앙에서 개발된 교육과정이 실제 교육현장에서 제대로 실행되지 않았다는 비판은 무성하나, 무엇이 어떻게 실행되지 않았는지, 왜 실행이 되지 못했는지를 나타내주는 구체적인 자료는 찾아보기 쉽지 않다. 따라서 중앙에서 개발된 교육과정이 현장에 정착되어 가는 과정에 대한 평가, 즉 국가의 교육과정에 대한 지원 및 실행 과정, 시·도의 교육과정 관련 지원 및 실행 과정에 대한 체계적인 검토가 필요하며, 이러한 교육과정이 운영되는 과정에 대한 평가는 교육과정의 순조로운 적용에 실질적인 도움을 제공해 줄 수 있을 것이다.

셋째, 교사들의 교육과정에 대한 전문성을 신장시킬 수 있다. 교육의 질은 교사의 질을 넘지 못한다고 한다. 실제 수업을 담당하는 교사의 질이 개선되지 않는 한, 교육에 있어서 어떤 의미 있는 변화도 일어날 수 없다. 교육과정에 대한 평가 특히 학교 교육과정의 편성과 운영에 대한 교사들의 자체평가는 의미 있는 변화를 일으키는 첫 단계이자 가장 중요한 단계이다. 교육과정을 계획하는 과정, 자신들이 만든 교육과정 그 자체, 실제로 수업을 하고 평가를 실시하는 과정에서 스스로에 대한 평가를 실시하는 것은 교사들의 자체 변화를 유도할 수 있으며, 교육과정에 대한 전문성 제고에 바람직한 영향을 미칠 수 있을 것이다. 즉 교육과정 운영의 주체인 교사들이 자신들의 학교 교육과정을 스스로 평가함으로써 자신들의 교육적 행위를 자율적으로 반성하고 개선책을 도모하는 과정을 통하여 교원의 전문성을 신장시킬 수 있다.

4. 교육과정평가의 요소

학교에서는 학교 교육과정을 국가 교육과정의 기준에 적합하게 편성하였는지, 지역과 학교의 특징, 학부모나 학생들의 요구 등을 종합적으로 고려하여 타당성 있는 교육과정을 편성하였는지, 그리고 이를 잘 운영하여 어느 정도의 교육적 효과가 있었는지에 대해 매년 자체 평가를 실시하여야 한다. 학교에 따라서는 평가 참여자를 교사, 학부모, 학생 등으로 하여 다양한 시각에서 평가하는 방안을 생각해 볼 수 있다. 평가 결과는 다음 학년도의 교육과정 편성과 운영에 반영되어야 하며, 학교 교육과정의 적합성, 타당성, 효과성을 평가하기 위해서는 구체적인 평가 기준이 마련되어야 한다. 평가 기준은 학교의 특성에 따라 다양하게 구안할 수 있을 것이나, 일반적인 기준을 예시하면 〈표 11-1〉과 같다(교육부, 2016).

〈표 11-1〉 학교 교육과정평가 준거 예시 자료

평가영역	평가요소	평가지표
학교 교육 과정 계획	계획 수립 과정	전년도 학교 교육과정 계획 · 운영실태 · 성과를 충실하게 분석하였는가?
		지역 사회 · 학교의 특성 및 학생 · 학부모 · 교사의 요구 사항을 충실하게 조사하였는가?
		학교 교육과정 계획 수립 과정에서 학교 구성원 간의 공식적인 협의체를 구성하여 논의하였는가?
		교사 · 학생 · 학부모는 학교 교육과정 계획 수립 과정에 만족하는가?
	계획 내용	국가 교육과정 기준 및 시 · 도 교육청의 편성 · 운영 지침을 학교 교육과정 계획에 반영하였는가?
		학교의 교육 중점 및 중장기 발전 계획, 운영 지원 계획 등을 학교 교육과정 계획에 반영하였는가?
		학교 특성과 학생의 요구 등을 고려하여 교과, 창의적 체험활동 영역을 계획하였는가?
		학생의 특성과 수준을 고려하여 영역별 평가 활동을 계획하였는가?
		교사 · 학생 · 학부모는 학교 교육과정 계획 내용에 만족하는가?
학교 교육 과정 운영	교과 교육 활동	교과 교육 계획과 실제 운영은 일치하였는가?
		학교 여건 및 학생의 특성을 고려하여 교과별 수업을 실시하였는가?
		교과별 목표 및 내용에 적합한 평가를 실시하였는가?
		교사 · 학생 · 학부모는 교과 교육 활동 운영에 만족하는가?
	창의적 체험 활동	창의적 체험활동 계획과 실제 운영은 일치하였는가?
		학교 여건 및 학생의 특성을 고려하여 창의적 체험활동을 실시하였는가?
		창의적 체험활동 목표 및 내용에 적합한 평가를 실시하였는가?
		교사 · 학생 · 학부모는 창의적 체험활동 운영에 만족하는가?
	지원 체제	교사의 전문성 신장을 위해 교사 연수 및 장학을 실시하였는가?
		학교 교육과정 운영을 위해 학부모, 지역 인사 등과 긴밀한 협조 체제를 유지하였는가?
		학교 교육과정 운영에 필요한 예산 및 교육시설, 설비 등을 효과적으로 지원하였는가?
		교사 · 학생 · 학부모는 학교 교육과정 운영을 위한 학교의 지원 내용과 방식에 만족하는가?

평가영역	평가요소	평가지표
학교 교육과정 성과	교육 성과	학생은 영역별(교과, 창의적 체험활동) 성취 기준에 도달하였는가?
		학생은 영역별(교과, 창의적 체험활동) 학업 성취도는 향상되었는가?
		학생은 긍정적인 학습태도를 형성하였는가?
		학교 교육과정 운영의 결과, 학생의 바람직한 인성 형성에 도움이 되었는가?
		학생과 학부모는 학교에서 이루어진 교육성과에 만족하는가?
		교사는 교육과정 운영 지원 체제에 따른 학교 변화에 만족하는가?
	교육 성과 활용	학교 · 교사 · 학생은 교육과정 성과를 지속적으로 점검하고 평가하였는가?
		학교 · 교사는 교육과정 성과를 다음 학년도 교육과정 계획 · 운영에 활용하였는가?

출처: 교육부(2016).

5. 교육과정평가의 쟁점

교육과정평가의 쟁점은 매우 다양하게 제시될 수 있지만 핵심적인 쟁점 사항을 간략하게 제시하면 다음과 같다(강현석, 2019).

첫째, 교육과정의 개념에 의해서 영향을 강하게 받는다. 내용의 범위와 계열을 공식화한 문서로서의 교육과정, 학생들의 학습경험의 총체로서의 교육과정, 성과를 나타내는 학습목표로서의 교육과정 중 어디에 교육과정의 초점을 두는가에 따라 그 개념이 달라진다.

둘째, 교육과정평가는 교육과정의 제 측면 중 계획, 과정, 결과 어디에 중심을 두는가에 따라 달라진다.

셋째, 평가의 개념 중 어디에 초점을 두는가에 따라 달라지는데 의도된 성과의 성취(목표 지향), 가치판단(가치판단 지향), 선택과 의사결정(의사결정 지향)에 따라 교육과정평가의 개념은 달라진다.

넷째, 교육과정평가의 목적을 무엇으로 보는가에 따라 상이한 입장이 존재한다. 개선 대 판단, 의사결정 대 책무성, 판단–의사결정–이해 중 각각 어디에 우선순위를 두는가에 따라 상이하다.

다섯째, 평가의 관점을 무엇으로 보는가에 따라 상이한 입장이 존재한다. 전통적 관점, 경험형 관점, 행동주의적 관점, 학문구조형 관점, 인지주의 관점 중 어디에 우선순위를 두는가에 따라 평가는 다르게 진행된다.

여섯째, 평가 영역을 개발 과정 체제(계획–실행–평가), 교육과정 개념(문서–경험–목표), 교육과정 요소(목표–내용–학습활동–평가)에서 각각 어디에 중점을 두는지에 따라 상충적인 견해가 존재한다.

일곱째, 평가의 방법과 수준에 관한 문제이다. 양적 평가와 질적 평가가 상충하며, 평가의 수준에도 국가 수준, 지역 수준, 학교 수준에 따라 교육과정 개념이 상이하다고 볼 수 있다.

6. 교육과정평가의 과제

교육과정 개선을 통한 교육의 질을 관리하기 위하여 교육과정평가가 어떤 방식으로 실시되어야 하는지, 즉 평가의 실시 방안, 방법 및 절차, 그리고 결과 활용에 관한 몇 가지 기본원칙을 살펴보면 다음과 같다(김재춘, 조덕주, 노국향, 1998).

첫째, 교육과정평가는 영역, 수준, 방법에 따라 실행 주기가 달라지는 것이 바람직하다. 예를 들면, 국가 수준의 개발체제나 문서에 대한 평가는 교육과정 개정 주기마다 일 회씩만 이루어지면 된다. 그러나 국가 수준의 실행이나 성과에 대한 평가는 매년 또는 교육과정 개정 초기와 후기 등으로 나누어서 반복 실시될 필요가 있다. 지역 수준의 교육과정평가는 국가 수준과 비슷한 방식으로, 즉 개발체제나 문서에 대한 평가는 개정 주기마다 일 회씩, 실행이나 성과에 대한 평가는 매년 또는 일정 주기로, 이루어질 필요가 있다. 학교 수준의 교육과정평가는 개발체제, 문서, 실행, 성과의 모든 영역에 대하여 매년 실시하는 것이 바람직하다. 왜냐하면 학교는 전년도의 교육과정 편성 운영에 대한 자체평가 결과에 기초하여 매년 교육과정 운영 계획을 다시 수립하고, 이에 근거하여 실행하기 때문이다. 특히, 앞에서 규정한 교육의 질, 특히 교수-학습활동의 질과 교육성과의 질과 밀접히 관련되어 있다고 볼 수 있는 학교 수준의 교육과정평가의 실행과 그 결과인 성과에 대한 평가는 매년 이루어지는 것이 바람직하다.

둘째, 교육과정을 평가할 때, 정량적인 평가와 정성적인 평가가 균형을 이루도록 하는 것이 바람직하다. 현재 이루어지고 있는 대부분의 교육청 평가나 학교평가는 책무성을 묻기 위한 평가이고, 따라서 평가 결과의 객관성을 보장하기 위한 방편으로 평가지표를 양화하는 경향이 있다. 따라서 교육의 질 개선이나 교사의 전문성 신장에 도움이 될 만한 구체적인 정보를 효과적으로 환류시켜 주지 못하고 있다. 따라서 교육과정과 관련된 영역의 실태를 파악하고, 문제를 발견하며, 앞으로의 교육과정 개발 및 운영 등을 개선하기 위한 목적에서 실시되기 때문에 정성적 평가지표를 보다 많이 마련해서 문제의 구체적인 성격 및 발생원인, 개선 가능성 등에 대한 정보를 제공해주고자 노력할 필요가 있다.

셋째, 교육과정평가는 단기간 내에 이루어지기보다는 비교적 여유 있는 시간을 가지고 심도 있게 실시되어야 한다. 학교 수준의 교육과정을 외부 평가할 경우, 모든 학교를 대상으로 일시에 또는 짧은 기간 내에 평가를 실시하는 것은 물리적으로 가능하지 않을 뿐만 아니라 교육적으로 바람직하지도 않다. 짧은 기간 동안에 많은 학교를 대상으로 외부평가를 실시할 경우, 계량화가 용이한 지표들을 중심으로 피상적인 평가가 이루어지게 될 가능성이 많으며, 그 결과 학교와 교사에게 의미 있는 정보나 도움을 제공해 줄 수 있는 단위학교의 교육과정 편성·운영의 장점과 단점을 구체적으로 파악할 수 없게 된다. 따라서 일정 수의 학교를 표집하여 평가를 실시하는 것이 바람직하다.

넷째, 교육과정평가는 원칙적으로 평가활동에 직·간접적으로 참여하는 인사들의 전문성의 제고에 기여하는 방향으로 기능해야 한다. 특히 교육과정평가는 교육과정에 대한 교사의 전문성을 신장시킬 수 있는 방식으로 이루어져야 한다. 교육과정평가를 통하여 지속적인 교육과정 개선을 이루기 위해서는 교사가 스스로 자신을 되돌아보고 개선할 수 있도록 하는 기회를 제공해 줄 필요가 있다. 즉 교육과정 평가를 통하여 교사들이 자신들의 교육 행위를 스스로 반성해보고, 개선이 필요할 경우 지속적으로 개선하고자 노력하는 일종의 실천 연구를 수행할 기회를 제공함으로써, 교육과정에 대한 교사의 전문성을 신장시킬 필요가 있다.

다섯째, 교육과정평가는 현재 교육청 평가의 일환으로 이루어지고 있는 학교평가와 같이, 교육과정의 편성·운영에 대한 책무성을 묻기 위한 것이라기보다는 교육과정의 계속적인 개선을 위한다는 목적하에 이루어져야 한다. 학교평가를 포함해서 현재 이루어지고 있는 대부분의 평가는 지나치게 계량화된 지표에 의한 평가, 자체평가보다는 주로 외부인에 의한 평가, 그리고 책무성을 묻기 위한 평가로 일관하고 있다. 따라서 교육과정의 개선을 통한 교육의 질 관리를 위해 문제해결형의 자기 평가를 지향해 나가는 것이 바람직하다.

교육과정평가 모형

CHAPTER 12

평가(evaluation)는 일반적으로 평가대상의 장점과 가치를 결정하는 과정을 말한다. 교육평가의 정의를 목표달성도 확인, 의사결정을 위한 정보제공, 그리고 가치의 판단으로 구분할 수 있다. 목표지향적 정의는 교육평가를 교육과정과 수업활동을 통해 교육목표가 실제로 도달된 정도를 결정하는 과정으로 규정한다. 대표적 학자로는 Tyler를 들 수 있다. 이러한 관점은 교육목표를 평가의 준거 또는 표준으로 하여 교육과정 및 수업을 통해 획득된 성과를 측정하는 것을 교육평가의 초점으로 간주하고 있다.

가치판단지향적 정의는 교육평가를 교육과 관련된 어떤 대상의 장점, 질, 가치 등을 판단하는 과정과 그 산물로 규정한다. 대표적인 학자로는 Scriven을 들 수 있다. 이 입장에서는 교육평가의 과정을 우선 평가기준을 설정하고 관련 정보를 수집한 뒤에 평가기준을 적용하여 대상의 가치나 유용성, 효과, 중요성 등을 판단하는 것으로 종료된다고 주장한다.

의사결정지향적 정의는 교육평가를 교육과 관련된 의사결정을 내리는 데 필요한 정보를 수집하는 활동 또는 그 과정으로 규정한다. 대표적인 학자로는 Cronbach와 Stufflebeam 등을 들 수 있다. 이들은 학습성과의 측정을 통한 목표달성도를 확인하는 Tyler의 입장을 탈피하여 성과뿐만 아니라 일련의 과정에 관한 정보를 수집하려는 점에서 교육평가를 더 넓게 보려는 시각이다. 이 관점은 가치판단적 의미를 축소하거나 배제하고 교육평가를 교육에 관한 의사결정을 내릴 때 필요한 정보를 수집해서 의사결정에 활용하는 과정으로 부각시키려고 한다. 따라서 이 입장에서는 의사결정에 필요하다면 교육의 성과뿐만 아니라 정책, 제도, 시설, 재정 등과 같이 교육에 투입되고 운영되는 투입과 과정에 관한 정보도 수집하여 활용할 것을 강조한다(한국교육평가학회, 2004).

1. 목표지향적 평가 모형

평가에 대한 목표지향적 모형은 미리 설정하여 놓은 목표를 평가의 기준으로 삼아 그 목표가 실현된 정도를 판단하는 데에 초점을 두는 입장이다. 목표지향적 접근을 대표하는 학자로는 최초로 '교육평가(educational evaluation)'라는 용어를 사용하기 시작한 Tyler를 들 수 있다.

Tyler(1949)는 교육평가를 '설정된 교육목표에 따라 적합한 교육내용이 교수되고, 이러한 교육과정을 통해 실제로 교육목표가 실현된 정도를 가늠하는 과정'으로 개념화한다. 이러한 Tyler식의 정의는 교육의 과정과 교육평가를 연계시켰다는 의의를 지니며, Tyler의 목표지향적 평가 모형을 도식화하면 [그림 12-1]과 같다.

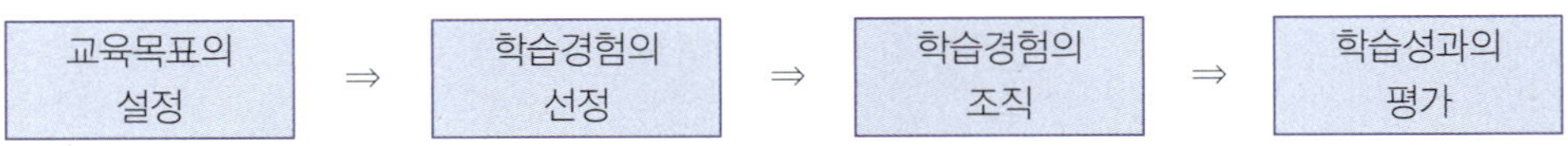

[그림 12-1] Tyler의 목표지향적 평가 모형

Tyler가 교육평가에 있어서 목표를 강조하게 된 것은 1933년부터 1941년에 걸쳐 진행된 '8년 연구'의 경험 때문이다. 8년 연구는 고등학교에서 실시된 진보주의 교육의 효과를 검증하기 위해 진행된 연구이다. 8년 연구가 진행되는 동안 Tyler는 교육목표 자체가 다른, 전통적인 교육과 진보주의 교육의 효과를 동일한 평가도구에 의해 판단하는 것은 타당하지 못하다는 결론을 얻게 된다. 즉, 진보주의 교육을 실시하였으면 진보주의 교육이 목표한 바가 얼마나 제대로 실현되었는지를 판단하는 것이 제대로 된 평가라는 것이다.

목표지향적 평가 모형은 행동적인 용어로 교육목표를 진술하기 때문에 목표의 달성 여부를 평가하기가 용이하고, 평가연구의 설계가 비교적 단순하여 이용하기 편리하다는 장점이 있는 반면에, 구체적으로 진술하기 어려운 목표나 의도하지 않는 부수적인 결과에 대한 평가는 간과하기 쉽고, 또한 프로그램의 결과에 대한 평가만 치중하고 선행조건이나 과정의 평가는 소홀히 한다는 단점이 있다.

학업성취도를 평가하기 위해 제안된 목표지향적 평가 모형이었지만, 지금은 교육과정을 평가할 때도 이용되고, 목표기준경영(目標基準經營, Management by Objective: MBO)이 교육행정에 도입되면서 학교경영 및 학교관리 평가에도 활용되고 있다. 세부적인 절차를 살펴보면 다음과 같다.

① 목표선정: 일반 교육목표를 설정한다.
② 목표명시: 일반 교육목표를 행동목표로 명세화한다.
③ 도구제작: 평가방법과 평가도구를 선정 또는 개발한다.
④ 자료수집: 평가도구를 사용하여 데이터를 수집한다.
⑤ 가치판단: 수집된 데이터를 기준으로 목표의 도달도를 결정한다.

2. 가치판단지향적 평가 모형

가치판단지향적 평가 모형의 대표적 모형은 Scriven의 탈목표 평가 모형(goal-free evaluation)이다. 탈목표 평가 모형은 처음부터 어떤 특정한 프로그램, 교육정책이 어떤 목표로 시작했는지에 관한 지식과 정보 없이 여러 가지 평가증거만을 수집해서 그 프로그램의 목표가 무엇이며, 그것이 제대로 성취되고 있는지, 그 가치는 무엇인지를 판단하는 평가이다. 평가자나 평가자 집단이 어떤 특정한 프로그램의 효과나 가치를 평가할 때는 자연히 의식적이든 무의식적이든 모든 평가의 결과를 그 목표에 근거해서 판단하기 마련이고, 이러한 과정 속에서 의식적 혹은 무의식적으로 목표의 성취가 제대로 되었다고 보는 편견과 허위적인 합리성에 빠지게 되는 목표의거평가(goal based evaluation)의 단점을 극복하기 위해 제안된 방법이다(서울대학교 교육연구소, 2011).

1972년에 Scriven에 의해 제안된 탈목표 평가 모형은 기존의 목표지향적 평가가 목표를 준거로 하여 의도했던 일차적 성과만을 확인하고 이차적 또는 잠재적 부수효과(side effect)를 간과함으로써 실제 성과(actual outcome)를 평가하지 못한다는 문제점을 보완하기 위해 프로그램이 의도했던 효과뿐만 아니라 부수효과까지 포함시킨 실제 효과를 평가하는 방식을 말하며, 세부적인 절차를 살펴보면 다음과 같다.

① 프로그램 시행과 관찰: 프로그램을 운영하면서 목표를 의식하지 않고 프로그램의 운영 과정과 성과를 다각적으로 광범위하게 관찰·기록한다.

② 일차적 효과의 분석: 관찰된 성과 중에 프로그램을 통해 획득하려고 의도했던 성과를 분석·정리해서 목표를 준거로 하여 그 가치를 판단한다.

③ 이차적 효과의 분석: 프로그램을 운영해서 실제로 관찰한 성과 중에 목표로 진술하지 않았거나 또는 전혀 의도하지 않았으나 예상 외의 부수효과를 가져온 것을 추출하여 긍정적인 것과 부정적인 것으로 분류·정리한다.

④ 표적집단의 요구분석: 프로그램 참가자와 이해관계 당사자들의 프로그램에 대한 요구 또는 기대를 폭넓게 조사하여 항목별로 열거한다.

⑤ 사실상의 효과분석: 표적집단의 요구와 프로그램에 대한 만족도를 준거로 하여 이차적 효과를 판단한 다음 일차적 효과와 함께 프로그램의 실제 효과를 종합적으로 판단한다.

Scriven은 평가의 준거를 강조한다. 일반적으로 준거에는 두 가지 유형이 있는데, 하나는 내재적 준거이고, 다른 하나는 외재적 준거다. 내재적 준거란 그 프로그램에 내재하는 기본적인 속성들을 의미하며, 외재적 준거란 그 프로그램이 발휘하게 되는 기능적 속성을 의미한다. 예컨대, 교육과정에서 목표가 얼마나 잘 행동적으로 진술되었느냐, 내용 선정과 조직이 얼마나 합리적으로 체계 있게 이루어졌느냐 하는 등의 문제는 내재적 준거다. 그러나 그 프로그램이 실제로 편성되고 운영되는 가운데 그것이 얼마나 잘 운영되었고, 교사들은 얼마나 '그것에 따라 충실히 가르치고 학생들은 성공적으로 배웠는가?' 하는 문제는 일종의 외재적 준거다. 그러나 지금까지의 평가에서 보면 내재적 준거에 기초한 내재적 평가 또는 과정평가(process evaluation)에만 지나치게 편중되어 왔다고 보고 있다.

한편, 수요자 중심 평가(client centered evaluation)도 미리 설정된 목표 기준에 의해서만 대상을 판단하지 않고 다른 기준에 근거하여 평가한다는 점에서 탈목표 평가의 하나로 포함시킬 수 있다. 수요자 중심 평가란 교육적 서비스 상품의 주 수요자인 학생, 학부모, 또는 교사를 대신해 교육적 서비스의 상대적 장·단점을 판단하여 수요자가 상품을 현명하게 선택·구입할 수 있도록 도움을 주는 정보를 수집하여 제공하는 것을 말한다. 수요자 중심 평가에서는 수요자가 원하는 정보를 제공해 주는 것이 중요하므로 역시 평가기준의 선택 자체가 매우 중요한 과제로 떠오른다. 연구소에서 출판된 연구보고서를 활용하는 수요자가 얼마나 만족하는가를 기준으로 하여 보고서의 질을 평가하는 것은 수요자 중심 평가의 한 예이다.

우리나라와 같이 학교 현장에서 교육 서비스에 대한 수요자의 자유로운 선택이 활발하게 이루어지지 않는 상황에서는 수요자 중심 평가의 현실적인 활용도가 아직까지 그리 높지는 않을 것이다. 그러나 점차 전반적인 학교교육의 방향이 공급자 중심의 획일적인 서비스에서 수요자 중심의 다양한 서비스 제공으로 변화해 가는 추세를 볼 때 앞으로 수요자 중심 평가에 대한 관심이 높아질 것으로 기대된다.

3. 의사결정지향적 평가 모형

1) Stufflebeam의 CIPP 모형

경영적 접근은 평가를 '의사결정자에게 필요한 정보를 제공함으로써 의사결정을 돕는 과정'으로 본다는 면에서 '의사결정적 접근'이라 불리기도 한다. 경영적 접근 또는 의사결정적 접근을 대표하는 학자로는 CIPP 모형을 제안한 Stufflebeam을 들 수 있다. Stufflebeam은 1960년대 중반에 미국에서 성행하던 체제이론과 관리이론의 영향을 받아들여, 교육평가는 교육행정가가 올바른 의사결정을 내리는 데 필요한 정보를 제공하고 그 결정이 갖는 장점과 단점을 파악할 수 있도록 해 주어야 한다는 입장을 주장하였다.

Stufflebeam은 조직 내 의사결정은 다음 네 가지의 유형에 따라 단계적으로 이루어져야 함을 제안한다. 이들 의사결정 유형은 계획 단계, 구조화 단계, 실행 단계, 결과 단계로 구분된다. 먼저 계획 단계에서는 조직의 경영목표를 확인하거나 선정하는 등의 의사결정(planning decision)이 이루어진다. 다음 구조화 단계에서는 목표 달성에 적합한 절차나 전략을 설계하는 등의 의사결정(structuring decision)이 필요하다. 실행 단계에서는 구조화 단계에서 결정된 절차나 전략을 행동으로 옮기는 것과 관련된 의사결정(implementing decision)이 이루어진다. 마지막으로 결과 단계에서는 목표가 달성된 정도를 판단하고 의견을 제시하는 의사결정(recycjing decision)이 필요하다(김재춘 외, 2005).

Stufflebeam은 프로그램의 목적달성 여부에 초점을 두는 기존의 평가 모형을 반박하며, "평가는 프로그램 개선의 목적으로 활용되어야 한다."는 철학하에 교육평가는 교육프로그램 개선과 관련하여 올바른 의사결정을 내리는 데 필요한 정보를 제공해 주고, 그 결정이 갖는 장점과 단점을 파악할 수 있도록 해주어야 한다는 입장에서 의사결정지원 평가 모형인 CIPP 평가 모형을 제안하였다(한국교육평가학회, 2004).

Stufflebeam은 교육프로그램 개선을 위한 의사결정을 계획과 관련된 결정, 구조화와 관련된 결정, 교육실천을 위한 결정, 그리고 차기 계획과 순환을 위한 결정으로 구분하였다. 또한 이러한 교육적 의사결정에 관련되는 정보를 제공하기 위해서 교육체제를 맥락, 투입, 과정, 산출로 구분하여 이들에 관한 정보를 제공할 수 있도록 상황평가(context evaluation), 투입평가(input evaluation), 과정평가(process evaluation), 그리고 산출평가(product evaluation)의 4가지 측면에 대한 평가를 CIPP 평가 모형에 포함시켰다.

상황평가(맥락평가)는 교육활동이 이루어질 환경과 상황을 그려주고 학생들에게 충족되어야 할 필요와 요구가 무엇인지를 알려주며 교육을 통해 추구해야 할 일반적인 목적과 구체적인 목표를 확인해 주는 역할을 하는 것으로서, 교육프로그램의 목표를 설정하고 조정하는 데 필요한 합리적 기초나 이유를 제공하는 데 유용하다.

투입평가는 설정된 목표를 성취하기 위해 교육활동에서 사용되어야 할 필요한 수단과 절차에 대한 정보를 제공해 주는 평가로서, 의사결정자가 여러 가지 대안이 되는 전략을 결정하는 데 필요한 정보를 사전에 제공해 주는 데 도움이 된다.

과정평가는 계획된 교육프로그램이 실제로 교육현장에 투입되었을 때 원래의 설계대로 전개되고 있는지를 파악하여 정보를 제공하는 것으로서, 주로 교육프로그램의 실천단계에서의 절차적인 사안과 활동을 기술하고 문제점과 효율성을 점검한다.

산출평가는 교육프로그램의 성취결과를 측정하고 해석하기 위한 목적으로 이루어지는 평가이다. 프로그램의 목표는 제대로 성취되었는지, 학생의 요구는 얼마나 충족되었는지 등을 알아본다.

CIPP 평가 모형은 교육의 산출에만 초점을 두는 평가에 비해 이처럼 교육체제의 전체적인 측면에 대한 평가를 시도함으로써 의사결정자에게 교육프로그램 개선과 관련된 의사결정에 도움이 되는 정보를 제공할 수 있다는 장점이 있다. 반면에, 평가자가 가치문제와 판단을 회피하여 중요한 교육적 가치판단을 의사결정자에게 위임한다는 점에서 평가의 기능과 범위를 정보를 수집하고 그 정보를 의사결정자에게 제공하는 데 제한하고 있다는 문제점을 안고 있다.

CIPP 모형에서 의사결정 유형에 따른 평가를 도식화하면 [그림 12-2]와 같다.

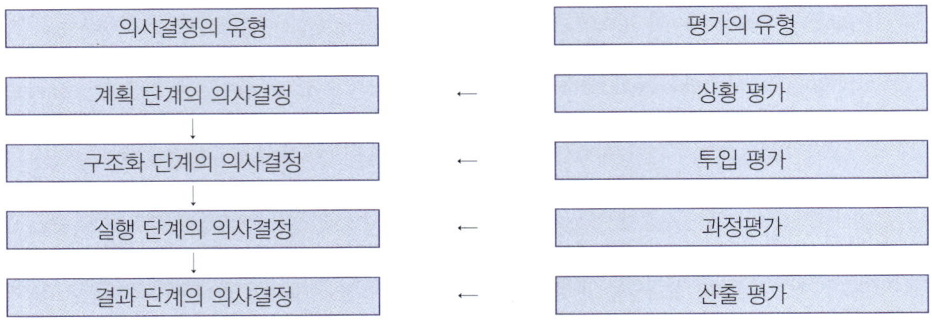

[그림 12-2] Stufflebeam의 CIPP 모형

출처: 김재춘, 부재율, 소경희, 채선희(2005).

의사결정 유형과 의사결정을 뒷받침하는 평가유형을 목적-수단, 의도-실제 차원으로 분류하면 [그림 12-3]과 같다(정종진, 2010).

	의도	실제
목적	상황평가에 의한 계획적 의사결정	산출평가에 의한 순환적 의사결정
수단	투입평가에 의한 구조적 의사결정	과정평가에 의한 실행적 의사결정

[그림 12-3] 평가와 의사결정의 유형

출처: 정종진(2010).

계획적 의사결정에 도움을 주기 위해 실시되는 상황평가(또는 맥락평가)는 프로그램의 문제와 요구를 확인하여 목표를 설정하는 데 도움을 주기 위한 평가를 말한다. 평가 실시에 필요한 예산, 시설, 인력 등에 관한 문제, 그리고 프로그램이나 수업이 실시될 때 작용하는 환경적 요인을 통칭하는 개념으로 사용되고 있다.

구조적 의사결정에 도움을 주기 위한 투입평가는 프로그램 목표를 달성하는 데 활용될 수 있는 전략과 자원에 대한 정보를 수집하여 최적의 전략과 자원을 선정하기 위해 수행된다. 요구를 충족시키기 위해 사용 가능한 자원, 고려될 수 있는 대안적 전략, 최상의 잠재력을 가진 계획을 결정하기 위한 단계로서 프로그램 절차를 설계하는 데 도움을 준다.

실행적 의사결정에 도움을 주기 위한 과정평가는 프로그램의 운영방법과 절차를 수정, 보완하는 데 필요한 정보를 수집하고 제공하기 위해 프로그램이 실시되고 있는 동안 프로그램의 운영 상황을 정기적으로 검색하는 평가이다. 프로그램이 계획된 대로 잘 진행되고 있는지, 적용상의 문제점은 무엇인지, 그러한 문제를 해결하기 위해 해야 할 필요한 조치는 무엇인지 등을 조사하기 위한 평가 단계이다. 이 과정에서 프로그램 절차상의 결점을 확인할 수 있고, 이를 통해 절차들이 조정되고 정련된다.

순환적 의사결정에 도움을 주기 위한 산출평가(또는 성과평가)는 프로그램의 성과를 결정하기 위한 것으로 획득결과, 요구충족 정도, 필요한 후속조치들을 파악하기 위한 평가 단계이다. 산출평가를 통해 수집한 정보는 프로그램의 목표 달성 정도를 판단하는 데 중요하다.

의사결정 평가 모형은 프로그램의 어느 단계에서나 평가하고 그 결과를 시기적절하게 송환시켜 프로그램의 관리와 개선에 매우 효과적이며 평가자와 의사결정자 간의 설계가 너무 복잡하고 비용이 많이 들며 평가의 봉사 기능만을 지나치게 강조하게 되면 평가자가 의사결정자의 시녀 역으로 전락하여 의사결정자가 내리는 갖가지 결정을 합리화하는 데 이용될 가능성이 높다는 단점이 있다.

2) Alkin의 CSE 모형

Alkin(1969)은 평가를 의사결정자가 선택할 수 있는 여러 대안 중의 최선의 방안을 선택하는 데 필요한 데이터를 요약·정리하여 제공할 목적으로 의사 결정을 내려야 할 사안 또는 영역을 확인해서 관계 정보를 선정, 수집, 분석하는 과정이라고 하고 CSE(Center for the Study of Evaluation) 모형을 제시하였다. 세부적인 절차는 다음과 같다(강현석, 주동범, 2004).

① 체제사정평가(systems assessment evaluation): 특정 상황에 적합하거나 또는 필요한 교육목표를 선정하기 위해 교육목표의 폭과 깊이를 결정하는 데 있어야 할 정보를 수집하는 과정이다. 즉, 추구하고자 하는 목표와 현재의 상태 간의 격차를 요구라고 했을 때 학생, 지역사회, 국가, 학계의 요구를 확인하여 교육을 통해 기대하는 요구와 체제 및 현상의 차이를 확인, 비교하는 평가이다(관찰, 조사, 면담, 토의).

② 프로그램 계획평가(program planning evaluation): 체제사정평가에서 확인, 선정한 체제의 교육적 요구를 충족시킬 수 있는 여러 방안 중에 가장 효과적인 방안을 선택하는 데 필요한 정보를 수집하는 과정을 프로그램 계획평가라고 한다.

③ 프로그램 실행평가(program implementation evaluation): 프로그램을 선택, 결정한 다음 실제로 프로그램을 운영했을 때 프로그램 계획평가 단계에서 기대하고 결정한 사항이 어느 정도 충족되고 있는지를 확인하는 과정을 말한다(참여적 관찰, 면담, 토의, 조사 등).

④ 프로그램 개선평가(program improvement evaluation): 프로그램을 개발하는 과정에서 계속 보완하는 작업이 필요하고, 기존 프로그램도 수정해야 한다. 그래서 프로그램 개선에 필요한 정보의 수집과 제공은 프로그램 평가에서 중요한 위치를 차지한다. 개선·보완에 필요한 정보가 주어지면 즉각적으로 개입해서 적절한 조치를 취하고 그 효과 또는 변화를 확인, 검증하는 것이 프로그램 개선평가의 일반적인 절차이다.

⑤ 프로그램 승인평가(program certification evaluation): 어떤 프로그램의 채택 여부를 결정하려고 하면 의사결정자에게는 프로그램의 질에 대한 전체적인 종합평가 결과가 필요하다. 의사결정자의 그와 같은 요구를 충족시킬 목적으로 의사결정자가 프로그램의 채택을 유보할 것인지, 부분적으로 수정하여 실시할 것인지, 또는 적극적으로 채택하고 보급할 것인지를 결정할 즈음에 있어야 할 정보를 수집·제공하기 위한 평가가 프로그램 승인평가이다.

교육과정평가로서의 과정평가

CHAPTER 13

1. 과정평가의 개념 및 목적

2011년 교육부가 발표한 「중등학교 학사관리 선진화 방안」(교육과학기술부, 2011)은 성취평가제 도입, 평가방법의 질적 혁신을 주요 내용으로 하고 있다. 이후 2017년 초등학교를 시작으로 학교 현장에 적용되고 있는 2015 개정 교육과정은 미래사회를 대비하기 위해 창의융합형 인재 양성을 목표로 하고 있으며, 이를 실현하기 위한 평가 방법으로 학습의 과정을 중시하는 평가를 제시하고 있다. 특히 2015 개정 교육과정에서는 과정을 중시하는 평가를 강화하여 학생이 자신의 학습을 성찰하도록 하고, 평가 결과를 활용하여 교수·학습의 질을 개선하는 데 중점을 두고 있다(교육부, 2016). 이러한 정책을 반영하여 최근 학생평가는 학습의 과정을 중시하고 평가 결과를 교수·학습에서 활용할 수 있는 과정중심 평가로의 질적 변화가 이루어짐에 따라 과정중심 평가가 적용되고 있으며, 수업과 연계한 수행평가, 학생중심의 피드백 제공과 같은 방향으로 개선의 노력이 이루어지고 있다(박지현 외, 2018).

과정중심 평가는 학생이 산출하거나 수행하는 최종 결과만을 평가하기보다는 최종 결과가 나오기까지의 '과정'을 함께 평가하여 학생의 학습과 성장을 '지원'하기 위한 도움을 주어야 하는 과정을 구현하기 위해 도입된 용어이다. 다음과 같은 세 가지 배경에서 과정중심 평가라는 용어가 도입되었다(박지현 외, 2018).

첫째, 평가 패러다임의 확장이다. 과정중심 평가는 학생이 학습하는 과정과 수행하는 과정을 평가의 대상으로 포함시키는 동시에, 평가 결과가 활용될 수 있도록 해야 한다는 의미로, 평가를 학습의 도구로 사용하고자 하는 의도가 강조된다. 이는 평가의 목적이 학생의 서열화에서 벗어나 학생의 학습을 돕고 교사의 수업을 개선하는 데 활용되도록 하기 위함이다.

둘째, 결과 중심 평가와의 대비이다. 과정중심 평가는 학생이 수업에서 배운 내용을 알고 있는지에 대한 여부를 평가하는 결과 중심적인 평가와 대비되어 학생이 수행 과정에서 어떤 사고를 하였는지, 협업 상황에서 어떤 역할을 하였는지에 중점을 두는 평가이다. 결과를 산출하기까지 학생이 무엇을 하였는지를 관찰하고 기록하여 이를 평가 결과로 도출하는 것이 중요하다.

셋째, 교육과정, 교수·학습, 평가의 연계이다. 과정중심 평가에서는 교육과정의 성취기준을 기반으로 교수·학습과 평가 계획을 세우고, 교수·학습과정에서 자료를 다각도로 수집하여 적절한 피드백을 제공해야 한다. 교육과정의 목표와 성취기준에서 제시한 의도에 따라 교수·학습과정을 진행하고, 그 과정에서 학생이 수행한 과정을 평가하는 것이다.

과정중심 평가의 개념에 대해 교육부와 한국교육과정평가원(2017)에서는 "교육과정의 성취 기준에 기반한 평가 계획에 따라 교수학습 과정에서 학생의 변화와 성장에 대한 자료를 다각도로 수집하여 적절한 피드백을 제공하는 평가"라고 설명하고 있으며, 수행평가를 학교 수준 학생평가 중 과정중심 평가의 방향성을 담을 수 있는 대표적인 평가로 보고 있다. 2015 개정 교육과정 총론 해설서(교육부, 2016)

에서는 평가가 교수학습의 일부분으로 이루어지도록 하기 위해 과정중심의 평가를 강조한다고 하였으며, 수행평가를 포함한 다양한 평가 방법을 통해 교과 내 지식 간, 영역 간, 교과 간 학습 내용을 연결하여 융합적 사고를 기르도록 하였다.

2. 과정평가의 모형

최근 교육 평가의 다양하고 복잡한 현상을 총체적으로 설명하기 위한 모형들이 제시되고 있는데 교사별 과정중심 평가에 대해 연구한 반재천 등(2018)은 교사별 과정중심 평가 운영을 위한 순환 모형을 [그림 13-1]과 같다. 이 연구에서 제시한 '교사별 과정중심 학생평가 모형'은 교사가 가져야 할 평가 지식에 대한 부분과 수업과 평가가 연계되어 순환적인 구조로 실행되는 부분으로 구성되어 있다. 특히 평가 실행과 관련하여 (1단계) 목표 설정 및 학생 상태 파악, (2단계) 수업 및 평가 계획, (3단계) 평가 과제/도구 개발, (4단계) 수업 및 평가 적용, (5단계) 분석 및 해석, (6단계) 피드백 및 수업 조절의 6가지 단계가 순차적으로 순환되는 방식이 제안되어 있으며, 6번째 피드백 및 수업 조절 단계는 4단계의 수업 및 평가 적용 단계에 영향을 미치는 것으로 나타나 있다. 또한 이 연구에서는 단위학교에서 '교사별 과정중심 학생평가 모형'을 운영하기 위한 구체적인 절차를 제시하였다. 단위학교에서 실행할 수 있는 교사별 과정중심 학생평가의 실제 운영 절차를 교과(학년) 협의회 중심 운영 절차와 교사 자율 중심 운영 절차로 나누어 선형적으로 이루어지는 운영 방안을 마련하였다.

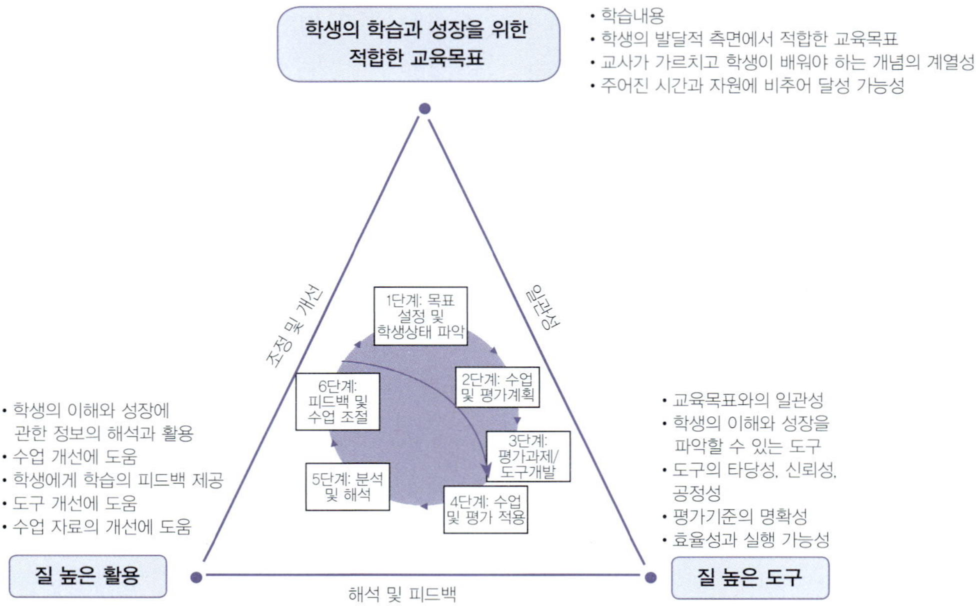

[그림 13-1] 교사별 과정중심 학생평가 모형

출처: 반재천 외(2018).

① (1단계) 목표 설정 및 학생 상태 파악: 이 단계에서의 핵심은 교사가 담당한 학생들의 상태(학습 준비도와 관련된 인지적, 정의적 특성)를 정확히 파악하여 학생들에게 무엇을 알게 하고, 할 수 있게 가르칠 것인가를 명확히 하는 것이다. 즉, 교사는 교육과정 성취기준과 교육과정 내용을 분석하여 일련의 학습이 이루어진 후, 학생들이 무엇을 알게 되거나 할 수 있을 것이라 기대하는지 구체적으로 기술하고 이에 맞게 교육과정을 성취기준 중심으로 재구성할 수 있다.

② (2단계) 수업 및 평가 계획: 어떤 학생들을 대상으로 무엇을 가르칠 것인지를 명료화한 교사는 가르치고 학습할 내용과 가르칠 대상과 수준에 맞는 교수·학습 및 평가를 계획해야 한다. 즉, 언제, 무엇을, 얼마나 자주 평가할 것인가와 이에 따른 평가 유형을 결정한다. 더불어 각 평가에 대해서 학생들이 무엇

을 얼마나 잘 수행하기를 기대하는가(평가기준)와 관련하여 학생들의 기대 수행을 구체적으로 기술할 필요가 있다.

③ (3단계) 평가 과제/도구 개발: 교수·학습 및 평가 계획을 수립한 후 교사는 수업을 준비하고, 학생의 학습과 성장에 대한 기대 수행(학습목표)을 명료하게 하고 피드백을 계획해야 한다. 또한 무엇보다 학생별 학습과 성장을 확인할 수 있는 적합한 평가 과제/도구를 개발해야 한다. 수업 과정 중에 평가가 이루어진 것을 하나의 기록으로 남길 목적이라면 성취기준에 근거하여 명확한 계획하에 평가 도구를 제작하고 이를 활용해야 한다. 여기서 평가 과정과 결과의 객관성과 공정성 문제가 제기될 수 있는 평가 유형은 수행평가이다. 따라서 교사가 자신의 교실 수업에서 수행평가를 계획할 때는 객관성과 공정성 문제를 고려하여 상세한 채점기준표를 개발해야 한다.

수행평가 과제개발	1단계: 교육과정에서 내용이 유사한 성취기준 목록 만들기
	2단계: 유사 성취기준들을 통합하는 통합 성취기준 개발하기
	3단계: 통합 성취기준 중심으로 하위 학습 주제 추출
	4단계: 통합 성취기준에 기반한 수행평가 과제 개발
채점기준표 개발	5단계: 하위 학습 주제를 유목화하여 평가기준 결정하기
	6단계: 평가기준에 따라 수행 수준의 수(등급 또는 점수 구분점의 수) 결정하기
	7단계: 평가기준별로 등급의 수나 점수 구분점에 대해 구체적으로 기대 수행 수준을 기술
	8단계: 위 단계에 따라 개발한 채점기준표를 동료 교사, 학생들과 공유하고 논의하여 수정
	9단계: 실제 적용하면서, 지속적으로 수행 · 보완

[그림 13-2] 통합 수행평가 과제 및 채점기준표 개발 단계

출처: 반재천 외(2018).

④ (4단계) 수업 및 평가 적용: 이 단계에서는 교수·학습 및 평가 계획에 의거하여 수업을 진행하며 평가를 적용하는데, 여기에서 평가 적용은 교수·학습 내용 및 방법과 일관된 과정중심 수행평가의 실행이다. 이 단계에서는 교수·학습 내용 및 방법과 일관된 과정중심 수행평가의 신뢰성, 타당성, 투명성, 객관성 제고를 위해 다음의 사항들이 수시로 이루어져야 한다. 교사는 평가 계획에 따라 학생 수행의 과정과 결과를 평가한 결과를 즉시 학생 및 학부모에게 제공해야 한다(피드백의 즉시성). 교사가 수업 진행 중에 계획했던 수행평가 과제나 채점기준표를 수정할 필요가 있다고 판단될 때는 사전에 반드시 학생과 학부모에게 공지해야 한다(평가의 투명성). 평가 문항 개발 지침, 수행평가, 채점기준표 개발 지침을 따랐는지에 대한 자기점검표를 작성한다(평가 문항의 타당성, 채점의 신뢰성, 평가 결과의 공정성 제고). 수행평가가 수행의 과정을 평가할 경우 평가의 근거와 함께 가능한 학생의 수행과정에 대한 기록물을 남겨야 한다(수행과정의 기록). 교사관찰평가를 활용할 경우, 관찰 목표, 방법, 채점 기준이 명확한지 확인해야 한다. 교사관찰평가가 사전에 철저히 계획되지 않으면 교사의 비체계적이고 직관적 관찰에 의한 평가로 평가 신뢰도와 공정성이 위협받을 수 있다.

⑤ (5단계) 분석 및 해석: 교수·학습 및 평가 계획에 의거하여 수업을 진행하면서 학생의 학습 수행에서 교사가 확인하고자 하는 것이 무엇인가에 따라 다양한 분석을 하는 단계이다. 즉, 학생의 학습 수행 과정과 결과를 해석하는 단계로, 학습 내용 또는 기능에 따른 개인별 학습 성취 정도를 확인해야 하며, 학생 개인별 학습 성장에 대한 정보를 확인해야 한다. 이에 따라 교사 수업의 효과성에 대한 피드백을 제공함과 동시에 학생의 학습과 성장 목표에 따른 학급별 성취 정도를 확인한다.

⑥ (6단계) 피드백 및 수업 조절: 교사는 수업 방법 및 내용, 수준에 대한 조정을 할 수 있다. 학생들에게는 시의적절한 피드백을 제공하여 학습을 조정할 수

있게 한다. 뿐만 아니라 굳이 평가를 실시할 필요가 없는 너무 쉬운 과제이거나, 대부분의 학생이 수행할 수 없는 너무 어려운 과제를 제시한 것은 아닌지에 대해 평가 양호도를 확인하여 평가 과제나 도구를 수정하여 재투입하기도 한다. 특히 과정중심 학생평가에서는 평가 과제나 도구를 교수·학습에 투입한 결과, 학습 목표 달성의 과정과 결과를 확인할 수 있도록 구조화되었는지 확인하여 재구조화할 필요가 있다.

3. 과정평가 방법

1) 교과의 교육목표, 교육내용, 교수·학습 및 평가의 일관성 확보

교육목표를 달성하고 교과 역량을 함양하기 위해서는 교육내용, 교수·학습 및 평가가 일관되게 이루어져야 한다. 모든 학생의 학습 경험의 성장을 우선에 두고 교육내용, 교수·학습, 평가의 일관성이 확보될 때 의도한 교육목표를 달성할 수 있으며, 이는 교육과정 개발뿐 아니라 실행에서도 지켜야 할 중요한 원칙이다.

2015 개정 교과 교육과정의 내용 체계는 핵심 개념, 일반화된 지식, 내용 요소, 기능으로 교육내용을 구조화하였으며 이를 성취기준으로 진술하였다. 교과의 성취기준은 교과를 통해 학생들이 배워야 할 지식과 기능 및 태도의 총체로서 학년(군)별 학습으로 기대되는 결과를 의미한다. 교수·학습 과정에서는 이러한 교육내용에 대한 의미 있는 학습이 이루어질 수 있도록 해야 한다. 이를 위해 교사는 학생의 다양한 특성과 요구를 파악하여 내용을 재구성하고, 학생들이 특정 맥락에서 습득한 내용을 새로운 상황에서 적용하고 문제를 해결할 수 있도록 해야 한다. 평가에서는 학생들이 수행을 통해 자신이 습득한 지식을 적용하고 고차원적 사고 기능을 활용할 수 있도록 해야 한다. 또한 교사는 학생들에게 형성평가 및 총괄평가에 따른 피드백을 제공하고 학생들은 이를 기초로 자신의 학습을 지속적으로 성찰하고 향상시켜 나가야 한다.

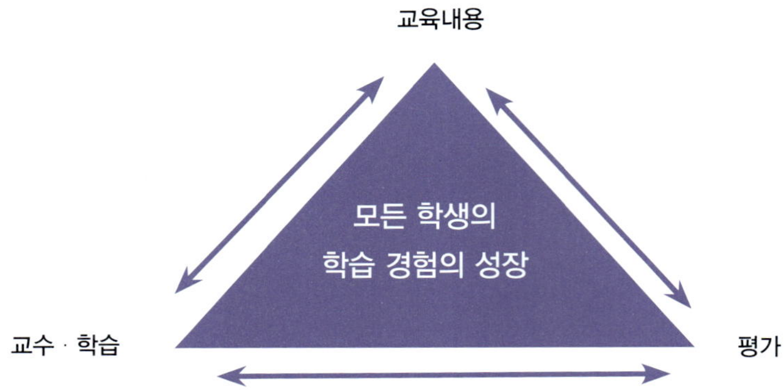

[그림 13-3] 교육내용, 교수·학습 및 평가의 일관성

출처: 교육부(2016).

2) 학생의 교육목표 도달도 확인 및 교수·학습의 개선 기회 강화

평가의 목적은 교수·학습의 결과뿐만 아니라 과정도 포함되어 학습자가 능동적으로 학습하는 것을 돕고 교사가 효과적으로 가르치는 것을 도와야 한다. 학습이 끝난 후 가르친 것을 잘 이해하고 있는지 학생의 능력을 일방적으로 측정하고 판단하는 것에서 벗어나 학생의 학습을 돕고, 학생 스스로 자신의 학습을 점검하고 개선할 수 있도록 공식적, 비공식적 피드백을 제공한다. 평가의 궁극적인 목적은 학생의 교육목표 도달도를 확인하고 평가 정보를 교사, 학생, 학부모 등에게 제공하여 교육적 노력 및 의사결정에 도움을 주어 교수·학습의 질을 개선하고 학습을 촉진하는 데 있다.

따라서 교사는 학생의 평가 결과를 분석하여 학생의 강점과 약점을 파악하고 교육목표 도달도를 판단하여 학습 개선 방향에 대한 정보를 학생에게 제공하고 적합한 추수 지도를 통해 학생의 발달과 성장을 도와야 한다. 평가 결과를 바탕으로 한 학습의 방향과 방법에 대한 적절한 정보로 학생이 자신의 활동에 대하여 스스로 생각하고 잘못된 점을 개선할 수 있도록 하는 기회를 제공해야 한다.

또한, 교사는 시기와 상황에 적합한 평가를 실시하고 그 결과를 활용하여 수업을 수정·보완하며 수업의 질을 지속적으로 개선해야 한다. 진단평가 결과를 활용하여 학생의 교육목표 도달에 필요한 내용과 기능을 확인하고 수업계획을 수립할 수 있으며, 형성평가 결과를 통해 학생의 교육목표 도달도를 확인하여 다음 학습 목표나 다음 수업시간의 학습 과제 선정에 필요한 의사결정에 유용한 정보를 활용할 수 있다. 총괄평가로 학업성취 정도를 파악하고 전체적인 수업 내용과 수준을 점검하여 학생에게 적합한 수업 방법 및 학습 환경 개선을 위하여 평가의 결과를 활용할 수도 있다.

3) 성취기준에 근거하여 학교에서 중요하게 지도한 내용과 기능 평가

성취기준에 근거한 평가가 이루어져야 한다. 성취기준은 각 교과에서 학생이 학습을 통해 얻어야 할 지식이나 기능 혹은 태도를 담고 있으며, 학습의 결과로 학생들이 '할 수 있어야 할 것'을 진술한 것이다. 따라서 평가는 성취기준에 근거하여 계획, 실행되어야 하며, 이는 교수·학습과 평가 활동이 일관성 있게 이루어져야 한다.

평가는 교과별 교육과정 성취기준에 근거하여 학교에서 학생이 배운 것에 대한 교육목표 도달을 확인하기 위한 평가가 되어야 한다. 학교 교육과정 밖의 평가는 학교교육에 대한 불신을 가져와 결과적으로 사교육을 조장하게 된다. 학교와 교사는 학생에게 배울 기회를 주지 않은 내용과 기능을 평가하지 않도록 유의해야 한다.

4) 교과의 성격과 특성에 적합한 평가 방법 활용

교과의 성격과 특성에 적합한 평가 방법을 활용해야 한다. 학습의 결과뿐만 아니라 과정을 강조하는 평가에서는 학생 개개인의 강점과 부족한 점을 파악하기 위해서 정확한 정보를 수집한다는 면에서 진단평가의 성격을 갖기도 하고, 학생의 수행을 효과적인 수업 계획과 실행 전체를 통해서 평가한다는 면에서 형성평가의 성격을 갖기도 한다. 학생평가는 교수·학습의 일부로 전과정에 걸쳐서 이루어진다. 평가 방법의 경우, 사용된 다양한 교수·학습법과 일관되면서 그 특성을 드러내는 것을 선택해야 한다.

또한 학생들을 평가의 과정에 포함시킨다. 예를 들면 수행의 과정과 결과물을 평가하는 준거를 교사와 학생이 함께 만들어 자기 평가하도록 한다. 다양한 수행 지표에 대해서 교사와 이야기하고 스스로 평가하도록 하는 형태의 평가는 학생들이 자신을 인식하는 능력을 향상시켜주고 학습과 수행에 대한 책임의식을 높인다. 자기평가도 활발하게 일어나는데, 개인별로 노트를 만들어서 학습의 전 과정에 걸쳐서 자신이 알게 되고 느끼고 배우게 된 것, 반성하게 된 것 등을 기록하는 방법이 있다.

서술형 평가는 내용을 요약하거나 개념을 설명하거나 풀이과정을 제시하는 등 학습한 내용을 기술하는 형식이라고 볼 수 있다. 서술형은 논술형에 비해 짧은 길이로 답을 작성하는 방식으로 글의 조직력이나 표현력이 크게 요구되지 않는다. 또한 채점할 때에는 어느 정도 객관적인 정답이 있다. 논술형은 서술형보다 길게 보통의 경우 한 단락 이상으로 구성되며, 생각과 주장을 논리적으로 설득력 있게 조직하는 평가라고 볼 수 있다. 채점 시 교사(채점자)의 전문적인 판단이 요구된다.

수행평가 과제에서는 학습자들에게 의미 있고, 도전적이며, 흥미를 유발하기 위해서 실생활 맥락성, 간학문성, 다차원적 측면들을 강조한다. 수행평가는 학생들이 상황이나 맥락 속에서 지식을 적용하여 문제를 해결할 수 있는지를 보기 때문에 수행평가 과제는 교육과정에 기반을 두고 있어야 하며, 실세계에 가깝고 교과 통합적이며, 여러 차원의 지식과 인지적 기능을 측정할 수 있는 과제의 형태로 만들어진다.

따라서 수행평가를 확대하면 정의적 특성을 평가함으로써 전인적 성장을 이룰 수 있고, 실제 생활과 유사한 맥락에서의 수행 능력을 평가하여 암기 위주의 교육보다는 과제 수행과 관련된 고등사고기능이나 협력적 문제해결력을 중요하게 다루게 된다. 또한 결과뿐만 아니라 그러한 결과에 도달하게 된 과정을 평가하여 학습자의 학습에서의 진보에 대한 결과를 수집하고 학생들 또한 자기 스스로의 변화와 성장을 확인하게 된다.

평가 방법은 교과의 특성과 교육목표에 따라 달라지며, 교과 교육 활동에서 사용한 다양한 교수·학습법과 일관되면서 그 특성을 드러내는 것을 선택해야 한다. 다양한 교과 평가에 있어 공정성, 객관성 및 신뢰성 확보를 위한 평가 기준 마련이 중요하다. 자아개념, 가치관, 흥미, 태도, 책임, 협력, 동기 등의 정의적 측면이나 다양한 교과 관련 기능적 측면, 또는 확산적 사고를 포함한 창의적 면이 중시되는 교과는 평가계획 수립에 있어 교사, 학생, 학부모 모두가 공감 가능하며 전문적인 평정 기준과 척도를 마련하여 평가를 해야 한다.

실험·실습의 평가는 교과목의 성격을 고려하여 합리적인 세부 평가 기준을 마련하여 실시해야 한다. 개인과 집단에 대한 실험·실습 과정의 직접 관찰, 결과 보고서 등 계획된 모든 평가 방법에 대한 세부 평가 기준을 마련해야 하며, 단편적 기능뿐 아니라 적용 능력 및 문제 해결 과정을 종합적으로 평가하는 기준이 요구된다. 또한, 실험·실습의 평가 시행에 있어 세부 평가 기준을 명확하게 학생에게 공개한 후 실시해야 한다. 수행 기준과 평가 기준이 명백하게 마련되어 충분히 논의된 후 학생이 학습 활동과 과제를 수행함으로써 학습에 대한 동기를 유발하고 학습의 효과를 높일 수 있다.

창의적 체험활동은 학생들에게 다양하고 의미 있는 체험 활동의 기회를 제공하고, 학교생활을 통해 나눔과 배려 등의 인성을 함양하며, 자발적인 사고와 활동을 통해 창의력을 키우는 것을 기저로 하고 있다. 이러한 창의적 체험활동의 내용과 특성을 고려하여 지역사회의 여건과 학교의 실태, 학습자의 능력이나 요구 등이 반영된 학교 교육과정에 맞게 창의적 체험활동 평가의 주안점을 학교에서 작성, 활용해야 한다.

4. 과정평가의 과제

과정평가는 평가라는 얼굴을 갖고 있지만, 평가와 연계된 총체적 변화를 요구하는 파급이 큰 정책의 성격을 갖고 있다(유영식, 2017).

첫째, 평가도구 및 운영 방법의 변화가 필요하다. 기존의 객관식 평가도구와 일제식 평가시스템으로는 과정평가를 적용할 수 없기 때문에 학생의 역량과 고등정신능력, 정의적 능력 등을 평가할 수 있는 수행평가와 논술형 평가 같은 평가도구가 필요하다. 또한 교사별 평가와 성취기준 중심의 상시평가시스템으로 전환되어야 한다.

둘째, 수업 방식의 변화가 필요하다. 강의식, 전달식 수업으로는 학생의 역량과 정의적 능력을 평가하는 과정평가를 적용하기 어렵기 때문에 수행과제를 활용하여 실제 삶과 연계된 수업, 학생의 활동으로 인한 배움이 일어나는 배움중심 수업으로 변화해야 한다.

셋째, 수업 안에서 평가와 피드백이 동시에 이루어질 수 있도록 수업을 설계하기 위하여 교육과정을 재구성해야 한다. 교육과정에 대한 고민 없이 교과서 진도 나가기식으로 교육과정을 운영하면 수업과 평가가 어우러지는 수업을 디자인할 수 없다. 과정평가에 맞춰 교육과정을 재구성하고, 수업과 평가가 이루어질 때 교육과정-수업-평가는 자연스럽게 일체화될 수 있다.

넷째, 교사의 교육과정 문해력이 필요하다. 수많은 성취기준을 각자의 특성에 맞게 올바르게 해석하고, 이를 자유자재로 활용하여 교육과정을 재구성하며, 수업을 디자인하고 성취기준별 최적화된 평가도구를 선택하기 위해 교사의 교육과정 문해력이 필요하며 이는 과정평가의 실천 과정에서 자연스럽게 신장될 수 있다.

다섯째, 평가 결과를 기록하는 방법에 변화가 필요하다. 과거에는 중간·기말고사 및 총괄평가 성격의 수행평가를 통해 일회성으로 기록하는 경향이 있었다. 이는 학생의 학습활동 전반과 학력에 대한 다양한 영역을 충분히 반영한 것이 아닌 학습과 이해에 대한 단편적인 부분만을 기록한다. 이러한 평가와 기록의 불일치를 해결하기 위하여 과정평가에서는 수업에서 상시적으로 기록하는 평가의 결과를 중요시한다. 평상시 수업에서 이루어지는 활동 및 평가 기록이 누적될 때 학생의 특성을 잘 반영한 진정한 기록이 될 수 있기 때문이다.

여섯째, 과정평가는 미래교육으로의 전환을 의미한다. 교육과정 재구성, 삶과 연계된 역량을 키우는 수업디자인, 핵심 역량을 평가하는 평가시스템과 평가도구로의 전환과 이를 위한 교사들의 교육과정 문해력이 신장될 때 우리 학교의 교육은 미래교육에 좀 더 가까운 모습으로 변화할 수 있을 것이다.

참고문헌

가영희, 성낙돈, 안병환(2014). 교육학개론. 서울: 동문사.

강봉구, 이종성(1994). 교육과정·교육평가 신강. 서울: 형설출판사.

강봉규, 박성혜(2016). 새로운 교육과정. 서울: 태영출판사.

강현석(2012). 현대 교육과정 탐구. 서울: 학지사.

강현석(2019). 현대 교육과정 탐구. 서울: 학지사.

강현석(2019). 현대 교육과정 탐구. 서울: 학지사.

강현석, 주동범(2004). 현대 교육과정과 교육평가. 서울: 학지사.

강현석, 주동범(2012). 현대 교육과정과 교육평가(2판). 서울: 학지사.

곽병선 이돈희(1996). 교육과정 2000 연구 개발: 초·중등학교 교육과정 체제 구조안. 서울: 한국교육개발원.

교육과학기술부(2007). 2007 개정 교육과정.

교육과학기술부(2008). 중학교 교육과정 해설 Ⅰ, Ⅱ, Ⅲ, Ⅳ.

교육과학기술부(2009). 2009 개정 교육과정.

교육과학기술부(2011). 창의·인성교육 강화를 위한 「중등학교 학사관리 선진화 방안: 고교석차 9등급제 평가를 성취평가제로 전환」. 교육부 보도자료(2011. 12. 13.).

교육부(1992a). 초등학교, 중학교, 고등학교 교육과정 및 교육과정 해설서.

교육부(1992b). 제6차 초등학교, 중학교, 고등학교 교육과정.

교육부(1992c). 중학교 교육과정.

교육부(1993). 초등학교, 중학교, 고등학교 교육과정 해설서(총론).

교육부(1994). 교육부 고시 제1992-15호에 따른 유치원 교육과정 해설.

교육부(1994). 초등학교, 중학교, 고등학교 교육과정 해설서(총론).

교육부(1995). 초등학교, 중학교, 고등학교 교육과정 해설서(총론).

교육부(1995a). 바른생활 교사용 지도서.

교육부(1995b). 초등학교 1학년 즐거운 생활.

교육부(1995c). 초등학교 슬기로운 생활 2-1 교사용 지도서.

교육부(1997a). 국민공통기본 교육과정.

교육부(1997b). 초·중등학교 교육과정 [별책 1].

교육부(1997c.). 초·중등학교 교육과정.

교육부(1998). 교육부 고시 제1998-10호에 따른 유치원 교육과정 해설.
교육부(1998). 초등학교 교육과정 해설(II): 우리들은 1학년, 바른 생활, 슬기로운 생활, 즐거운 생활, 특별활동.
교육부(2015). 초·중등학교 교육과정 총론.
교육부(2016). 2015 개정 교육과정 총론 해설.
교육부(2021). 2022 개정 교육과정 총론 주요사항(시안).
교육인적자원부(1999). 중학교 교육과정 해설(I)-총론, 특별활동.
교육인적자원부(2000). 제7차 교육과정의 개요.
구병두, 최종진, 김부국, 김상남, 차승봉, 박균달, 정의식, 김경민, 이범석, 이경철, 구희진(2017). 교육과정. 경기: 양서원.
국가교육과학기술자문위원회의 교육과정특별위원회(2009). 미래형 교육과정의 구조와 실효화 방안.
권낙원, 김민환, 한승록, 추광재(2016). 교육과정. 경기: 공동체.
권낙원, 민용성, 최미정(2008). 학교 교육과정 개발론. 서울: 학지사.
김경배, 김재건, 이홍숙(2005). 교육과정과 교육평가. 서울: 학지사.
김경식, 안상헌, 윤주국, 이병환, 장홍재(2007). 교육사회학. 경기 파주: 교육과학사.
김경자(2015). 2015 개정 초등교육과정의 방향과 과제. 2015 한국초등교육학회 추계학술대회 자료집, 1-18.
김대현(2009). 미래형 교육과정 구조 및 실효화 방안에 대한 논의. 교육혁신연구, 19(1), 109-125.
김대현(2012). 교육과정의 이해. 서울: 학지사.
김대현(2017). 교육과정의 이해(2판). 서울: 학지사.
김대현(2019). 교육과정의 이해(2판). 서울: 학지사.
김대현, 김석우(2002). 교육과정 및 교육평가. 서울: 학지사.
김민환(2004). 실제적 교육방법론. 경기: 양서원.
김병성(2008). 교육과 사회. 서울: 학지사.
김병희, 정길영, 차상희, 은은숙(2013). 교육과정의 이해. 경기: 공동체.
김병희, 정길영, 차상희, 은은숙(2019). (제2판) 4차 산업혁명 시대를 위한 교육과정의 이해. 경기: 공동체.
김병희, 김경식, 김형구, 박형진, 윤주국, 이현철(2011). 교육사회학. 경기 고양: 공동체.
김석우, 김대현(2005). 교육과정 및 교육평가. 서울: 학지사.
김석우, 김대현(2011). 교육과정 및 교육평가(4판). 서울: 학지사.
김승호, 김은정, 박일수(2019). 교육과정과 수업. 서울: 창지사.
김재춘, 부재율, 소경희, 채선희(2005). 예비·현직교사를 위한 교육과정과 교육평가. 서울: 교육과학사.

김재춘, 소경희, 한혜정, 박소영(2008). 초·중등학교 교육과정 선진화 개혁 방안 연구: 고등학교 교육과정 특성화. 서울: 한국교육과정평가원 CRC 2008-28-3.
김재춘, 조덕주, 노국향(1998). 초·중등 교육과정평가 방안. 서울: 한국교육과정평가원.
김진규(2015). 교육과정과 교육평가. 서울: 동문사.
김춘경, 이수연, 이윤주, 정종진, 최웅용(2016). 상담학 사전. 서울: 학지사.
대학교직과 교재편찬 위원회 편(1994). 교육과정 및 평가. 교육출판사.
대한교육연합회(1973). 한국교육과정사 연구. 서울: 교학연구사.
류방란, 박상철(2004). 일반계 고등학교의 학교교육과정 운영 실태 분석. 한국교육개발원 RR 2004-9.
문은식, 박선환, 정미경(2007). 교육심리학. 경기: 공동체.
박순경, 이광우, 이미숙, 정영근, 민용성, 이근호, 김평국, 이경진(2008). 초·중등학교 교육과정 선진화 개혁 방안 연구: 총괄. 서울: 한국교육과정평가원 CRC 2008-28-1.
박순경, 김사훈, 김진숙, 백경선, 변희현, 안종욱, 양정실, 이광우, 이근호, 이미경, 이미숙, 이승미, 이혜원, 정영근, 한혜정(2014). 국가 교육과정 총론 개선을 위한 기초 연구. 서울: 한국교육과정평가원 연구보고 CRC 2014-1.
박아청, 최성열(2019). 교육심리학의 세계. 경기도: 창지사.
박영진, 장성화(2016). 최신 교육학의 이해. 서울: 동문사.
박지현, 조지민, 진경애, 김수진, 이재봉, 배주경, 김현정, 박종임, 이상아, 배희순, 이소연, 이동욱, 김아름(2018). 초·중학교 교사별 과정중심 평가 연수 프로그램 개발 및 강사 연수. 충청북도: 한국교육과정평가원.
박창언, 최호성, 서경혜, 박상철(2008). 초·중등학교 교육과정 선진화 개혁 방안 연구: 학교교육과정 편성·운영의 자율성. 서울: 한국교육과정평가원 연구보고 CRC 2008-28-4.
박창언(2018). 현대교육과정학. 서울: 학지사.
반재천, 김선, 박정, 김희경, 이혜선(2018). 2015 개정 교육과정에 따른 교사별 과정중심평가 활성화를 위한 학생평가 모형 개발 연구. 세종: 교육부.
백영균, 한승록, 박주성, 김정겸, 최명숙, 변호승, 박정환, 강신천, 윤성철(2015). 스마트 시대의 교육방법 및 교육공학. 서울: 학지사.
변영계(2005). 교수학습이론의 이해. 서울: 학지사.
서울대학교 교육연구소(2011). 교육학용어사전. 서울: 하우동설.
성낙돈, 안병환, 가영희, 노재화(2010). 교육사회학. 서울: 동문사.
소경희(2000). 우리나라 교육과정 개정에 있어서 총론과 각론의 괴리 문제에 대한 고찰. 한국교육과정평가원.
송병순, 임종익, 안병환, 이영호, 우은복, 김철훈(2000). 교육사회학. 서울: 문음사.
신득렬(1991). 파이데아 제안의 연구. 교육철학, 9, 46-105.
유봉호(1992). 한국교육과정사 연구. 서울: 교학연구사.

유영식(2017). 교육과정-수업-평가를 일체화하는 과정중심평가. 서울: 즐거운학교.
이경환(1997). 제7차 교육과정 개정의 배경과 방향. 교육진흥, 여름, 6-17.
이귀윤(1996). 교육과정 연구. 서울: 교육과학사.
이성호(1984). 교육과정. 서울: 문음사.
이성호(2004). 교육과정 개발과 평가. 파주: 양서원.
이성호(2009). 교육과정론. 경기: 양서원.
이성호(2016). 교육과정 및 교육평가. 경기: 양서원.
이인학, 이기영, 김규태, 최성열, 신성철, 박지은, 류관열, 김도진(2013). 최신 교육의 이해(2판). 서울: 학지사.
이홍우(1988). 교육과정탐구. 서울: 박영사.
임규혁, 임웅(2007). 교육심리학. 서울: 학지사.
장성화, 이인학, 이기영, 최성열, 신성철(2014). 수업심리학. 서울: 학지사.
정범모(1961). 교육과정. 서울: 중앙교육출판사.
정종진(2010). 교육평가 이론과 실제. 경기도: 양서원.
조난심(2010). 학교 교육과정 자율화 정책의 성과 및 과제. 이명박 정부 2년 교육경쟁력 강화: 성과와 과제, 61-92.
조덕주, 김수동, 채선희(1998). 연수 프로그램 개발 연구. 한국교육과정평가원 RRC1998-3.
조부경, 김효남, 백성혜, 김정준 편역(2001). 구성주의 이론, 관점, 그리고 실제. 서울: 양서원.
주영흠(2002). 신세대를 위한 교육학개론. 서울: 학지사.
한국교육심리학회(2000). 교육심리학용어사전. 서울: 학지사.
한국교육평가학회(2004). 교육평가용어사전. 서울: 학지사.
함수곤(2000). 교육과정과 교과서. 대한교과서주식회사.
홍후조(2002). 교육과정의 이해와 개발. 서울: 문음사.
홍후조, 강익수, 백경선, 성열관(2008). 초·중등학교 교육과정 선진화 개혁 방안 연구: 교육과정 적정화 및 필수교과 조정. 서울: 한국교육과정평가원 연구보고 CRC 2008-28-2.

Attewell, J., Savill-Smith, C., Douch, R., & Parker, G. (2010). *Modernising education and training: Mobilising technology for learning*. London, UK: Learning and Skills Network.
Ausubel, D. P. (1968). *Educational psychology: A cognitive view*. New York: Holt, Rinehart & Winston.
Bandura, A. (1986). *Social foundations of thought and action: A social cognitive theory*. Englewood Cliffs, NJ: Prentice Hall.
Banks, J. A. (1977). *Teaching strategies for the social studies: Inquiry, valuing and decision-*

making(2nd ed.). Addison–Wesley Publishing Company. 최병모 외 공역(1987). 사회과 교수법과 교재연구. 서울: 교육과학사.

Bruner, J. S. (1959). Learning and thinking. *Harvard Educational Review*, 29, 184–192.

Carroll, J. B. (1993). Educational psychology in the 21st century. *Educational Psychologist*, 28, 89–95.

Eisner, E. W. (1994). *The educational imagination*. New York: Macmillan.

Eisner, E. W. (1994). *Cognition and curriculum reconsidered*(2nd ed.). New York: Teachers College Press.

Gagne, R, M. (1970). *The conditions of learning*. New York: Holt, Rinehart & Winston.

Gagné, R. M., & Briggs, L. J.(1979). *Principles of instructional design*(2nd ed.). New York: Holt, Rinehart & Winston. 김인식 외 역(1989). 수업설계의 원리. 서울: 교육과학사.

Good, C. V. (1973). *Dictionary of education*. New York: McGraw Hill.

H. Taba(1962)

Hutchins, F. P. (1936). *Curriculum Development Program Improvement*(pp. 271–280). Columbus.

Kilpatrick, W. H. (1918). *The Project Method. Teachers College Record*, 19, 319–335.

Kliebard, H. M. (1970). *Reappraisal: The Tyler Rational*. School Review, February.

Marsh, C. J. (1992). *Key concepts for understanding curriculum*. New York: Falmer Press.

Marsh, C. J., & Willis, G. (1999). *Curriculum: Alternative approaches, ongoing issues*(2nd ed.). London: Prentice–Hall.

McCarty, Steve, Obari,, Hiroyuki, & Sato, Takeshi (2017). *Implementing mobile language learning technologies in Japan*. Singapore: Springer.

McNeil, J. D. (1977). *Curriculum: A comprehensive introduction*. Boston: Little, Brown and Company.

Nicholls, A., & Nicholls, A. H. (1976). *Developing a curriculum: A practical guide*(6th). London: George Allen & Unwin.

Parelius, A. P., & Parelius, R. J. (1978). The sociology of Education. Englewood, N.J.: Prentice-Hall.

Phenix, P. H. (1962). *The Disciplines as urriculum Content. In A. Harry Passow*(ed.), Curriculum Crossroads (pp. 57–71). New York: Teachers College Press.

Posner, G. J. (1998), Models of curriculum planning. In L. E. Beyer & M. W. Apple(Eds), *The Curriculum: Problems, politics, and possibilities*(2nd ed). Albany: State University of New York Press.

Print, M. (1988). *Curriculum development*. Sydney: Allen & Unwin.

Skilbeck, M. (1976). *School-based curriculum development and teacher education*. OECD.

Skilbeck, M. (1984). *School-based curriculum development.* London: Harper & Row.

Smith, B. O., Stanley, W. O., & Shores, J. H. (1957). *Fundamentals of curriculum development*. New York: Harcourt, Brance, Jovanovich, Inc.

Tanner, D., & Tanner, L. N. (2006). *Curriculum development*. New York: Macmillan.

Tyler, R. W. (1949). *Basic principles of curriculum and instruction*. Chicago: The University of Chicago Press.

Tyler, R. W. (1949). *Basic principles of curriculum and instruction*. Chicago: University of Chicago Press.

Walker, D. F. (1971). A naturalistic model for curriculum development. *School Review, 80*(1), 51–65.

Wolfson, B. (1985). Psychological Theory & Curricular Thinking. In A. Milnar (ed.), *Current though on curriculum*(pp. 53–72). Alexandria, VA: ASCD.

Yves, A. Y. (1979). *The ten percent experiment in France*. In School Based Curriculum Development by CERI.

저·자·소·개

강유정
계명대학교 대학원 교육이론 및 정책 전공(교육학박사)
현) 대구공업대학교 레저스포츠계열 교수

최성열
계명대학교 대학원 교육심리 및 공학 전공(교육학박사)
현) 경북과학대학교 유아교육과 교수

신연희
계명대학교 대학원 교육심리 및 공학 전공(교육학박사)
현) 가야대학교 교육혁신원 교수학습개발센터 연구교수

제2판

교육과정

초 판 1쇄 발행 2020년 3월 6일
제2판 1쇄 발행 2023년 3월 6일

지 은 이 | 강유정·최성열·신연희
펴 낸 이 | 김기섭
책임편집 | 이윤미
펴 낸 곳 | www.changjisa.com
08589 서울시 금천구 가산디지털 1로 83 파트너스타워1차 9층
전화 (02) 719-2211~3
팩스 (02) 701-9386
등 록 | 1977년 4월 28일 ·제1-421호

ISBN 978-89-426-1819-4 (93370)

값 18,000원